www.dvseditora.com.br

Qualidade da CRiATiViDADE

3ª Edição

VOLUME 2

Victor Mirshawka Jr. - Victor Mirshawka

Qualidade da Criatividade - Volume 2

(3ª Edição)

Copyright© 2003 DVS Editora Ltda.

Todos os direitos para a língua portuguesa reservados pela DVS Editora.

Nenhuma parte desta publicação poderá ser reproduzida, guardada pelo sistema "retrieval" ou transmitida de qualquer modo ou por qualquer outro meio, seja este eletrônico, mecânico, de fotocópia, de gravação, ou outros, sem prévia autorização, por escrito, da editora.

Produção gráfica e fotolitos: Spazio Publicidade e Propaganda
Revisão: Jandyra Lobo de Oliveira
ISBN: 978-85-88329-09-6

Victor Mirshawka Jr. - Victor Mirshawka.
Endereço para correspondência com os autores:
Site: www.dvseditora.com.br

Dados Internacionais de Catalogação na Publicação (CIP)
(Câmara Brasileira do Livro, SP, Brasil)

```
Mirshawka Junior, Victor
   Qualidade da criatividade / Victor Mirshawka
Jr., Victor Mirshawka. -- São Paulo: DVS Editora,
2003. -- (Série Qualidade da Criatividade)


   1. Criatividade 2. Gestão de qualidade
I. Mirshawka, Victor. II. Título. III Série

03-5919                                    CDD-153.35
```

Índices para catálogo sistemático:

1. Criatividade: Gestão de Qualidade:
        Psicologia   153.35

2. Criatividade: Motivação para mudança:
        Psicologia   153.35

3. Qualidade da critividade: Psicologia   153.35

Dedicatória

À estimada presidente do Conselho de Curadores da FAAP, Celita Procopio de Carvalho.

Cara Celita, há pessoas que observam as coisas que acontecem, há as que comentam as coisas que ocorrem e há aquelas pessoas que fazem as coisas acontecerem.

Todos na FAAP aprenderam consigo como promover realizações nos campos cultural, educacional e principalmente artístico, quando com o seu trabalho o Museu de Arte Brasileira tornou-se referência nacional e internacional.

O que não se faz não existe.

Portanto, só existimos nos dias em que fazemos.

Nos dias em que não fazemos, apenas duramos.

A humanidade inteira é dividida em quatro classes de pessoas: as inventivas; as não-inventivas; as que são capazes de mudar e as que mudam.

Você mostrou a todos na FAAP a clara forma de como se podem promover mudanças inventivas.

Aliás, foi com você que aprendemos que se deve começar fazendo o necessário, depois tudo o que é possível, e de repente percebe-se que está se fazendo o que para alguns parecia impossível.

O segredo está em não fazer do simples complicado, mas conseguir tornar o complicado simples, através da criatividade.

E, além disso, seguir sempre o seu exemplo, a sua atitude e a determinação de que nada é impossível... apenas demora um pouco mais para acontecer.

Qualidade da Criatividade
6 <<

ÍNDICE

Introdução	9
1ª Solução de problemas	10
2ª Qualidade e melhoria contínua	11
3ª Criatividade ou algo mais que qualidade	12

Capítulo 5
Compreendendo o processo criativo — 20

5.1 -	Mistérios e mitos do processo criativo	20
5.2 -	Compreendendo o processo criativo	49
5.3 -	Outros esquemas para o processo criativo	68
5.4 -	*Neurofitness* nº 5	106

Capítulo 6
Abordagens criativas — 111

6.1 -	Algumas técnicas de criatividade	111
6.2 -	Outras ferramentas da criatividade	146
6.3 -	*Neurofitness* nº 6	157

Capítulo 7
Entendendo a necessidade da inovação — 161

7.1 -	Vivendo em constante inovação	161
7.2 -	Os quatro Ps da criatividade e da inovação	168
7.3 -	A necessidade de inovação nas organizações	172
7.4 -	A arte do *chindogu*	184
7.5 -	Algumas invenções malucas e muitas das que deram certo	187
7.6 -	Idéias prestativas, bizarras, excêntricas, divertidas, contraditórias, proibidas, do ano em que se lançou este livro...	210
7.7 -	Suecos e suas maravilhosas invenções	222

7.8 -	Construindo a fábrica de inovações	226
7.9 -	*Neurofitness* nº 7	238

Capítulo 8
A empresa criativa 243

8.1 -	A era do cérebro na qual os medianos não vão se destacar	243
8.2 -	Espantando-se criativamente	254
8.3 -	A criatividade na empresa	268
8.4 -	Criatividade, inovação e qualidade	278
8.5 -	A criatividade, trabalho em times e a qualidade	282
8.6 -	Idéias que fizeram diferença nas empresas	288
8.6.1 -	Exemplos de idéias criativas no mundo dos negócios	288
8.6.2 -	Alguns exemplos de empresas inerentemente criativas e inovadoras	297
8.7 -	Criatividade, um meio essencial de se promover mudanças nas empresas	307
8.8 -	A empresa precisa expandir criativamente sua gama de talentos	311
8.9 -	Posfácio: o Brasil e a importância da criatividade para todos os brasileiros	319
8.10 -	*Neurofitness* nº 8	330

Respostas do *Neurofitness*

Nº 5	335
Nº 6	338
Nº 7	341
Nº 8	346

Siglas 353

Bibliografia 355

INTRODUÇÃO

Resolvemos chamar este livro de *Qualidade da Criatividade* por vários motivos, e um deles é que os programas de qualidade são maravilhosos, porém...são **ineficientes**.

É vital incorporar a criatividade dentro da qualidade e disseminá-la por toda a organização.

Edward de Bono, o renomado guru da criatividade, explica que tomando a qualidade como parâmetro percebe-se que ela teve três etapas bem claras na evolução do *management* (gestão) ocidental, e depois difundiu-se pelo mundo todo.

Essas etapas foram: ➚

1ª SOLUÇÃO DE PROBLEMAS

A primeira fase teve um período prolongado. De meados da década de 40 até meados da década de 60 do século XX foi baseada no ditado: "Não se conserta nada até que se quebre por completo" ou "Não se mexe em time que está ganhando".

O mundo ocidental de negócios tinha um monopólio virtual em um mercado em expansão. A empresa transitava pelo caminho da prosperidade, e mantendo as coisas como estavam era o suficiente. Por que perder tempo reparando algo que não estava danificado? Os problemas eram um "desvio" que se devia reparar para que pudéssemos voltar ao caminho certo.

Dentro deste pensamento ocidental é essencial entender que se eliminarmos as falhas tudo ficará bem. Encontre o problema, defina-o, resolva-o, e pronto: **tudo volta ao normal**.

Só que logo chegaram os japoneses, que além de não sofrerem do "mal ocidental" – imersos em muito pessimismo e problemas de ego – não se propuseram a encontrar o que estava ruim, mas sim melhorar o que já parecia perfeito!

Qualidade e melhoria contínua.

2ª

Para competir com os japoneses as empresas ocidentais viram-se obrigadas a abandonar a fase da solução de problemas. Elas até resolviam todas as dificuldades, mas sempre voltavam ao ponto de partida. Enquanto isso, os concorrentes orientais estavam realizando melhorias em pontos que não eram problemas. Um dia as empresas do Ocidente acordaram e perceberam que tinham "baixado a guarda".

Para fazer algo que os japoneses assumiam com a maior naturalidade - o resultado (*output*) de qualidade –, as empresas ocidentais tiveram que projetar e institucionalizar programas de qualidade formais relacionados com as melhoras contínuas.

Já não se tratava de resolver problemas e reparar defeitos, e sim de fazer melhor o que já estava bom. Assim, formou-se a idéia de qualidade e das melhorias contínuas.

Eleger a palavra qualidade foi um acerto. Pensando em roupa, por exemplo, você até pode ter uma adequada que cumpra as funções de vestimenta, mas pode ter também uma de qualidade que o fará sempre buscar por este atributo.

A tendência da qualidade criou estruturas como as comunidades e as equipes de qualidade, que incentivavam as pessoas a examinar o que estavam fazendo em vez de fazerem tudo automaticamente. Isto gerou uma motivação valiosa mesmo quando as mudanças eram poucas.

Criatividade ou algo mais que qualidade

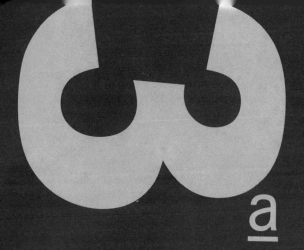

A economia alemã cresceu até converter o país no maior exportador mundial. Seu êxito fundamentou-se na excelência e na alta qualidade – principalmente no que se referia ao campo da engenharia –, baseando-se em dois pontos importantes: uma força de trabalho altamente qualificada e uma decisão consciente de colocar a qualidade antes da criatividade, o que faz sentido, porque a imaginação sem qualidade não vale nada.

A criatividade deve, porém, chegar a toda organização, e não somente às áreas especiais como o *marketing*, a estratégia corporativa, a pesquisa e o desenvolvimento, e embora deva vir depois da qualidade, chega o momento em que elas se somam.

Deve-se, pois, ter a criatividade praticada e espalhada por toda a organização, e aí surge a pergunta: Como incorporá-la em toda a empresa?

O enfoque mais simples consiste em incorporar as técnicas de pensamento criativo aos programas de qualidade, como ferramentas, para obter as melhorias contínuas e principalmente mudar os conceitos, fazendo com que elas passem a ficar à disposição de todos.

A incorporação das ferramentas pode se realizar de maneira formal e sistemática mediante facilitadores adequadamente treinados.

O mais importante é que se leve a sério a "implantação" de criatividade e não que se tenha somente algumas débeis sessões de *brainstorming* (tempestade de idéias).

No futuro, **a criatividade** – em todas as áreas – será o ingrediente-chave do êxito empresarial. Quando a tecnologia passar a ser um produto comum e habitual, e todos os concorrentes alcançarem o mesmo nível de idoneidade, **só a criatividade poderá fazer a diferença!!!**

Num exercício de futurologia, vamos imaginar o mundo daqui a vinte ou trinta anos. Será que alguém espera que os próximos anos sejam menos tumultuados do que foram os anteriores? Diante das mudanças esperadas em tecnologia, biologia, medicina, valores sociais, demografia, no meio ambiente e nas relações internacionais, com que tipo de mundo a humanidade poderá se deparar? Ninguém pode afirmar com certeza, mas uma coisa é razoavelmente certa: contínuos **desafios irão convocar nossa capacidade coletiva para lidar com eles**.

Neste cenário altamente competitivo, o crescimento pessoal e profissional passou a ser imperativo. Assim, o aluno para obter sucesso na sua futura carreira precisa investir com afinco no resgate e desenvolvimento da sua capacidade criativa e inovadora, valorizando o livre fluxo de informação, compartilhando o aprendizado e desenvolvendo novas habilidades que lhe permitam lidar com os desafios próprios desse novo contexto.

Logo, para atender à demanda imposta pelos novos tempos, são indiscutíveis o papel e a responsabilidade das instituições de ensino superior (IESs) na formação dos profissionais que irão promover as transformações necessárias. Importante ressaltar que não basta simplesmente colocar profissionais no mercado para promover ou conduzir as transformações sem que os mesmos estejam comprometidos com a forma e o resultado dessas ações.

Considerando a relevância deste cenário, e consciente de seu papel como **instituição educacional** no atendimento às demandas futuras dos mercados de trabalho, a Fundação Armando Alvares Penteado (FAAP) iniciou formalmente seu Projeto de Criatividade em 1993, com a participação de um grupo de professores no Creative Problem Solving Institute (CPSI), programa oferecido pela CEF (Creative Education

Foundation), vinculada à Universidade de Nova York, localizada em Buffalo, no Estado de Nova York.

Nos anos seguintes, a FAAP não só estimulou como promoveu a ida de novos grupos de professores a diversas instituições especializadas no ensino da Criatividade, em países como Espanha, África do Sul, além dos Estados Unidos, que participaram dos mais diversos Programas de Formação de Facilitadores em Criatividade.

Hoje, passados mais de dez anos, a FAAP conta no seu corpo docente com um grupo de professores devidamente certificados, os quais são responsáveis pela disciplina Criatividade, presente em todos os cursos regulares de graduação, de pós-graduação *lato sensu* e MBA's profissionais, realizados no nosso *campus*.

Sem dúvida, um diferencial dos nossos programas.

Entretanto, todos sabemos que as mudanças avançam em progressão geométrica. Não podemos e nem devemos nos acomodar com o sucesso obtido. Precisamos continuar.

Inovar, criar e fazer a diferença são palavras de ordem e constituem a nossa forma de agir.

Neste sentido, foi dado mais um passo em direção ao futuro.

Com o conhecimento adquirido e desenvolvido no campo da Criatividade e Inovação, ao longo dos últimos dez anos estruturou-se um Programa de Formação de Facilitadores em Criatividade, do qual participaram 30 professores da FAAP, coordenado pela profa. Sonia Helena dos Santos, assistente pedagógica da Faculdade de Artes Plásticas da FAAP e especialista em Criatividade.

O programa, com carga horária de 140 horas, foi desenvolvido em torno das quatro dimensões da criatividade: **a pessoa, o processo, a pressão e o produto.**

Tudo isso foi abordado para responder bem a pergunta:

Como iniciar uma revolução criativa na vida pessoal e profissional?

Para de fato praticar o pensamento criativo as **pessoas** precisam encontrar formas de inibir, especialmente no início do processo, a prática do pensamento reflexivo ou analítico, que geralmente é norteado pela estrutura, pela impessoalidade e pelo formalismo.

Só assim o julgamento antecipado poderá ser adiado, abrindo espaço para o pensamento criativo representado pela desinibição, subjetividade e fluidez, elementos fundamentais na geração de idéias para soluções de problemas.

A dimensão pessoal considera aspectos como fisiologia, temperamento, atitudes, hábitos e valores.

O **processo criativo** não ocorre como se fosse um passe de mágica. Ao contrário, exige determinação, coragem, disciplina e muito trabalho. É composto por cinco fases: preparação, incubação, iluminação, implementação e verificação, e exige do seu ator principal, e também dos coadjuvantes, características pessoais como fluência, originalidade, flexibilidade, elaboração, sensibilidade e, sobretudo, liberdade.

Podemos representar o processo criativo a partir de um balanço dinâmico entre **divergir** (adiar julgamento, aceitar todas as idéias, correr riscos, superar limites) e **convergir** (fazer avaliações comparativas, refinar e fortalecer idéias, checar sempre os objetivos).

O **ambiente** – também visto como **pressão** – exerce uma influência muito mais importante para a Criatividade do que imaginamos. Falta de apoio, desorganização, imediatismo e falta de visão são aspectos que quando incentivados podem minar a chamada Criatividade. Ao contrário, quando atuamos em ambientes que privilegiam o desafio, o risco, o dinamismo e o respeito pelo novo, estamos desestimulando o modo **"piloto automático"** de viver.

Trabalhando com afinco as três primeiras dimensões: pessoa, processo e pressão (do ambiente), provavelmente se chegará a um **produto (ou serviço) criativo**.

Com mais esta iniciativa, a FAAP não só consolidou mais a sua atuação nesta área do saber, como capacitou um grande contingente de seus professores para desenvolver projetos inovadores com o intuito de atender às demandas de um mercado de trabalho cada vez mais exigente.

Este livro, que inicia uma coleção de quatro volumes, é um dos textos adotados nas aulas ministradas por esses professores de Criatividade que se formaram, e de todos os outros.

Na apresentação desta coleção, denominada *Qualidade da Criatividade*, é preciso salientar o que vem a ser aprender criativamente analisando a seguinte fábula da convivência:

Durante uma era glacial muito remota, quando parte do globo terrestre esteve coberto por densas camadas de gelo, muitos animais não resistiram ao frio intenso e morreram indefesos, por não se adaptarem às condições do clima hostil.

Foi então que uma grande manada de porcos-espinhos, numa tentativa de se proteger e sobreviver, começou a se unir, a juntar-se mais e mais.

Assim, cada um podia sentir o calor do corpo do outro.

E todos juntos, bem unidos, aqueciam-se mutuamente naquele inverno tenebroso.

Porém, vida ingrata, os espinhos de cada um começaram a ferir os companheiros mais próximos, justamente aqueles que forneciam mais calor, aquele calor vital, questão de vida ou morte.

E afastaram-se feridos, magoados, sofridos.

Dispersaram-se, por não suportarem por mais tempo os espinhos de seus semelhantes.

Doíam muito...

Mas essa não foi a melhor solução.

Afastados, separados, logo começaram a morrer congelados.

Os que não morreram voltaram a se aproximar, pouco a pouco, com jeito, com precauções, de tal forma que, unidos, cada qual conservava uma certa distância do outro, mínima, mas o suficiente para conviver sem magoar, sem causar danos recíprocos.

Assim, suportaram-se, resistindo à longa era glacial.

Sobreviveram!!!

O aprendizado e a prática da criatividade não é uma tarefa fácil.

Exigirá de cada um muito esforço e dedicação, porém gerará excelentes resultados no final das contas.

A série *Qualidade da Criatividade*, nos seus 1º e 2º volumes tem oito capítulos (quatro em cada um), nos quais são abordados temas desde como usar melhor o seu cérebro até a eliminação dos maus hábitos, bem como o realce dos bons que propiciem o progresso da criatividade individual e em grupo.

São apresentadas muitas técnicas criativas, exemplificam-se inovações bem-sucedidas e chega-se à análise da empresa criativa.

Sabemos que em muitos capítulos alguns conceitos serão repetidos e o(a) leitor(a) vai reconhecer que já se falou algo sobre os mesmos.

Contudo, isso é intencional, ou seja, apresentam-se as mesmas coisas com outra vestimenta até que sejam aceitas e incorporadas ao seu comportamento, o que de fato estará transformando o(a) leitor(a) em uma pessoa criativa.

Aliás, foi assim que "bombardeamos" nos últimos dez anos professores e alunos da FAAP que leram a revista *Qualimetria*, na qual religiosamente sempre saiu alguma matéria diretamente ligada à criatividade, e muitas vezes tinha que se falar sobre algo que já havia sido comentado antes...

No 3º volume, a ser publicado em 2004, o foco principal será a apresentação do processo criativo como o desenvolvido pelo CPSI na Universidade de Nova York, em Buffalo, com muitos exemplos práticos analisados de forma completa.

Para isto, nos valeremos de muitos *softwares* que já existem e que facilitam bastante o desenvolvimento de um processo criativo.

Por fim, o 4º volume será dedicado totalmente à descrição do desenvolvimento e à busca de talentos, para de fato ter-se na empresa um contingente humano com grande capacidade intelectual de continuamente conduzir processos criativos, dando condição de sobrevivência a uma organização no século XXI, o **século do cérebro**!!!

A previsão para o lançamento desse último volume é no final de 2004 ou início de 2005.

Por enquanto, é vital que cada um vá se tornando um espetacular "criático", absorvendo todos os ensinamentos e idéias apresentadas nesta coleção dedicada à criatividade.

Boa sorte na absorção de todos os conceitos e ensinamentos!

Os autores.

capítulo 5
COMPREENDENDO O PROCESSO CRIATIVO

5.1 – MISTÉRIOS E MITOS DO PROCESSO CRIATIVO.

Muitas pessoas continuam acreditando que a criatividade continua sendo um "segredo conhecido por poucos indivíduos".

Naturalmente existe um certo mistério no processo criativo, porém esse mistério é acessível e pode ser desvendado por todos.

Você mesmo conhece o segredo da criatividade!!!

Pense na última vez que foi criativo (a).

Relembre a imagem de alguma coisa nova ou de algo novo que procurou fazer.

Provavelmente fez a si mesmo as seguintes perguntas:

→ O que é que está acontecendo comigo?

→ O que é que eu quero?

→ Como é que vou conseguir isso?

Em seguida procurou fazer algo.

Provavelmente no início não conseguiu o que queria, de forma que foram necessários vários ajustes até que você engrenou.

Não foi assim?

Aproximadamente assim...

A visão do que se deseja é que nos dá a direção para seguir na experimentação, no esforço, no trabalho de alcançar a nossa meta.

Pois é isso aí que é o **processo criativo**.

Ou seja, fazer as coisas acontecerem.

Quando você conseguiu o que almejava e isto de **maneira diferente** dos outros, seguramente foi criativo(a)!!!

Entretanto, saber o que se quer é essencial para a criatividade.

Criativo(a) é todo aquele que sabe claramente o que quer e que busca descobrir novas formas para alcançar o que deseja.

Saber o que se quer focaliza, isto é, concentra a pessoa nos resultados, conduz a sua energia e abre os seus olhos.

Isto desloca o seu comportamento de um simples respondente para uma pessoa criativa, ou melhor, transforma-o(a) em um(a) "criático(a)".

O poder de saber o que se quer capacita cada pessoa a agir, sabendo que ela "pode fazer a diferença".

A coisa mais importante que cada um pode fazer caso queira ser mais criativo é sempre perguntar a si mesmo o que quer.

A criatividade necessita constantemente de um propósito.

Os descrentes continuam dizendo: " Se o propósito é tão fundamental, como se explicam os descobrimentos que ocorrem por acaso?"

Na realidade, o descobrimento não depende de processos especiais, porém de propósitos especiais.

Aqueles que reconhecem o que estão achando é porque estão atentos e têm conhecimentos para entender o que está acontecendo.

Eles estão sempre focados e comprometidos com os seus propósitos.

Claro que o foco e a visão tomam tais "acidentes felizes" mais prováveis, e aquele que sabe o que busca tem maior capacidade de notar qualquer evidência que tenha alguma conexão com o que quer descobrir!!!

Além da noção de que a criatividade é um "segredo", existem outros mitos (Tabela 5.1) que nos afastam um pouco dos nossos propósitos, e inclusive de acreditar em nós mesmos, sempre!!!

MITOS QUE INIBEM A CRIATIVIDADE	CRENÇAS QUE LIBERAM NOSSA CRIATIVIDADE
1. Quanto mais inteligente você for, tanto mais criativo você será!?!?	A criatividade não é função direta da inteligência. Na realidade, é " ver o que todos já viram e pensar sobre isto de maneira que ninguém fez antes..."
2. As pessoas nascem criativas; criatividade não pode ser aprendida.	É verdade, todas as pessoas nascem criativas, inclusive você. Porém, pode-se aprender aptidões que liberam melhor o nosso potencial criativo. A criatividade pode ser aprendida assim como alguém aprende a jogar tênis ou a tocar piano.
3. As idéias criativas surgem como lampejos ou clarões semelhantes àqueles dos relâmpagos.	Persistência e concentração são pontos-chave para a criatividade. Não dá para ter um lindo jardim antes de preparar adequadamente o solo...
4. A criatividade é um luxo que deveria ser "exibido" ou encorajado apenas na época de abundância.	Justamente o contrário. É quando você não tem dinheiro que você tem um grande problema, e é por isto que se diz: "A necessidade é a mãe da invenção."
5. A criatividade rompe a rotina diária em uma empresa, gerando mudanças que assustam muito os seus funcionários.	As empresas de sucesso são aquelas que vivem em dois ambientes: um tempo na rotina e uma outra época de transição para uma nova rotina. Ninguém deve esquecer que qualquer rotina já foi certa vez uma grande inovação...
6. A verdadeira criatividade é a que se tem nas artes e ela tem pouca aplicação nos negócios.	Isto é falso. Já há décadas que se tem constatado que o aumento do produto interno bruto das nações mais desenvolvidas se deve principalmente à pesquisa e ao desenvolvimento de novos produtos e serviços que não existiam nos anos precedentes.

Tabela 5.1 – Mitos e crenças liberadoras.

CATALISADORES DA CRIATIVIDADE.

Existem várias características que cada pessoa deve desenvolver para aumentar a sua capacidade criativa.

Essas características são como os catalisadores nas reações químicas.

O catalisador é uma substância que altera a taxa segundo a qual uma reação química ocorre **sem ser ela própria consumida nesta reação**!!!

Os catalisadores são, pois, amplamente utilizados nas indústrias para aumentar a taxa de uma reação ou permitir que a mesma ocorra sem que haja necessidade de altas temperaturas e pressões.

Aí vai uma lista resumida de catalisadores da criatividade (um pouco diferente daquela do Capítulo 4):

l. Fluência – É a habilidade de gerar muitas idéias, ou seja, a aptidão de criar "variações sobre o mesmo tema".

2. Flexibilidade – É a aptidão de gerar idéias em diferentes categorias, digamos, é como se fôssemos "pular" para um outro programa de um outro canal de televisão.

A fluência é, assim, a capacidade de elaborar um grande número de idéias dentro de uma categoria.

Por exemplo, um lápis (ou uma caneta) pode ser usado para fazer uma prova, elaborar a agenda do dia, descrever a lista de compras, etc.

Já quando se faz uma lista de idéias em várias categorias, então se demonstra flexibilidade.

Por exemplo, um lápis (ou caneta) pode ser uma arma, um instrumento musical, um dispositivo para registrar sonhos, etc.

Os pensadores criativos são aqueles que são capazes de produzir "lotes de idéias" para o mesmo item e ao mesmo tempo enxergar isto de maneira diferente.

Como exercício, seja fluente e flexível elaborando para uma toalha pelo menos uns dez usos diferentes.

Você consegue!!!

3. Jocosidade – Cada pessoa deve passar a sua vida de maneira alegre, fazendo sempre gracejos e desejando sempre experimentar coisas novas.

Se a necessidade é a mãe da invenção, seguramente o divertimento é o pai.

Uma parte da nossa resistência ao divertimento tem tudo a ver com o nosso ponto de vista adulto de que: "O que precisa ser feito não tem nada de engraçado..."

Infelizmente somos ensinados a no trabalho sermos sérios, práticos e até sisudos demais.

Lamentavelmente vivemos e trabalhamos em ambientes que ainda valorizam pouco o humor ou a criatividade propriamente dita.

4. Imaginação – É essencial que cada um imagine que certas coisas podem acontecer.

No seu livro *Insight*, Daniel C. Luz assim enfatiza a importância da imaginação:

"Sempre que vejo uma ilustração ou uma réplica da obra-prima de Rodin, *O Pensador* (Figura 5.1), costumo ficar contemplando-a, e meditando sobre o que ela sugere. Para mim é o homem fazendo sua maior descoberta, o poder do pensamento e da imaginação. É isso que acontece na estátua de Rodin. É o reino da imaginação começando a desabrochar.

O Pensador simboliza o homem despertando para seu potencial infinito, e sugere que não existem barreiras, que a imaginação é ilimitada e inesgotável. Ele nos desafia a nos libertarmos e voarmos nas asas do pensamento, pois é através da imaginação que poderemos chegar às estrelas e contatar o infinito.

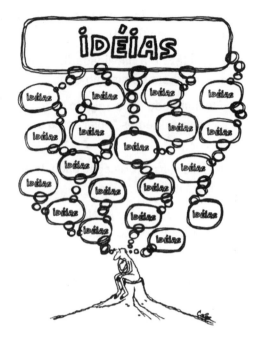

Figura 5.1.

O Pensador parece dizer: 'Abra caminho para a imaginação. A imaginação é inconquistável. Liberte-a do egoísmo, do medo e do derrotismo. Confie na viabilidade do impossível.'

É o pensamento criativo (Figura 5.2), o pensar possibilidades, ou seja, a imaginação que pode:

Figura 5.2.

✦ Viajar mais rápido do que a velocidade da luz.

✦ Penetrar todas as barreiras conhecidas, quer seja aço ou granito.

✦ Transcender o tempo, tanto o passado quanto o futuro, possibilitando às pessoas retrocederem o relógio e o calendário por séculos ou avançarem no futuro.

✦ Transportar a consciência e a percepção instantaneamente através dos continentes e culturas para ouvir sons, ver paisagens e respirar as fragrâncias exóticas dos perfumes embriagadores.

✦ Fornecer aos seres humanos uma fonte produtiva de criatividade: borrifando óleo em tela para criar uma obra-prima; misturando notas, tons e melodias até que uma composição musical dominadora se desenvolva; concebendo sonhos nas mentes das criaturas humanas ordinárias de todas as idades até que uma pessoa comum seja atingida, sem posse, e realmente ingresse numa meta fantástica e excitante, um projeto arrebatador.

✦ Programar dados no subconsciente que calcule soluções completas para problemas impossíveis e insolúveis.

Esta força, este poder incrível está ao alcance de todo ser humano vivo, independentemente de sua posição social ou econômica.

O empreendedor imagina as estruturas surgindo: com fontes, aço, vidro, escadas rolantes e elevadores. O estudante imagina o dia da formatura: toga e beca, um grau e um diploma em sua mão.

O pai e a mãe imaginam uma casa própria. Recortam gravuras das revistas. Examinam ilustrações de mobílias. Olham para móveis de bebê e roupas de crianças e imaginam uma família.

O professor imagina os alunos como adultos crescidos, maduros contribuidores bem-sucedidos de uma sociedade saudável!

O autor imagina seu artigo publicado. Vê o livro com sua foto na contracapa! Não pode esperar para começar.

Revitalize, pois, a sua imaginação, e há vários meios para isso. Estude a sabedoria atemporal da Bíblia. Leia histórias inspiradas em livros, revistas e jornais. Observe e vivencie o que está ao seu redor e verá exemplos vivos incontáveis de realizações importantes e maravilhosas acumuladas por pessoas exatamente como você. Permita que suas realizações inspirem sua imaginação.

Imagine. Imagine. Imagine sempre!"

Se ainda assim a sua imaginação "fraqueja", aproveite e vá se distrair assistindo a um filme totalmente irreal, como o do *Homem-Aranha*, por exemplo, e lendo depois algo sobre ele, como foi concebido, as dificuldades do seu criador para alcançar o sucesso, e assim por diante.

Realmente, todo aquele que quer ser criativo deveria entre outras coisas admirar e tentar adaptar ao seu trabalho profissional algumas das ações que são, suponhamos, desenvolvidas para produzir algo tão criativo, tão fantástico e tão imaginativo como o filme do *Homem-Aranha* exibido no Brasil no 2º trimestre de 2002.

Inicialmente deve-se salientar que o filme faz uma excelente adaptação para as telas, embora não seja fidelíssima, das aventuras das histórias em quadrinhos (HQs) criadas em 1962 por Stan Lee, Steve Ditko e John Romita (veja Tabela 5.2).

Por debaixo da máscara, o Homem-Aranha (aliás este é o nome do livro – *Behind the Mask of Spider-Man* de autoria de Mark Cotta), é um ex-*nerd* cheio daqueles problemas do dia-a-dia, que acontecem em praticamente todas as outras HQs.

Aliás, o *alter-ego* de Peter Parker não tem emprego fixo, alimenta uma paixão platônica e é tremendamente impopular na escola.

Isto é algo que a fracassada série de TV dos anos 70 simplesmente ignorou na sua curta existência – ela teve apenas 14 episódios – e que o filme sabiamente capturou na tela.

Apesar de ter sido vista com desconfiança pelos fãs mais xiitas do Homem-Aranha, a escalação de Tobey Maguire, 26 anos, foi uma decisão acertada.

Tendo uma pinta de bom moço, ele é convincente na pele do frágil órfão Peter Parker, que depois de ter sido picado por uma aranha geneticamente modificada, acorda no dia seguinte com os músculos definidos, a miopia curada, a agilidade tremendamente incrementada e com seus dedos grudando em qualquer superfície.

Mas o Homem-Aranha com faceta de herói só surgiria após mais uma tragédia na vida de Peter Parker, ou seja, depois de se negar a deter um assaltante em fuga, o rapaz recebe a notícia de que seu tio foi morto durante a escapada do bandido.

É aí que a saga começa de verdade...

CARACTERÍSTICA OU FATO	NA HQ	NO FILME
A criação.	A aranha que pica o garoto é cobaia de uma experiência radioativa, assunto muito em voga em 1962.	Numa visita a um laboratório, Peter Parker é picado por uma aranha geneticamente modificada.
A descoberta das aptidões do herói.	Esquivando-se de um carro para não ser atropelado, Peter Parker nota que possui poderes espetaculares.	Quando Peter Parker chega em casa, ele nem usa a escada para chegar ao quarto, pois pode subir pelas paredes.
A teia.	É um fluido artificial disparado por um dispositivo mecânico localizado embaixo da luva.	A teia do Homem-Aranha é orgânica e mais parece uma gosma saindo do pulso do herói.
O vilão.	É o Camaleão, criminoso originário da extinta União Soviética, um craque quando o tema é mudar de aparência.	É o ricaço Norman Osborn que, ao enlouquecer, vira o Duende Verde, supervilão que inferniza a vida do herói.
O duende.	Norman Osborn adquire seus poderes após uma explosão acidental, enlouquece e arranja uma fantasia que poderia servir muito bem em algum concurso do carnaval.	Norman Osborn se submete a uma fórmula para adquirir poderes, enlouquece e adquire uma armadura. O visual agora é mais para alguma ala futurista de uma escola de samba no carnaval.
O primeiro amor.	A loiríssima Gwen Stacy, que acaba sendo morta pelo Duende Verde, foi o primeiro grande amor de Peter Parker.	A ruiva Mary Jane Watson, uma vizinha de rua que sonha ser atriz, é a grande paixão do adolescente Peter Parker.

Tabela 5.2

Após todas essas alquimias e as correções adequadas, desenvolveu-se uma forte campanha de *marketing* para o filme, até mesmo com um evento na Bolsa de Nova York, e o mesmo, só nos EUA chegou simultaneamente a 3.615 cinemas, e pelo menos 7.500 telas tentaram como primeiro objetivo recuperar os US$ 139 milhões que o filme custou, e um segundo objetivo bem ambicioso era alcançar o recorde de bilheteria: faturar mundialmente US$ 2 bilhões, entre ingressos e *merchandising* (comercialização) de produtos, que vão desde *walk-talk* do Duende Verde à corda de *bungee-jump* do Homem-Aranha, ajudando desta maneira de forma significativa o balanço do estúdio Sony (que realizou a película em parceria com a Columbia Pictures Industries).

E efetivamente o filme rendeu muito, além de ter gerado consigo muitos outros negócios paralelos...

Mas qual o segredo do *Homem-Aranha*?

Pode-se dizer muito trabalho, muita tecnologia, muita imaginação e criatividade.

Tudo isso conduzindo a uma produção que agrada, que espanta e que comprova que cada um deve investir cada vez mais na própria criatividade e imaginação para poder pensar em alcançar um dia o sucesso semelhante ao do diretor Sam Raimi, que reinterpretou a idéia que no seu tempo original não despertou tanto interesse como agora, apesar de que também tenha agradado naquela época...

Quem realmente explica bem o que o criativo Sam Raimi fez é Mark Cotta Vaz, no seu livro *Behind the Mask of Spider-Man* (Figura 5.3).

Figura 5.3 - interessante livro de Mark Cotta Vaz.

É claro que realizar um filme como *Homem-Aranha* não é tarefa para uma só pessoa, e neste sentido Sam Raimi contou com a ajuda de:

a) Avi Arvid, presidente e CEO do Marvel Studios e diretor e o *chief creative officer* (executivo principal de criação) da Marvel Enterprises, que possibilitou que diversas características da história original pudessem ser adaptadas ao que acontece no século XXI, mantendo a essência de que se estava lidando com seres humanos vulneráveis.

b) Foi muito importante a participação do diretor de fotografia Don Burgess, até porque foram montados cenários extraordinários no estúdio Sony em Culver City, porém Sam Raimi exigiu que a maior parte das cenas do filme fossem à luz do dia para destacar as cores (vermelha e azul) da vestimenta do herói.

c) O *designer* James Acheson foi quem "bolou" a vestimenta do Homem-Aranha, permitindo destacar tanto a sua musculatura como o seu estilo acrobático.

Para tanto foi feito um duro trabalho usando um *software* especial de desenho.

Claro que na era digital tudo isso é mais rápido e fácil do que seria na década de 60...

d) Para a criação de imagens dos edifícios das lutas foi imprescindível a tecnologia disponível hoje pela Sony Pictures Digital Entertainment.

De fato, no primeiro *trailer* exibido nos cinemas norte-americanos e brasileiros, em agosto de 2001, o Homem-Aranha capturava uma quadrilha de assaltantes de banco construindo uma teia gigante entre as torres gêmeas do World Trade Center de Nova York. Era uma seqüência espetacular, que tinha 80 segundos no total, porém ela foi retirada do filme, se bem que as cenas estão disponíveis para *download* em *sites* da Internet.

e) Para se poder promover os saltos e vôos do Homem-Aranha foi necessário dar muitas "explicações" ao ator Tobey Maguire, usar muita engenharia e incluir dublês.

f) Foi preciso muito senso militar, aptidões de arquitetura e de indústria para se poder criar a empresa do vilão Norman Osborn.

g) A imaginação foi levada ao extremo para se criar a máscara do demônio, ou seja, do Duende Verde, o que incluiu os trabalhos de Bernie Wrightson, James Lima, Warren Manser, Miles Teves e James Carson.

Foi graças ao trabalho desses artistas que o Duende Verde chegou à realidade, incluindo muitos itens de vinil e outros materiais artificiais.

Bem, de tudo isso se percebe que ninguém consegue fazer sozinho uma obra tão portentosa como o filme *Homem-Aranha* (não esqueça que ele custou US$ 139 milhões), mas é preciso ter muitas pessoas criativas e existir a sinergia entre as mesmas para se produzir essa obra-prima da **imaginação humana**, constituindo, através do que se pode denominar criatividade plena, uma peça de entretenimento admirável.

A criatividade é que tem permitido esse progresso intenso da humanidade, e toda pessoa que deseja evoluir deve **por isso mesmo desenvolver a sua**.

5. Experimentação – É fundamental que se possa tentar e inclusive falhar em vários experimentos, até que se aperfeiçoe e se consiga chegar a algum resultado.

Para experimentar, devemos aliar a eliminação da preguiça à coragem de assumir riscos razoáveis, tendo em vista o fato de que podemos eventualmente não produzir os resultados que esperamos nas nossas primeiras incursões criativas.

O hábito de perguntar e questionar paradigmas tem de ser reavivado com urgência. Infelizmente, o clima organizacional e acadêmico reinante em grande parte, hoje em dia, não é ainda o mais propício à criatividade. Sendo assim, alertamos aqueles que querem exercer o seu em direito de serem cada vez mais criativos sobre o seguinte: ainda estamos no tempo em que devemos seguir os conselhos de um ditado iugoslavo que alerta: **"Diga a verdade e saia correndo",** pois sabemos que qualquer nova idéia estará automaticamente lutando contra as idéias antigas. Mas se nos lembrarmos de Picasso, que asseverou: **"Todo ato de criação é antes um ato de destruição",** talvez consigamos encontrar forças para ser guerreiros criativos, enquanto forjamos o ambiente necessário para, no futuro, facilitar a criatividade de todos à nossa volta, ensejando às pessoas a oportunidade de **experimentar** cada vez mais o seu infinito potencial.

Uma coisa que as pessoas que desejam ser criativas precisam eliminar é o medo de comentários assassinos do tipo: "Não lhe dissemos que isto ia dar errado, para que foi experimentar?"

Ademais, quem vai para a tentativa e erro, no fundo vai para a **tentativa** e **aprendizado**, sem medo nenhum também da "Lei de Murphy".

Provavelmente, todo mundo já ouviu falar na "Lei de Murphy", que enuncia: **"Tudo o que pode dar errado, dá errado."** Mas o que é que há de tão importante nesta Lei de Murphy? O que isto tem a ver com experimentação?

Qualquer pessoa comum pode ver que o número de acontecimentos não programados que podem ser classificados como bons é **muito superior** ao de eventos inesperados **ruins**.

No entanto, as más notícias só surgem na mídia porque são raras!?!

Pois é, as **boas notícias** são tão abundantes que poucas vezes são consideradas notícias que atraem a atenção do público.

O incrível é que ao longo destes últimos anos foram publicados diversos livros com corolários da Lei de Murphy, bem como inúmeros calendários artisticamente ilustrados e plaquetas, fazendo muitas pessoas adotarem a sua perspectiva exageradamente distorcida como **alicerce de sua própria visão de mundo**.

É assim que, lamentavelmente, nos seus escritórios, no chão de fábrica, nos congestionamentos de tráfego, no decorrer dos agradáveis momentos de lazer no seu lar ou em algum recanto, muitos indivíduos continuam acreditando firmemente que **"tudo que pode dar errado, dá errado"**.

É evidente que se insistirmos em procurar o lado ruim de todas as situações, **certamente o encontraremos**.

Infelizmente a vida de muitas pessoas é como uma viagem não-planejada, e por isto é comum elas se verem rodeadas por fatos inesperados e alguns totalmente indesejáveis...

Mas, ao contrário de ficar preocupado ou tenso pela eventual ocorrência de algum corolário da Lei de Murphy, o que cada um de nós deveria fazer era agradecer a Deus por ter nos oferecido uma abundância de coisas boas na vida, que vão desde a nossa família até os inúmeros sucessos profissionais que cada um já alcançou.

É isto de fato o que cada ser humano deve comemorar todos os dias caso queira que os mesmos sejam felizes.

A frase conhecida como Lei de Murphy ("Tudo que pode dar errado, dá errado!"), na realidade é a sua terceira lei, em uma série de 11 observações básicas.

Para satisfazer a sua curiosidade, a primeira Lei de Murphy é: **"Nada é tão fácil quanto parece"**, e as nove seguintes são afirmações cada vez mais sarcásticas sobre a natureza e as futilidades da vida.

Talvez Murphy até quisesse (!?!) parar na décima lei, entretanto tudo faz crer que teve uma visão que lhe possibilitou formular a 11ª lei, afigurando-se que encontrou uma perspectiva inteiramente nova, fazendo muita gente acreditar que ele tenha "decifrado o enigma".

Dá para acreditar que o verdadeiro problema da sociedade são as próprias pessoas, e atualmente, na era da velocidade, mais do que nunca vivemos em uma busca frenética por alguém capaz de suprir as nossas deficiências e impedir que os nossos erros aconteçam.

> *Infelizmente a vida de muitas pessoas é como uma viagem não-planejada, e por isto é comum elas se verem rodeadas por fatos inesperados e alguns totalmente indesejáveis...*

Na ausência desse salvador, direcionamos nossa fúria para o cosmos.

Provavelmente aí está a explicação de por que os opostos se atraem.

Todos possuímos deficiências em algumas áreas, e somos instintiva ou naturalmente atraídos pelas pessoas cujos pontos fortes coincidem com essas áreas.

Por outro lado, entretanto, não temos paciência com os indivíduos cujos pontos fracos coincidem com os nossos pontos fortes.

E por isto que uma pessoa pontual se aborrece com outra que vive atrasada, um indivíduo esbanjador chama o econômico de "pão-duro", o bem-humorado denomina o que não entende piadas de tolo, e assim por diante.

Mas por incrível que pareça, o mundo precisa de ambos os tipos de pessoas.

Donald A. Laird explica isso muito bem ao salientar: "Agradeça por ser como é, e também pelo fato de os outros serem diferentes de você.

O mundo necessita de todos os tipos de pessoas, e você precisa respeitar e usar essa sua individualidade."

É por isso que existe muita gente esperando por um salvador, o que pouquíssimos indivíduos em certos casos estão dispostos a ser.

Por exemplo, a verdadeira função do serviço ao cliente é salvar as pessoas das conseqüências de sua própria tolice, usando igualmente a **regra de platina**: "Trate os clientes como eles preferem ser tratados."

Os clientes raramente obedecem às regras. Eles esperam que você, como atendente, os salve sempre que cometem uma tolice ou um engano.

Qual é a sua opção: você quer ser um "salvador" conhecido em toda parte por seu "serviço ao cliente", ou vai continuar insistindo nos esforços para conseguir que todos os seus clientes sigam corretamente as normas e os procedimentos?

Como diz Roy H. Williams, especialista em *marketing*: "Que bom que por trás de toda nuvem existe um raio de sol, e também que acima da mesma existe um céu maravilhoso, e abaixo, uma terra acolhedora.

Deus nos deu um mundo perfeito.

Você e eu é que precisamos de alguns retoques."

Agora é o momento certo para enunciar a 11ª lei de Murphy: **"Nada é totalmente à prova de tolices, pois os tolos são extremamente criativos."**

Faça, pois, a partir de agora, sempre algo diferente para no final de cada semana ter uma resposta significativa à pergunta:

"Quando foi a última vez que você ajudou um tolo?"

Procure salvar sempre um tolo que não merece punição.

Talvez amanhã você precise que ele seja seu salvador e corrija uma de suas deficiências!!!

Às vezes você parecerá um tolo só pelo fato de não conseguir mudar de perspectiva, e alguém dirá: "Mas como você não entende isso!!!"

Aí vai um exemplo bem simples: basta acrescentar um pequeno traço e a expressão matemática 5+5+5=550 torna-se correta, porém o que deve ser feito?

Pare alguns minutos e veja se encontra a solução.

Infelizmente o seu tempo esgotou e você não obteve a resposta!

Como ocorre com a grande maioria dos problemas, quando alguém nos ensina as soluções elas nos parecem dolorosamente óbvias, e aí concluímos que não chegamos a elas porque não mudamos a nossa perspectiva.

Em geral, uma nova perspectiva leva a novas respostas.

Você já reparou como é fácil achar a resposta para o problema de algum amigo?

Por que será, se você não é mais esperto que ele?

Ou será que você leva uma vantagem decisiva de analisar o problema da perspectiva de quem está de fora?

O pior de tudo é que antes de você iniciar o processo de ajuda ao seu amigo, ele diz: "Você não pode me auxiliar pois não entende deste assunto."

Na realidade, o que o amigo está dizendo é: "Você não está vendo o problema da minha perspectiva."

Graças a Deus que você não está vendo o problema da perspectiva dele, **pois a partir dela não há solução!!!**

CAP. 5 - Compreendendo
o Processo Criativo

É por isso que cada um, quando tem um problema que não consegue resolver deve parar por um certo tempo e analisá-lo sob a forma de perspectiva de alguém que está de fora.

Aí se consegue fugir da loucura de fazer o que se fez sempre e esperar um resultado diferente.

As respostas para muitos problemas "insolúveis" surgem geralmente quando adotamos **uma nova perspectiva**.

Adote pois uma outra perspectiva sobre a lei de Murphy, salve sempre que puder um tolo e não esqueça que 5+545=550.

Que fácil, não é?

Seja sempre uma pessoa com iniciativa que acredita que tudo que vale a pena fazer vale a pena fazer bem, até que se aprenda a fazer melhor!

Se vale a pena fazer, vale sempre a pena tentar, porém o sucesso é uma jornada, não o destino.

Mas fique atento ao comentário de Abraham Lincoln: "Faço o melhor que posso, e pretendo continuar assim, até o fim.

Se no final der tudo certo, o que tiverem dito contra não valerá nada.

Se no final der tudo errado, dez anjos jurando que eu estava certo não farão diferença alguma."

E não fique pensando que a Lei de Murphy é um fato obrigatório nas suas atividades e realizações, ou seja, nas suas **experimentações.**

6. Pensar através de imagens – É vital que a pessoa aprenda a formar quadros mentalmente, imagine sentimentos e sensações, use metáforas e analogias, enfim, saiba fantasiar.

As imagens são mensagens não-verbais, são a parte não consciente da nossa mente.

E através de imagens que a mente percebe similaridades e conexões, faz discernimentos sobre as diferenças, compreende as qualidades inerentes e faz tudo isso ao mesmo tempo.

Pensar através de imagens e visualizar correspondem a processos característicos do lado criativo do cérebro – o direito (lembre-se do que foi explicado sobre isso no Capítulo 1).

Segundo alguns pesquisadores no campo de criatividade e aprendizado acelerado, como o dr. Win Wenger, presidente do Instituto Americano de Pensamento Visual, entre outras coisas é possível acessar o nosso subconsciente de forma a ter *insights* tão fantásticos quanto aqueles que os grandes pensadores tiveram no passado. O dr. Wenger, inclusive, é o criador de uma técnica de acesso a este potencial, chamada de *Image-Streaming*, que poderia se traduzir para **livre fluxo de imagens**.

Uma observação meticulosa sobre a forma pela qual ocorreram grandes descobertas vai revelar que na maior parte dos casos elas resultaram do trabalho do subconsciente, revelado a uma mente capacitada para entender as suas elocubrações.

Os grandes gênios, estando capacitados intelectualmente dentro dos campos de estudo aos quais se dedicavam, manifestavam, após um intenso processo de desejar entender alguma coisa ou criar algo novo, um profundo conhecimento de leis e princípios, que poderia chegar a eles através de sonhos, intuições ou analogias metafóricas instantâneas (os momentos de **Aha!**).

Conclui-se daí, e após incessantes pesquisas, que o manancial de conhecimento de que dispomos através do subconsciente é praticamente inesgotável. Dois motivos nos limitam o acesso a este manancial: nossa inabilidade de nos colocar no perfeito estado de receptividade para as mensagens e nosso despreparo para entender as mensagens.

Sendo assim, qualquer técnica que vise a utilizar os recursos do nosso subconsciente não será bem-sucedida se não tivermos condições intelectuais de organizar as mensagens oriundas deste mundo fantástico. Isto não quer dizer

> *É por isso que cada um, quando tem um problema que não consegue resolver deve parar por um certo tempo e analisá-lo sob a forma de perspectiva de alguém que está de fora.*

que as mensagens não nos sejam dadas, tanto que muitas vezes sonhamos com coisas que não entendemos no momento, por mais que nos esforcemos. O entendimento vem depois de algum tempo, quando enfim estamos preparados para tanto.

Ora, a técnica de **livre fluxo de imagens** é muito simples. O intuito é permitir que nossa mente encadeie livremente qualquer tipo de imagens que lhe possam ocorrer, para que possamos perscrutar as mensagens necessárias neste estado de permissividade mental. Este livre fluxo de imagens deve ser acompanhado por uma descrição, em voz alta, para um gravador ou para um ouvinte, de tudo quanto estivermos vendo, sentindo, ouvindo, cheirando, ou experimentando através de qualquer sentido, tão rica em detalhes quanto possível, de forma que se estivermos falando para outra pessoa, ela seja obrigada a vivenciar a experiência conosco.

São necessários alguns cuidados para pensar através de imagens:

✦ É preciso que a pessoa se coloque num estado mínimo de relaxamento para facilitar o acesso ao subconsciente e ao livre fluxo das imagens.

✦ Normalmente, bastará que tenhamos algum problema em mente para que as mensagens advindas desta técnica sejam direcionadas para resolver este problema.

✦ Não se deve confundir imagem mental com simples sucessão mental de "figuras", mas sim entender isto como sendo uma sucessão de "quadros cerebrais completos" compostos de todos os dados sensoriais, incluindo-se também os dados emocionais. Ou seja, a imagem mental de uma rosa inclui, além da figura da rosa, o cheiro da rosa, a sensação de tocar a rosa, os sentimentos relativos à rosa.

✦ É fundamental que se descreva em voz alta o maior número de detalhes possível, dado que esta atitude tem papel decisivo como *feedback* no processo de livre fluxo de idéias. Além de atuar na retroalimentação do processo, a descrição e articulação dos detalhes das imagens vivenciadas faz com que zonas do cérebro localizadas no hemisfério esquerdo, responsáveis por este processo, atuem em conjunto com zonas do cérebro localizadas no hemisfério direito, responsáveis pela composição das imagens, utilizando o potencial do cérebro de forma integrada.

Esta técnica entretanto não precisa ser necessariamente utilizada para resolver problemas. O dr. Wenger vem pesquisando os usos do *Image-Streaming* para acelerar o aprendizado, e já conseguiu aferir aumentos de até 20 pontos no QI de estudantes objeto de pesquisas, após um período de treinamento de 25 horas na técnica.

Aqui vai um exemplo de como utilizar o *Image-Streaming* apresentado por Richard Poe em um artigo para a revista *Success,* uma publicação mensal norte-americana da área empresarial. Richard Poe é um editor dedicado a explorar as fronteiras do potencial humano. Conta ele:

"Digamos que o seu negócio de produção de vídeo começa a entrar em declínio. A competição acirrada fez com que seus lucros caíssem a praticamente zero, dentro do mercado de treinamento corporativo. A menos que você possa encontrar um novo mercado, você está em péssima situação.

1º Passo - Você ajusta um alarme de relógio para tocar dentro de 20 minutos. Então você se senta confortavelmente fecha os olhos e liga o seu gravador.

2º Passo - No começo, você só consegue ver pontos de cor preta e púrpura. Você pensa: 'Acho que eu não consigo visualizar.'

3º Passo - Você então se lembra de que há algumas técnicas para começar a visualizar. Se você tiver problemas no começo da sessão de *Image-Streaming*, use uma delas que é focar numa pós-imagem, obtida depois de fixar a vista por muito tempo numa fonte de luz, como um monitor de computador ou lâmpada.

A segunda é simplesmente tentar descrever alguma cena do seu passado.

4º Passo - Então você começa a descrever sua mãe preparando um bolo na cozinha, quando você era criança.

É surpreendentemente fácil. Você descreve não somente as imagens, como também os sons, os cheiros, os gostos, etc.

5º Passo - Você percebe que sua atenção é atraída para o recipiente da batedeira.

Você vai com ela. Enquanto você olha para a batedeira, surge um dispositivo helicoidal que começa a girar em cima do oceano, e você agora está olhando para um redemoinho no mar, então você vê um *flash* de uma corrente instantânea, brilhante, cortando o mar calmo. Isto lhe faz lembrar de um antigo mapa de navegação que você estudou no primário, mostrando a corrente do Golfo, que flui entre a Europa e a América do Norte, proporcionando uma "avenida" de comércio marítimo entre os dois continentes, nos tempos coloniais.

6º Passo - De repente, o alarme dispara. Droga, você ainda não tem resposta!

7º Passo - Dois dias depois, uma revista de negócios cai em suas mãos enquanto você percebe está arrumando sua mesa. Você percebe um artigo que começou a ler nove meses atrás, mas nunca terminou. É sobre as novas possibilidades de se utilizar a videoconferência como uma ferramenta para ensinar.

8º Passo - Eureka! Agora o equipamento todo está muito mais barato e permite maior interatividade, com o que o aprendizado torna-se mais atraente e dinâmico.

E você é um consultor instrutor.

Aí está um novo mercado que você pode explorar, não é?

Claro que sim, inclusive nas suas aulas 'globais' encaixar até alguns vídeos...

Não fique desapontado se a 'mensagem salvadora' não aparecer nas primeiras tentativas, mas você vai começar a pensar rapidamente através de imagens. É necessário prática, como em qualquer outra técnica, para alcançar resultados.

De qualquer maneira, os fundamentos da técnica baseiam-se no conceito de que

uma utilização integrada do cérebro (hemisfério esquerdo trabalhando em conjunto com o direito) maximiza nossa *performance* em qualquer atividade."

O acesso ao subconsciente se dá através deste uso integrado, do relaxamento e da prática, e o elemento *feedback* é fundamental para direcionar nossas criações aos padrões que mais nos agradam. Variações desta técnica podem ser usadas nos mais diversos campos, como por exemplo composição de música.

Quanto mais aprendemos sobre o nosso cérebro e nosso potencial, mais assustados ficamos com a vastidão do que temos ao nosso alcance. Ninguém pode jamais convencer alguém que entende e pratica a criatividade no dia a dia de que ele não é capaz de realizar qualquer coisa.

O caminho pode não ter sido descoberto ainda, mas a certeza de que somos capazes de realizar tudo a que nos propusermos é um forte aliado na busca constante de soluções aos mais difíceis problemas.

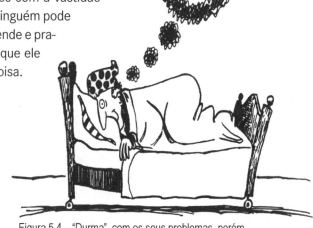

Figura 5.4 – "Durma" com os seus problemas, porém sonhe também com eles...

7. Incubação – Persistência e concentração são essenciais para a criatividade, porém o mesmo se pode dizer sobre a necessidade de saber o momento para dar uma parada.

Há quem diga que o ideal é obter todas as informações possíveis sobre um problema ou uma dificuldade, colocar todas elas no cérebro e deixar que as mesmas "descansem" (fiquem incubadas) aí algum tempo (Figura 5.4).

Naturalmente não é proibido falar com outras pessoas sobre o assunto.

Geralmente depois de algum tempo surge uma excelente idéia, que parece explodir no teto acima da nossa cabeça (Figura 5.5)...

8. Escutar o inconsciente – Parte da nossa mente não é consciente, mas mesmo assim faz-se conhecida de outras maneiras. É vital saber ouvir a nossa mente inconsciente como já foi dito antes.

Figura 5.5 – As suas idéias espetaculares baterão no teto...

9. Intuição – Parte da nossa mente "sabe" sem saber logicamente ou racionalmente. É preciso aprender a confiar na intuição.

Intuição é a função mental que explora o desconhecido e sente as possibilidades e as implicações que não são perceptíveis de imediato.

Aliás, sempre que uma pessoa diz: "Não me pergunte por quê, nem eu sei o motivo", e anuncia uma decisão completamente inesperada, pode ter a certeza de que ela não agiu guiada por forças sobrenaturais, mas usou algum tipo de **raciocínio intuitivo**.

Neste caso, o que ocorre de fato é um processamento muito rápido de informações e experiências armazenadas no subconsciente.

Em cerca de meio segundo (ou menos), o nosso sistema nervoso central, agindo como um **buscador**, varre esse grande banco de dados e traz o resultado da pesquisa à nossa consciência de repente, sem avisar por quê, quando ou onde.

Na realidade, quando uma pessoa intui, o que vem à mente é o resultado de uma pesquisa que ela não percebeu que fez, porque o cérebro agiu muito rapidamente.

O raciocínio intuitivo é exigido quando a pessoa está diante de novidades ou de situações de risco, ou precisa tomar alguma decisão rapidamente (por exemplo, intuir que vai ser assaltada!).

Hoje em dia todo profissional lida com uma grande falta de tempo e um excesso de informações, por isso ele precisa adquirir habilidade para tomar decisões, já que os prazos na rotina de trabalho estão cada vez mais curtos.

A intuição está merecendo muito mais atenção atualmente e está rendendo diversas pesquisas.

10. Ambigüidade – A ambigüidade é muito importante na fase inicial de geração de idéias.

Ambíguo é algo que pode tomar mais de um sentido, que denota incerteza, que enfim transmite algum tipo de caráter dúbio.

Os símbolos são ambíguos, frases, situações ou eventos podem ter múltiplos significados ou interpretações (Figura 5.6).

Figura 5.6 – Ambigüidade não é bem isso, mas os peixes estão na dúvida.

Por exemplo, o que é metade de oito?

Só do ponto de vista matemático, se quisermos criar uma ambigüidade podemos dizer: um terço de uma dúzia, um quarto de dezesseis, $\sqrt{16}$, $\sqrt[3]{64}$, 2^2, as patas de um cavalo, gato, cão, etc., as rodas de um carro, e assim por diante, gerando uma enorme ambigüidade.

11. Pensar paradoxalmente – Paradoxo é um conceito que é, ou parece contrário ao que diz o bom senso.

Diz-se que se tem um paradoxo quando se têm duas idéias aparentemente contratórias que são verdadeiras.

É famoso o paradoxo socrático: "Ninguém faz o mal voluntariamente, mas por ignorância, pois a sabedoria e a virtude são inseparáveis."

Ou então a seguinte contradição: "A obsessão da velocidade e o congestionamento de trânsito são um dos paradoxos da vida moderna."

Em matemática, os paradoxos abalam a confiabilidade de uma verdade.

Por exemplo, uma lei fundamental da matemática é que todas as proposições podem ser verdadeiras ou falsas.

Mas essa lei é também uma proposição e, então, ela também pode ser falsa!

12. Persistência – A criatividade exige que as pessoas não desistam nos primeiros tropeços.

No tocante à persistência, deve-se sempre estar preparado para dificuldades como:

→ Você por acaso desistiu de encontrar uma solução mais equilibrada e honesta devido à falta de tempo?

→ Você foi pressionado por alguém ou algo para produzir a solução dentro de um contexto que não atende a todos os requisitos?

Aliás, K. Blanchard e N. V. Peale, no seu livro *The Power of Ethical Management*, analisam as questões éticas de uma solução criativa implementada quando o(a) criático(a) deve ter antes também respondido adequadamente a questões como:

→ Ela é legal?

→ Não se está violando alguma lei civil ou da própria empresa?

→ Ela promoverá uma relação ganha-ganha?

→ E uma solução "equilibrada", tanto a curto como a longo prazo?

→ Como você, o criador da solução, se sente sobre a mesma?

→ Tem orgulho da solução proposta?

→ Permitiria que ela fosse divulgada ou publicada como sendo de sua autoria?

→ Sua família o apoiaria se soubesse que você fez isso?

→ Etc.

É aí que Blanchard e Peale destacam que é vital para se chegar a uma solução aceitável responder corretamente às perguntas há pouco formuladas e levar em conta os 5 Ps, ou seja:

✔ *Purpose* (propósito);

✔ *Pride* (pundonor ou orgulho);

✔ *Patience* (paciência);

✔ *Persistence* (persistência);

✔ *Perspective* (perspectiva).

A **persistência** já sabemos o que é...

Propósito – Qual é o objetivo que está se buscando alcançar? Você se sente confortável com este propósito? Voce ainda tem o mesmo propósito quando se olha no espelho?

Pundonor ou orgulho – Você está orgulhoso da solução que desenvolveu? Há falta de dignidade em algum ponto da solução proposta?

Paciência – Você já teve tempo para pensar um pouco mais sobre os efeitos colaterais que a sua solução está gerando?

Perspectiva – Como é que a sua solução se encaixa dentro do quadro geral? Você meditou e focou internamente se suas crenças e seus ideais não foram arranhados?

A perspectiva é o 5º P, sendo o núcleo em torno do qual giram os outros Ps (Figura 5.7).

Uma parte da **perspectiva** é a orientação interna que é proveniente dos outros 4 Ps, ajudando muito a ver as coisas de maneira bem mais clara.

Naturalmente, ao se avaliar uma nova solução não se fazem considerações apenas éticas. É importante não deixar de levar em conta a **satisfação** e a **segurança** que se obtêm com a solução proposta.

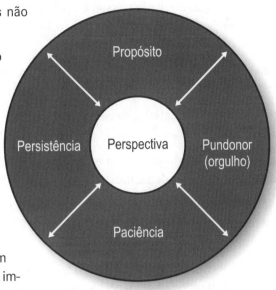

Figura 5.7 – A interdependência entre os 5 Ps.

É necessário, pois, ter a qualidade da perseverança (sem esquecer a ética e os 5 Ps) e procurar prosseguir, mesmo que muitos sejam os obstáculos contra a sua idéia, produto ou serviço.

13. Concentração – A criatividade exige que a pessoa seja capaz de se focar integralmente no seu trabalho, absorver-se com um dado assunto ou matéria.

Para a maioria das pessoas, o ato de originar uma visão criativa requer muito esforço.

Devemos ser **capazes de concentrar** nossa atenção no trabalho e ignorar todas as distrações: ruídos dos vizinhos, barulho das crianças, programas de televisão, etc.

Saber manter a concentração constitui uma parte essencial do processo criativo.

Cozinhar significa aplicar calor e aplicar calor criativo é elaborar, ou seja, executar a tarefa que temos diante de nós até concluí-la.

A concentração intensa e estável produz resultados.

É a chama da mente!!!

Todos nós seguramente já passamos pela experiência de iniciar um projeto cheios de energia e empenho, e em pouco tempo notamos como essa energia se dissipou como num passe de mágica...

Nosso interesse vai se desvanecendo e aí procuramos nos concentrar para poder produzir, porém os resultados são insatisfatórios.

Como indivíduos criativos, devemos ser capazes de mobilizar nossos recursos criativos.

As pessoas criativas parece que têm a habilidade de convocar as "musas da inspiração" no lugar de ficar esperando por algum lampejo.

Vejamos o seguinte exemplo: concentre-se olhando o desenho da Figura 5.8 enquanto conta mentalmente de 1 até 150, tratando de manter toda a sua atenção no desenho enquanto conta.

Ao fazer o exercício, o(a) estimado(a) leitor(a) provavelmente notará que depois de um certo tempo (nem chegou a contar até 40...) necessitava voltar a concentrar a sua atenção no desenho, não é?

Pois é assim mesmo que funciona a nossa mente!!!

Temos continuamente pensamentos que atraem a nossa atenção e nos distraem.

Dessa maneira, para que alguém possa manter sua mente concentrada no desenho proposto ou em qualquer outro tema, deve fixar sua atenção em aspectos interessantes e procurar responder a perguntas do tipo:

→ O que é isto?

→ Quais são suas proporções?

→ O que significa?

→ Para que serve?

    Etc.

Figura 5.8 - Concentre-se neste desenho...

Toda pessoa consegue ficar concentrada desde que consiga manter o seu interesse.

Contudo, como devemos proceder para avivar o nosso calor criativo e mantê-lo ao longo de projetos demorados?

Existe de fato uma série de maneiras para controlar a nossa chama criativa, agregar calor, e inclusive permitir que em certos momentos as coisas esfriem um pouco, encontrando os equilíbrios de poder necessários para que o nosso intelecto se mantenha fervilhante a uma temperatura adequada.

→ Pois bem, como funciona a idéia de uma **"chama criativa"**?

Deve-se pensar no combustível que alimenta a chama fazendo analogia com as habilidades que uma pessoa deve utilizar para responder ao desafio.

Quando estamos à altura do desafio e o desafio está à nossa altura, a chama criativa arde de forma plena!!!

Os fatores que ativam a chama criativa das pessoas são as seguintes:

- ✔ **Necessidade** – Nada agudiza mais a tensão do que as exigências.
- ✔ **Diversão** – Divertir-se coloca os nossos humores em movimento.
- ✔ **Audácia** – Enfiar-se de corpo todo dentro de uma situação ou de uma maçada.
- ✔ **Velocidade** – Fazer as coisas o mais rápido possível.
- ✔ **Estar em desvantagem** – Começar sem um plano e aplicar as ideias à medida que vão surgindo.
- ✔ **Correr riscos** – Um risco de verdade, sem ser de fato uma ameaça à sua vida.
- ✔ **Sentir agulhadas de medo** – E seguir em frente apesar das mesmas...
- ✔ **Orgulho** – Sentir prazer pelo êxito e pelo sucesso alcançado.
- ✔ **Medo** – A ameaça do fracasso acende um fogo de grande intensidade.
- ✔ *Stress* – Devido ao apuro da falta de tempo.
- ✔ **Faíscas mentais** – Sentir-se audaz, sobressair na multidão e chamar a atenção dos outros sobre si.
- ✔ **Confiança na inspiração do último momento** – Ter fé na própria capacidade para desenvolver um projeto alimentado pelo fogo da sua mente.

✔ **Relaxamento** – Eliminar ou liberar a tensão das preocupações da própria vida.

✔ **Excepcionalidade** – Estar consciente de que está fazendo algo original ou de valor para a sociedade.

✔ **Privacidade** – Manter um tempo para si mesmo, para meditar, para falar com a sua alma.

Existem, entretanto, muitas coisas que apagam o fogo criativo, que fazem as pessoas perderem a sua concentração no que fazem e são, portanto, **extintores da criatividade**.

Eis alguns dos exterminadores da chama criativa:

✦ **Pensamento único** – É o caso quando se apóia em uma única idéia ou em um só plano para analisar e/ou realizar um projeto.

✦ **Preocupar-se demasiado** – A ansiedade exagerada faz arder a chama criativa em lugares equivocados.

✦ **Não se divertir** – Quando deixamos de nos divertir a tarefa que deve ser executada não nos abandona e fica circundando, fazendo pressão sobre as pessoas.

✦ **Frustrar-se facilmente** – Quanto mais alguém se esforça para se frustrar, mais consegue o seu intento e a chama criativa vai se apagando.

✦ **Importância exagerada** – Dar importância exagerada ao desafio, de modo que isto pode inclusive arruinar a própria vida da pessoa.

✦ **Conhecer as respostas corretas** – Ninguém pode estar convencido de ter todas as respostas, pois assim começa a deixar de levar em conta outras alternativas que vão surgindo.

✦ **Manejar ou dirigir as coisas por meio de comissões ou comitês** – As comissões anulam a iniciativa individual. Confiar em uma comissão significa negar a responsabilidade, de maneira que o estímulo ao risco desaparece bastante.

✦ **Ter muitas reuniões para debater algum assunto ou projeto** – Perde-se geralmente muito tempo em reuniões e isto, além de aumentar os custos da organização, muitas vezes desanima as pessoas pela falta de progresso.

✦ **Fixar prazos inadequados** – Quando se tem pouco tempo para executar uma tarefa torna-se freqüentemente impossível cumpri-la. Por outro lado, quando se tem muito tempo comumente se perde interesse no projeto.

Lidar, portanto com a energia criativa implica encontrar um equilíbrio.

Porém, não aquele equilíbrio estático que experimentamos quando estamos quietos parados em pé, mas o tipo de equilíbrio que mantém a pessoa sobre a prancha numa competição de *surf* ao acompanhar uma grande onda.

O equilíbrio criativo é dinâmico e implica ser sensível e estar atento a muitos fatores.

O psicólogo Mihaly Csikszentmihalyi desenvolveu um detalhado trabalho no qual ele descreve o que vem a ser a experiência ótima, ou seja: **o estado no qual a energia criativa flui livremente e sem esforço**.

De acordo com a sua pesquisa, as pessoas quando realizam atividades que comprometem sua mente e seus sentimentos, fazem isto melhor nas seguintes condições:

✓ **Focalização (ou concentração, que é o nosso tema principal)** – A pessoa deve ser capaz de se **focalizar** no que faz.

✓ **Possibilidade de conclusão** – O indivíduo se mostra realmente criativo quando se compromete com alguma tarefa que tem possibilidade de concluir.

✓ **Objetivos claros** – O ser humano é bastante criativo quando busca executar algo que tem objetivos bem definidos.

✓ **Resposta** – Havendo objetivos claros, a pessoa recebe uma realimentação imediata das atividades que vai executando.

✓ **Gratificação** – Enquanto executa a atividade desafiadora, o centro de atenção da pessoa se translada todo para a tarefa gratificante e a afasta das frustrações e preocupações da vida.

✓ **Esquecer de si mesmo** – O trabalho desafiador faz com que o indivíduo muitas vezes se esqueça de si mesmo. Não obstante, uma vez terminada a experiência, ele saí da mesma revigorado e se sente mais forte.

✓ **Tempo estendido** – A sensação do tempo que uma pessoa tem se modifica muito, e assim em certas ocasiões os minutos parecem horas, e em outras ocasiões as horas transcorrem como se fossem minutos...

A combinação destes fatores gera efetivamente experiências extremamente gratificantes no campo da criatividade.

As pessoas passam a sentir que exercem um controle no âmbito da sua atividade criativa e da própria vida.

Elas passam a investir uma grande parte da sua energia com o intuito apenas de sentir seu fluxo criativo, e com isto até as experiências humanas mais simples começam a ser extremamente gratificantes.

14. Pensamento positivo – É vital que cada pessoa pense sobre si mesma como sendo criativa.

Essa auto-imagem positiva é muito importante, pois quem se avalia como incapaz jamais conseguirá fazer coisas realmente criativas...

15. Confiança – Aqui não se trata apenas de segurança e do bom conceito que inspiram as pessoas de probidade e talento.

De fato, é ter confiança no próprio talento, pois a criatividade depende muito disso.

Claro que a autoconfiança é um ingrediente importantíssimo para a criatividade, desde que ela não se transforme em arrogância ou isolamento.

COMPREENDENDO O PROCESSO CRIATIVO.

Muitas pessoas adoram lidar com modelos de processos formais, quando fica evidente que se tem que passar por certos estágios ou etapas bem definidas para se poder cumprir uma tarefa.

E por incrível que pareça, têm-se muitos desses modelos no campo da criatividade e na solução de problemas.

Contudo, o certo seria não gostar deles, o correto seria desprezá-los ou não se valer dos mesmos quando se deseja fazer algo realmente criativo.

Por que isso?

Porque praticamente todos eles são processos lineares, ou seja, aqueles em que a pessoa precisa cegamente seguir com rigor uma ordem, executando (ou passando) cuidadosamente cada estágio indicado até chegar ao fim.

Quem chega ao fim pode até imaginar que produziu uma solução, como se fosse possível "fabricar" idéias criativas deslocando-se através de uma correia de transporte mental.

Esqueça isso!

O pensamento criativo não funciona, não se desenvolve dessa maneira, pelo menos na maior parte das vezes.

Todos os modelos representam um processo nitidamente numerado, ou melhor, explicando e impondo as etapas que devem ser seguidas, falham grotescamente no sentido de permitir que se desenvolva plenamente o pensamento criativo.

Por exemplo, como ilustração, tomemos o modelo que nos orienta da seguinte forma:

1- defina o problema;

2- obtenha a informação pertinente ao mesmo;

3- gere a solução.

Até soa de uma certa forma como lógico todo esse procedimento, não é?

Mas **como** é que se vai gerar a solução?

Naturalmente nesse ponto todo mundo fica perplexo, porquanto esse modelo nos orienta a executar seqüencialmente as etapas [1] - [2] - [3], mas ao mesmo tempo coloca o pensamento criativo numa caixa-preta rotulada como "estágio 3".

Todavia esse é o passo mais importante. É a etapa-chave!!!

O que realmente cada um de nós precisa é de um processo que nos habilite a executar essa etapa de uma maneira bastante diferente e melhor.

O consultor em criatividade Alexander Hiam sugere o modelo da Figura 5.9 para resolver um problema de forma criativa, que não é exatamente linear!?!?

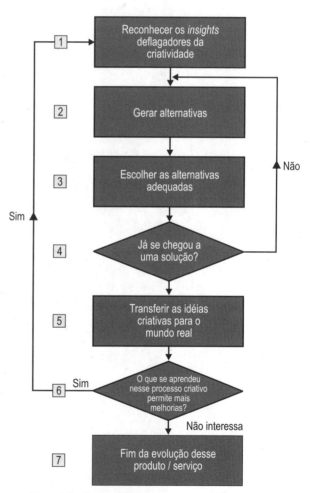

Figura 5.9 – Um modelo para a solução criativa de problemas (SCP).

E o que se mostra na Figura 5.9 não "engessa" o pensamento criativo naquele esquema ou estrutura racional composta de: definição do problema, obtenção da informação e análise comparativa das opções de solução.

O que expressa a Figura 5.9 está bem próximo do que ocorre no mundo real, pois indica como de fato os pensadores criativos desenvolvem o seu pensamento.

As etapas da Figura 5.9 são as seguintes:

1ª Etapa – Reconhecer os *insights* deflagradores de criatividade.

O pensamento criativo é deflagrado pelo senso de possibilidade que cada um de nós sente quando percebe que algo foi feito de forma inadequada ou incompleta, quando nota que algo está sendo explicado ou expresso de forma incorreta, ou ainda quando algo não está solucionado!

O pensamento criativo pode mesmo ser desencadeado quando começamos a questionar algo bem familiar como, por exemplo, as tarefas que realizamos cotidianamente.

Em outras ocasiões, ele é provocado por um problema mais sofisticado como, digamos, o que se deve fazer para ter sucesso profissional ou para escrever um livro de sucesso, ou ainda para inventar um produto ou serviço inédito!!!

O surgimento de discernimentos (*insights*) é extremamente importante, pois é isto que inicializa o processo criativo, evidenciando que a criatividade é a ferramenta adequada para solucionar a incongruência existente.

Esses *insights* nos dão o rumo e a visão – esperança (e às vezes mesmo convicção) de que existe uma maneira melhor para cada coisa – que é o que se precisa a fim de que a jornada da criatividade comece.

Mesmo o mais simples dos *insights*, tal como estabelecer a similaridade entre dois dispositivos que fazem a mesma função, pode conduzir-nos a inovações e melhores soluções para o seu funcionamento.

Entretanto, quando os *insights* se precipitam sobre nós é vital saber reconhecê-los, para mais tarde pensar se eles nos vão levar de fato a alguma conquista criativa.

Lamentavelmente a maioria das pessoas não consegue discriminar ou distinguir as novas possibilidades de um certo problema, e além do mais, faz muito pouco para encorajar novos *insights*.

Isto só é possível quando a gente aprender a olhar o que está à nossa frente, tendo suspendido todas as crenças ou pressuposições do dia-a-dia sobre a "embrulhada" que se quer solucionar.

Aí, sim, muitas faíscas da criatividade poderão envolver nossa cabeça, isto é, estaremos provocando a nossa inspiração.

Claro que é indispensável antes definir exatamente o que se está procurando, ou qual desordem se deseja corrigir.

Partindo do princípio otimista de que todos os problemas são solucionáveis, é crucial que eles sejam definidos corretamente.

Caso contrário, você poderá solucionar o problema errado!?!?

Albert Einstein disse: "A formulação correta do problema muitas vezes é mais essencial do que sua solução, que pode ser simplesmente uma questão de aptidões matemáticas ou experimentais.

Formular novas perguntas, novos problemas, ou considerar velhos problemas a partir de um novo ângulo exige imaginação criativa e provoca avanços reais."

Assim, tudo indica que mais importante que encontrar as respostas certas, para que a cabeça de alguém seja invadida por *insights* criativos, é necessário fazer as perguntas certas e enxergar um problema da maneira como ninguém havia visto antes.

Jonas Salk achava que a resposta para qualquer pergunta preexistia e enfatizava: "O que precisamos sempre é fazer a pergunta certa para revelar a resposta."

Portanto, é essencial tomar muito cuidado com as perguntas que cada um faz, com a forma que define o problema.

Quando você tiver dificuldades para solucioná-lo ou as soluções de algum modo parecerem inócuas, tente sempre redefinir o problema de outra maneira e depois tente resolvê-lo...

Aí vai um exemplo de como um chefe de polícia resolveu o problema de ter muitos estudantes universitários presos numa cidade do interior do Estado.

Conta o chefe de polícia: "Cada ano que passava os jovens estavam se tornando mais desregrados.

Eles se envolviam cada vez mais em bebedeiras e desordens, perturbavam o sossego na cidade, tinham comportamento obsceno e danificavam propriedades alheias.

Eu os mandava prender, porém aí percebi que o tempo de cadeia estava se tornando um distintivo de honra, de respeito, de masculinidade.

Assim o estudante que ainda não tinha passado uma noite na cadeia, não fazia parte da turma, não estava por dentro, não era homem!!!

De repente, os estudantes que ainda não haviam sido presos passaram a ser rotulados de 'maricas'.

O pior é que o número de detenções foi aumentando até que a cadeia da cidade não tinha mais lugar, principalmente nas sextas-feiras, para 'acomodar' tantos estudantes infratores, e o problema tornou-se incontrolável...

Estava ficando uma situação difícil...

Eu precisava cumprir a lei, pois esse era o meu trabalho, mas quanto mais a cumpria, mais o problema piorava, e já não tinha onde encarcerar os estudantes...

O que fazer?

Existiam, porém, várias coisas que podiam ser feitas. Sempre haveria outra saída!!!

Então determinei que todos os estudantes presos passassem a comer papinha de bebê!

Em lugar de tratá-los como criminosos, tratei-os como bebês.

E aí, praticamente da noite para o dia, transformei os alunos machistas em alvos de risos.

Antes, eu tinha formulado a pergunta errada: 'Como posso punir esses alunos mais rigidamente por desrespeitarem a lei?'

E os colocara a pão e água.

Aí eles saíam como heróis, e outros mais queriam ser heróis.

Quando percebi isso através de um estalo (*insight*), fiz uma nova pergunta: 'Como posso deixar esses estudantes desconcertados por desrespeitarem a lei?'

E então acertei dando-lhes comida de criança: eles se sentiram como bebês e não como machões..."

Pois é, muitas vezes é assim mesmo que surge a solução: você simplesmente reformula o problema e acerta no alvo!

Nós, seres humanos, ficamos mais receptivos às sugestões (*insights*) da mente inconsciente nos momentos de devaneio, quando não estamos pensando em nada em particular.

É por isso que o "sonho acordado" é tão importante e útil na busca da criatividade.

Todo instante de devaneio é oportuno para o processo criativo: um banho, uma longa viagem de carro ou avião, um passeio tranqüilo no campo, a descontração enquanto nos barbeamos, etc.

A história dos inventores comprova que muitos deles tiveram as suas grandes idéias nos momentos de devaneio, mas parece que a vida moderna tenta impedir que as pessoas possam devanear...

No trabalho, na escola, diante do televisor, etc., hoje em dia há sempre uma mente alheia vigiando nossos pensamentos, e por isso é essencial sair dessa situação para perceber os nossos discernimentos criativos.

Além do mais é imperioso repensar a forma como pensamos.

É preciso aprender a pensar visualmente – com imagens e não com palavras.

Dizem que o famosos arquiteto Frank Lloyd Wright pensava em casas e prédios não como estruturas separadas, mas como partes integrantes da paisagem.

O especialista em criatividade Edward de Bono conceituou que é necessário também desenvolver o **pensamento lateral**.

Infelizmente fomos educados para pensar de um modo linear ou vertical, de forma lógica, passando de um ponto ao seguinte, até encontrarmos uma conclusão definitiva.

Ou seja, aprendemos a colocar um tijolo em cima do outro.

Esta é uma forma de pensar analítica, seqüencial, intencional.

Caso alguma coisa não tiver sentido enquanto avançamos, paramos e vamos em outra direção, dando um passo lógico depois do outro até acharmos a conclusão adequada.

Já com o pensamento lateral você dá pulos, não tem que seguir um caminho lógico; pode pegar trilhas vicinais para estradas alternativas que aparentemente não levam a lugar algum (veja a Figura 5.10).

Uma outra coisa que é vital para se poder reconhecer os *insights* deflagradores da criatividade é **não mais assumir fronteiras que não existem**!?!?

Realmente, inibe-se enormemente o pensamento criativo ao assumir inconscientemente que um problema tem restrições, fronteiras, limitações e sujeições, quando na realidade não tem.

É muito importante, pois, toda vez que houver dificuldade na solução de um problema, perguntar a si mesmo:

→ "Que pressuposições estarei fazendo que não teria de fazer?"

→ "Que limitações desnecessárias estou determinando para mim mesmo?"

Finalmente, por mais paradoxal que pareça, é conveniente estabelecer alguns limites!

Rollo May explica esse fenômeno paradoxal dizendo: "A criatividade em si exige limites, visto que o ato criativo surge da luta dos seres humanos contra aquilo que os limita."

No entanto aí não deve valer em toda a sua plenitude a crença de que a mente criativa deve estar livre para vagar, explorar, buscar onde bem entender a sua inspiração.

Limite-a, e ela se atrofiará como uma minhoca ao sol, porém é aí que está o paradoxo.

CAP. 5 - Compreendendo o Processo Criativo

Por exemplo, ao se incumbir uma equipe de criar, digamos, um folheto promocional de uma instituição de ensino superior (IES), descobre-se que ao oferecer-lhe **liberdade completa** poder-se-ia ter o caos pelo não-cumprimento do prazo, do orçamento, e mesmo por não respeitar a cultura e a estratégia adotadas pela IES.

Com certeza na vida real a limitação mais estimulante que existe é o tempo, uma vez os prazos finais incitam efetivamente as pessoas a realizar algo.

Dê a si mesmo um prazo para executar uma tarefa (escrever um artigo...) e constatará que você se valerá de coisas novas para cumpri-lo satisfatoriamente.

Bem, de forma resumida, é vital descobrir os *insights* precipitadores da criatividade para a solução de um problema, inclusive redefinindo-o de uma outra forma!!!

2ª Etapa – Geração das alternativas.

O segundo estágio de um processo criativo é a geração de **alternativas** que no fundo são as diferentes maneiras de pensar sobre algum tópico, qualquer que seja, para o qual algum *insight* deflagrador o levou...

Claro que rapidamente você pode entrar no modo de solucionar o problema quando as suas sugestões tomarão a forma de decisões para a resolução da dificuldade.

Acontece que isto nem sempre é possível ou desejável.

Em vez disso, talvez no início o melhor que se deve fazer é analisar a natureza do próprio problema.

Dessa forma, no começo as suas primeiras alternativas – como já foi comentado na 1ª Etapa – talvez sejam apenas diferentes maneiras de enxergar ou entender a dificuldade que deseja solucionar através de um processo criativo.

Suponhamos que venha a sua cabeça (um *insight*) a lembrança do tempo que você gasta para chegar todo dia ao trabalho, e então começa a pensar nas soluções alternativas, em como fazer o trajeto diário em menos tempo.

Seguramente convém meditar sobre esse problema analisando-o de diferentes ângulos, o que significa que é bem útil responder antes a perguntas do tipo:

→ Por que será que gasto tanto tempo para chegar ao trabalho?

→ O problema do tempo gasto é devido à distância que devo percorrer ou às condições e meios que utilizo para realizar a viagem?

→ Por que estou tão preocupado com o tempo gasto na viagem? Não é possível aproveitá-lo de alguma forma?

Etc.

Ao responder a essas perguntas, o solucionador criativo (SC) começa a gerar pontos de vista alternativos sobre a situação que o aflige e que está tentando aliviar por intermédio do processo criativo.

Qualquer que seja a forma que as suas alternativas tomem, o fato importante é conseguir gerar muitas delas.

Ninguém sabe explicar corretamente (ainda) como o cérebro – **uma coisa física** – pode produzir uma idéia – **algo não físico**.

E os seres humanos, principalmente nestes últimos séculos, têm tido idéias revolucionárias como, por exemplo, a teoria da relatividade ou o conceito de engenharia genética.

Têm desenvolvido a partir das suas idéias gestos criativos e de compaixão, como a estratégia de não-violência de Gandhi, a assistência aos portadores do vírus da AIDS, ou o programa Fome Zero para alimentar milhões de excluídos.

As idéias dos homens criaram as grandes visões de esperança e verdade que apontam o caminho para os outros, como o sermão de Martin Luther King denominado *Eu Tenho um Sonho,* ou então a *Declaração dos Direitos do Homem.*

As idéias brilhantes nos tiram de enrascadas como, por exemplo, aproveitar melhor o espaço da nossa cozinha, ou então "ganhar" um pouco mais de tempo para o entretenimento, isto sem prejudicar as outras coisas que devem ser feitas.

Assim, com grandes ou pequenos resultados, todas essas idéias que resultaram em inovações foram úteis, valiosas e significativas para que a humanidade fosse ampliando cada vez mais as suas conquistas na Terra e fora dela.

Portanto, está comprovado que as idéias acontecem, e é inquestionável o grande progresso que elas proporcionaram aos seres humanos.

É verdade que elas ocorrem mais para uns que para outros, mas de um modo geral pode-se afirmar que não existe nenhuma mutação genética no cérebro daqueles que têm poucas idéias.

Eles também podem gerar muitas idéias.

Jack Foster, autor do livro *Como Ter Novas Idéias* destaca: "Não acho que as pessoas propensas a idéias, com as quais lidei muito, nasceram com algum tipo de talento especial de ideação, algum modo raro de pensar que as leva por caminhos inexplorados, ou alguma visão especial, que lhes permita ver uma ordem e relacionamentos novos onde os outros só vêem a desordem e nenhuma conexão.

A coisa que os distingue é esta: aqueles que têm idéias **sabem** que as idéias existem e **sabem** que vão encontrá-las, e os outros (a grande maioria) que não apresentam idéias, não sabem que as idéias existem e não sabem que podem encontrá-las."

Figura 5.10 - Qual é o *insight* que lhe desperta este desenho?

Nós, por outro lado, acreditamos que as pessoas para ter mais idéias precisam ser mais especuladoras ou curiosas.

E por especular deve-se entender o bom sentido da palavra, quer dizer, aquela pessoa que está constantemente preocupada com a possibilidade de alcançar novas combinações.

Especulador é o tipo de pessoa que não consegue deixar as coisas como estão e que especula de todas as formas para modificá-las.

Uma outra coisa fundamental é não esquecer o que você pensa sobre si mesmo: é o único e o mais importante fator para o seu sucesso.

Você age como o tipo de pessoa que imaginava ser.

Se você se considera um fracasso, provavelmente será um fracasso!

Mas se você se considera um sucesso, provavelmente será um sucesso.

Aliás, de que outra forma se explicaria que pessoas aparentemente dotadas fracassem, enquanto pessoas aparentemente incompetentes sejam bem-sucedidas?

Há mais de dois mil anos o que disse e explicou Virgilio vale hoje em dia: "As palavras conseguem fazer tudo isso porque as pessoas acham que conseguem."

No início do século XX, Henry Ford continuava concordando com Virgílio quando falou: "Quer você ache que consegue, quer ache que não consegue, terá razão."

Em resumo: **a postura é mais importante que os fatos**.

Isso significa especificamente que, em geral, a diferença entre as pessoas que estão cheias de idéias e as que não as expressam tem pouco a ver com alguma capacidade inata de criar idéias.

Está, isso sim, fortemente relacionada com a crença de que **conseguem** ter idéias.

A conclusão simples é a seguinte: aqueles que acreditam que podem, podem; aqueles que acreditam que não podem, não vão ter idéias.

Mas a boa notícia é que todos os seres humanos podem alterar suas vidas, alterando com isto a sua postura e, conseqüentemente, ser criativos.

Jean-Paul Sartre evidenciou isto dizendo: "O homem é aquilo que acredita ser."

E ainda assim, muitas pessoas, talvez você mesmo, se recusam a aceitar essas reflexões, ficando presas à lamentável constatação de Kent Ruth: "O homem pode viver sem ar por alguns minutos, sem água por mais ou menos duas semanas, sem comida durante cerca de dois meses – e sem um pensamento por anos a fio."

Justamente uma das idéias deste texto é mostrar que você pode desenvolver inúmeros processos criativos ao longo da sua vida, tendo inclusive muitas idéias preciosas (veja a Figura 5.11).

Sem dúvida, algumas idéias mais significativas vão aparecer com menor freqüência ou demorar mais que as outras para se manifestarem.

Figura 5.11 – Como será que o criador deste carro alegórico teve esse *insight*?

Mas ter uma idéia espetacular não depende, por mais estranho que pareça, de tempo, nem do local, horário ou carga de trabalho.

Você pode "receber" uma idéia brilhante (*insight*) no instante em que está dando partida no seu carro, no momento que liga a TV, quando acende a luz do seu quarto, enquanto está almoçando, tomando banho ou brincando com os seus cachorros.

Logo, ter uma idéia depende da crença em sua existência e da crença em si mesmo.

Acredite, pois, na sua capacidade e competência!!!

3ª Etapa – Escolha das alternativas.

Embora a pretensão inicial seja gerar o maior número possível de idéias alternativas para solucionar um problema, o seu crescimento desenfreado poderá inundar o SC, prejudicando o seu trabalho, de forma que ele deva num certo momento promover uma suspensão criteriosa de muitas delas.

É, desse modo, importante saber escolher as alternativas que serão úteis para um maior desenvolvimento e para poder analisar todo o resto das idéias.

À medida que essas idéias vão se aperfeiçoando, o processo de seleção geralmente permitirá escolher aquelas soluções alternativas que estão bem ligadas ao problema claramente definido que se quer resolver.

Porém, inicialmente o processo criativo pode estar focado em algo mais fundamental, ou seja, que linha de pensamento é preciso seguir na busca das soluções alternativas.

É apenas através de repetidos ciclos de geração e surpresa de idéias que o SC atingirá a maturidade suficiente de pensamento para propor e saber selecionar as melhores opções desenvolvidas ou apresentadas.

Mas não se esqueça de que para empreender essas muitas voltas é necessário que você fique possuído pelo assunto que quer resolver, concentrando a sua mente no mesmo, falando dele em todos os lugares, e até sentindo o seu "cheiro"...

É forçoso também que pergunte aos outros sobre esse assunto e isto incessantemente.

Outrossim, deve continuar cavando ininterruptamente na direção do mesmo.

Faça todo o possível para conseguir cada vez mais informações pertinentes ao assunto que quer resolver.

Não se pode esquecer que a melhor maneira de ter uma nova idéia é ter uma idéia, o que significa que as idéias são como uma bola de neve, uma aciona a pressão para se ter uma nova idéia.

Na realidade, o processo criativo talvez não seja nada mais do que tentativa e erro, orientado por fatos, experiência e gosto.

4ª Etapa – Repetir as etapas 2 e 3 várias vezes.

É aqui que o modelo do mundo real do pensamento criativo torna-se confuso.

Uma rodada de geração de alternativas e de escolha de alternativas raramente é suficiente no processo criativo.

É por isso que o SC deve estar preparado para voltar às etapas 2ª e 3ª várias vezes, cada vez vendo o problema segundo uma óptica ou ângulo um pouco diferente.

O processo de seleção, apoiado em uma supressão criteriosa, permite que o SC avalie criticamente as idéias que desenvolveu a partir do seu discernimento (*insights*).

E com essa avaliação começam a emergir algumas possíveis realizações.

Naturalmente durante o trabalho criativo é possível que você talvez deixe passar em branco uma parte interessante do seu pensamento que merecesse mais atenção, ou porventura o seu enfoque inicial do problema possa ser redefinido, transformando dessa maneira de forma radical o foco do processo criativo.

O processo dinâmico de dar e tomar entre o desenvolvimento criativo das alternativas e a escolha criteriosa das mesmas é fundamentalmente a **chave da criatividade**.

Apenas ao examinar as idéias com olho crítico é que o SC pode perceber os pontos fracos e fortes delas.

E é freqüentemente nas falhas de uma idéia que se pode conseguir um *insight* adicional que guie para uma solução melhor ainda.

Deve-se não esquecer que infelizmente o pensamento crítico é bastante desencorajado nos preceitos da prática e do pensamento criativo.

Isto abala de forma negativa a essência dos processos dinâmicos de criação e avaliação, bem como o cíclico avanço na direção de soluções viáveis e válidas.

Tanto no seu pensamento independente como no trabalho criativo em grupo, a pessoa precisa dedicar um tempo que favoreça ambos os pensamentos: o generativo e o seletivo.

Caso não se proceda dessa maneira torna-se difícil completar adequadamente os ciclos criativos indispensáveis para desenvolver e transformar os pensamentos criativos em algo que possa ser de fato usado no mundo real dos negócios.

Porém não se pode nunca esquecer que o que se deve criticar, quando num trabalho em grupo, são as idéias e não as pessoas que as apresentaram!!!

Não existe nesse processo todo nenhuma etapa que se denomine "solução" pois não se pode estabelecer nenhum tempo discreto quando os SCs param de pensar e definem que alcançaram a solução.

Seria muito enganoso ou ilusório incluir essa etapa no modelo do processo.

O que realmente ocorre é que se deve permanecer girando entre as alternativas e as escolhas até que se "sinta" que já dá para parar porque se alcançou algo **viável** e **válido**.

Às vezes isso ocorre quando o SC solta aquele "Aha!" ou o clássico "Eureka!", demonstrando que chegou a algo inédito.

Outras vezes, o processo criativo anda muito lentamente em direção à realização do objetivo, e na medida em que os ganhos de melhoria da solução se tornam cada vez menores, não faz sentido gastar mais tempo e recursos no mesmo.

Assim, o bom senso recomenda parar e optar pela melhor alternativa conseguida até aquele estágio.

Na realidade, o processo criativo nunca termina!

O que efetivamente ocorre é que alguém decide aproveitar o que já conseguiu e parar um pouco de tentar encontrar soluções mais eficazes.

A longo prazo, sempre é possível desenvolver novas e melhores idéias.

A criatividade e a inovação, pela capacidade do ser humano, são processos sem fim porque sempre será possível descobrir algo novo.

Dessa maneira, admitir um fim para o processo criativo é realmente um ato pragmático, ou melhor, é uma decisão racional ou intuitiva objetivando sair do **mundo do pensamento** para o **mundo da execução**!!!

5ª Etapa – Transferência das idéias para o mundo real.

Uma vez que o SC decidiu sair de imaginar para fazer, ele precisa trasladar as suas idéias criativas em produtos/serviços úteis.

A expectativa, ao menos no mundo dos negócios, é que o SC consiga algum lucro a partir do investimento no seu pensamento criativo.

Os produtos/serviços criados por suas idéias podem ser muitos e os mais variados, dependendo do seu *insight* inicial e das metas (objetivos) e necessidades da empresa na qual ele trabalha.

Na Tabela 5.3 registram-se as formas mais comuns nas quais se transformam as idéias criativas.

Produto	Definição
Soluções	Respostas para decisões difíceis ou problemas complexos.
Inovações	Novos métodos ou processos.
Inspirações	Idéias poderosas que estimulam ou movem as pessoas.
Estratégias	Maneiras de alcançar metas (objetivos) desafiadoras.
Criações	Produtos artísticos ou desempenhos.
Invenções	Objetivos ou dispositivos novos.
Problemas	Redefinições sobre o que se está trabalhando criativamente.
Insights adicionais	Novos entendimentos e pontos de vista dentro da natureza escondida das coisas.

Tabela 5.3 – As formas tomadas pelas idéias.

Às vezes, como se mostra no último item da Tabela 5.3, o processo criativo produz nada mais do que o início de um outro processo criativo.

Isto acontece quando alguém chega à conclusão: "Aha, tudo o que consegui entender até agora é que tudo o que foi feito está errado. Mas tenho uma nova pista!"

6ª Etapa – Aprendizado obtido do processo criativo.

Todo processo criativo tem uma conseqüência bem importante: ensina muito aos que dele participaram, permitindo até melhorias no futuro maiores ainda.

Quando não se pensa em mais inovações o produto/serviço está geralmente destinado ao desaparecimento.

Algumas décadas atrás muitas empresas descobriram o grande valor da etapa de aprendizado ao terem feito a implementação da gestão da qualidade total.

Tornou-se evidente que o aprendizado adquirido encorajava a procurar melhorias no futuro e que o processo de mudança não podia parar nunca.

O mesmo deve ocorrer na criatividade: é vital estimular o aprendizado contínuo e com isto buscar a mudança, traduzida em novas idéias para futuras melhorias.

CONSIDERAÇÕES FINAIS.

O que é que se aprende do processo criativo?

Inicialmente, que se pode e se deve continuar a examinar sempre o tema do trabalho criativo do SC.

Qualquer que seja a solução atual, vale dizer, aquela que foi escolhida após você ter passado várias vezes pelas etapas **2** e **3**, ela **não** é a **solução final**.

Algum dia você deveria revisitá-la e tentar desenvolver uma nova e melhor ainda!!!

Por conseguinte, antes de terminar qualquer processo criativo estabeleça uma data (ou faça um plano) para voltar a trabalhar no mesmo.

Uma boa atitude nesse sentido é a de criar um arquivo onde estejam todas as idéias que geradas para aquele assunto, de forma que tanto você como outras pessoas possam "revisitar" a maneira como se desenvolveu o seu processo criativo.

Quando não se pensa em mais inovações o produto/serviço está geralmente destinado ao desaparecimento.

Mais do que isso, tenha informações das outras pessoas sobre a sua última solução para algum produto ou serviço, ou melhor, respostas ou comentários delas para perguntas como:

→ Vocês gostam desta solução?

→ Quais são os seus pontos fracos?

→ Como se pode avaliar a mesma em relação ao que vocês acreditam ser um bom desempenho?

→ Ela serve para algumas situações inesperadas?

Etc.

Tais perguntas e suas respostas constituem a matéria-prima para futuros *insights* deflagradores da sua criatividade.

Além disso, o SC precisa aprender, por si só algumas coisas, do processo criativo que têm tudo a ver com as respostas às seguintes perguntas, para se tornar um SC cada vez mais eficaz:

→ Seria conveniente no próximo trabalho tentar uma nova técnica de *brainstorming*?

→ Convém incluir outras pessoas no trabalho criativo?

→ Quais métodos de pensamento foram os mais úteis e produtivos?

Por outro lado, não se pode mais ter dúvida de que um processo criativo é uma seqüência de atividades planejadas e desenvolvidas para gerar o pensamento criativo, e com isto realçar enormemente o comportamento criativo no local de trabalho.

O processo permite gerar excelentes idéias que servirão seguramente para manter a competitividade da empresa que dá trabalho a muitas pessoas.

De outra forma, em oposição, um **processo não-criativo** é todo aquele que inibe o pensamento criativo, não estimulando o comportamento criativo.

Há até quem diga que na sua empresa praticamente todos os processos são não-criativos.

Se isto for verdade, então é imprescindível mudar esse panorama.

Um exemplo típico de um processo não-criativo é aquele de uma reunião com uma ordem do dia extremamente apertada, impondo limites de tempo para a discussão de cada tópico e inclusive especificando a seqüência em que cada assunto será discutido.

Uma tal agenda sem dúvida não poderá resultar em nada especulativo, e dificilmente surgirão conexões inesperadas entre os temas discutidos.

Uma reunião desse tipo normalmente bloqueia os pensamentos criativos e corta as discussões de tal forma, que ninguém terá a oportunidade de voltar a algum tópico depois de tê-lo incubado tempo suficiente para "enxergá-lo" sob um novo ângulo na sua mente.

O que é necessário fazer no século XXI é minimizar os processos não-criativos e estabelecer condições para que brotem nas organizações cada vez mais processos criativos, pois estamos decididamente na era do aproveitamento máximo do cérebro.

Indubitavelmente, esta é a qualidade que será o grande diferencial entre as empresas!

Toda pessoa que pretender se tornar um SC, deverá usar quatro poderosas ferramentas para desenvolver a sua criatividade, e desta forma poder desenvolver depois eficazmente um processo criativo.

Essas quatro ferramentas são:

- ✔ Fé na própria criatividade.
- ✔ Ausência de julgamento.
- ✔ Observação acurada.
- ✔ Perguntas argutas.

Fé é uma palavra mágica.

Por ter fé em alguma coisa devemos entender como ser capaz de confiar nela, sem segundas intenções.

Ter fé é saber que se possui um poder interior sempre à disposição.

Isto é o que a criatividade pode tornar-se para você – e a fé fortalecerá a presença da mesma em sua vida cotidiana.

Quando as pessoas têm fé em sua criatividade, demonstram uma clareza de propósitos capaz de deixar pasmos os que as cercam.

A **ausência de julgamento** consiste em aprender a silenciar aquela voz interior da autocrítica que censura nossas idéias antes que elas se concretizem.

É essa "voz do julgamento interior" que faz com que cada pessoa não acredite plenamente em muitas boas idéias que já teve, e dentre as formas eficientes para calar a sua tagarelice negativa está a prática de exercícios respiratórios.

A **observação acurada** significa saber contemplar o mundo com a admiração de uma criança e a precisão de um cientista.

Além disso, é ela que nos capacita a considerar todas as coisas que estão à nossa volta com uma consciência juvenil.

Por **perguntas argutas** devem ser consideradas as curiosas, as inteligentes, e até as "idiotas".

Na opinião dos grandes inventores, não existe pergunta idiota, ou melhor, a única pergunta idiota é aquela que não foi feita!!!

Use, pois, as quatro ferramentas, e assim a **qualidade da sua criatividade aumentará significativamente!!!**

5.3

OUTROS ESQUEMAS PARA O PROCESSO CRIATIVO.

Claro que existem outros esquemas para desenvolver o processo criativo, e aí vão resumidamente alguns outros.

1. SABER.

Calhoun W. Wick e Lu Stanton Leon acreditam, por exemplo, que para se adquirir o saber seria preciso usar um modelo com cinco componentes ou passos interligados: **s**elecionar, **a**rticular, **b**atalhar, **e**xaminar e **r**ecomeçar, formando assim o acrônimo SABER (Figura 5.12). Este método é muito prático para se obter, digamos, novos conhecimentos.

Figura 5.12 – O ciclo de aprendizado do SABER.

Quando os cinco componentes se encaixam, o processo de aprendizado fica semelhante a uma roda em movimento, que ganha velocidade enquanto energiza e impulsiona a sua rotação.

Todos os componentes têm importância crítica.

Se um deles for subutilizado, a roda perde a curvatura e anda aos solavancos, em passo de tartaruga, ou então se desvia do rumo almejado.

No tocante a **selecionar** é fundamental que cada um saiba escolher as metas e objetivos que sejam básicos para si próprio e para a empresa onde trabalha.

Articular significa saber determinar como você vai atingir cada meta.

É essencial registrar por escrito o maior número possível de ações.

Também é vital estipular datas para cada ação, pois estas datas:

✦ criam pressão de tempo para atingir cada etapa;

✦ constituem outra forma de fixar metas realistas;

✦ proporcionam uma excelente forma de medir o progresso.

O terceiro passo é **batalhar** para colocar o seu plano em prática, começando pelas

ações relacionadas com o aprendizado.

É sempre necessário aprender algo para se atingir uma finalidade.

Até o nosso avô já falava: "Pensamento sem ação é inútil".

É vital começar a batalhar pela sua meta o mais rápido possível, para reforçar o seu compromisso de atingi-la.

Começar imediatamente é a obrigação de todo mundo que quer progredir, adquirindo mais saber!!!

A seguir é importante **examinar** os resultados do plano de aprendizado, e mais importante ainda é verificar **como** você aprendeu.

Raramente paramos para pensar na experiência passada a fim de poder melhorar o desempenho da próxima vez.

A avaliação não precisa ser muito demorada, porém deve ser sempre feita porque é extremamente proveitosa.

CAP. 5 - Compreendendo o Processo Criativo

Por último, deve-se determinar a sua próxima meta de aprendizagem, fazendo uso consciente do que se acabou de aprender.

Incorpore essas novas habilidades ao seu repertório e use-as como mais uma ferramenta para iniciar o próximo projeto de aprendizagem.

O objetivo é incorporar de tal forma o novo aprendizado às suas práticas profissionais, a ponto de ele se tornar automático.

Uma vez incorporado o novo aprendizado ao repertório de habilidades e feita a avaliação, você pode **recomeçar** o processo de fixação de metas, sabendo que agora dispõe de um esquema proveitoso de aumentar a sua evolução, uma abordagem que poderá usar para o resto da sua carreira.

Sem dúvida o método SABER lembra muito o PDSA (*plan, do, study, action*) do dr. W. E. Deming, ou o método de Osborn Parnes (analisando adiante) para promover soluções criativas, ou até o ciclo dos 8Is (iniciativa, informação, idéias, inovação, insistência, integração, implementação e introspecção) que está exposto no nosso livro *A Roda da Melhoria,* mas de qualquer maneira é um excelente esquema para aquisição de novos conhecimentos e também para implementar soluções criativas.

2. BIP.

Seguramente um dos melhores livros de criatividade editados no Brasil é o do professor Roberto Menna Barreto, que enriquece o conhecimento dos que querem ser "especialistas em Criática", com o seu *Criatividade no Trabalho e na Vida.*

Há quem diga que ao professor basta o talento didático para a transmissão do conhecimento aprendido dos mestres, e mesmo de outros professores.

A um mestre se **ama**; a um professor, se for muito bom no ofício, **admira-se**.

Pois é, Roberto Menna Barreto é um mestre-professor.

E é ele quem dá a receita bem simples para um processo de criação, representado pela sigla BIP.

Como diz o próprio prof. Roberto Menna Barreto:

"O **BIP** não é nenhuma técnica, não é nenhum processo; é apenas um fórmula onde **B** representa **bom humor**, o **I** a **irreverência**, e o **P** a **pressão** de um problema.

Para mim, pessoas engraçadas ou sempre **bem-humoradas,** porém sem qualquer **irreverência** e sem estar sofrendo uma pressão devido a algum **problema,** dificilmente criarão algo.

Por outro lado, pessoas muito **irreverentes,** entretanto sem qualquer **bom humor** e sem a devida **pressão do problema**, ficarão próximas da agressividade, criando problemas para si mesmas!!!

Finalmente, pessoas que incorporam a **pressão do problema**, sem entretanto encararem o mesmo com **bom humor** e até com uma certa **irreverência**, tendem a se estressar e se deprimir.

Lamentavelmente, o que mais se vê nas pessoas é a repulsão desses três elementos, ou seja, a conjunção não é muito freqüente e é por isso que as ações ou as 'coisas' criativas não são tão comuns!!!"

Apesar de Roberto Menna Barreto não achar que o BIP seja um processo criativo, ele pode ser entendido assim e vamos analisar um pouco mais detalhadamente os seus componentes.

BOM HUMOR.

Rir, ou sorrir, não é um sinal automático de bom humor, e existem até aquelas pessoas que diante do aparecimento de um problema mais complexo ficam "sérias".

Isto também não precisa ser entendido como um sinal de desgosto pelo surgimento da "maçada".

Pode ser apenas um indício do começo do seu envolvimento com o problema.

Todavia, está "praticamente" comprovado que é muito difícil **criar** um meio para reverter uma situação desastrosa quando se está de mau humor.

Como destaca Edward de Bono:

"O bom humor tem muito a ver com o pensamento lateral (criativo).

O objetivo é incorporar de tal forma o novo aprendizado às suas práticas profissionais, a ponto de ele se tornar automático.

Ele acontece quando a maneira mais provável de ver as coisas sofre um choque pela súbita tomada de consciência de que existe uma outra forma de se fazer algo.

Com bom humor, a mente oscila entre o natural, o comum, o modo óbvio de ver as coisas e a forma inesperada, porém viável de fazê-lo: **isto é uma nova maneira.**

E é essa alternância que é a maior característica do pensamento criativo ligado ao humor.

O efeito dessa oscilação depende muito da motivação e da grande influência que o humor tem sobre o sexo."

Uma pessoa de **bom humor** é aquela que ao receber uma notícia ruim, que ante um "abacaxi" ou numa encrenca, tem força para dizer: **"Que bom, assim vamos resolver de uma vez por todas isso!!!"**

Uma das maneiras de cultivar o bom humor é periodicamente ler um livrinho de piadas (aliás, em breve lançaremos um com o título de *Qualihumor*).

A propósito, as piadas constituem uma das manifestações mais autênticas e interessantes da cultura popular. Aparecem, vivem por um longo tempo, transferem-se de um contexto para outro, adquirem novas roupagens e somem para novamente aparecer, despertadas por um fato qualquer; seus personagens são substituídos de acordo com as evidências do momento.

Por causa desse aparente descomprometimento da piada, somos induzidos quase sempre a vê-la como algo espontâneo e inocente, e também por causa de sua permanência no tempo e no espaço (é fácil constatar que as boas piadas raramente morrem ou são esquecidas), as piadas são recursos úteis que nos ajudam a refletir sobre os fatos empresariais. As piadas são "material didático" altamente interessante graças a estas características. Tomadas como referenciais para repensar as situações da empresa (ou sobre a vida particular de uma pessoa), recolhidas e apresentadas, intertextualmente, em relação a determinados fatos que acontecem nas empresas, elas são instrumentos muito úteis para que as pessoas possam refletir e criar.

Além disso, as piadas falam sobre os diferentes aspectos da vida social e podem ser classificadas de acordo com esses aspectos.

Assim, há piadas pornográficas, étnicas, de humor negro, de salão e de salão de barbeiro! Há clichês sobre categorias sociais que são cultivados e reforçados pelas piadas, como o do executivo que trabalha demais, do sujeito traído pela mulher, do presidente estúpido que fala bobagens; há também aquelas sobre preconceitos étnicos (o português burro, o japonês complicado ou o judeu esperto e ganancioso), a respeito da cor (contra negros, amarelos e índios), sobre as profissão (médicos, advogados, economistas, psiquiatras, psicanalistas), e de gênero (depreciando as mulheres, principalmente).

Essas características não são fixas, a menos que a graça esteja em uma característica intransferível (a cor negra de uma pessoa ou os olhos puxados de um oriental, por exemplo). Na maioria das vezes, no entanto, piadas de português podem virar piadas de japonês; determinadas piadas podem passar a referir-se a pessoas indistintas, que não fazem parte propriamente de certa categoria social.

As piadas contadas pelas pessoas têm as seguintes vantagens:

1 - **Existencial**: confirmam a impressão que temos sobre nós mesmos ("Sou engraçado." "Sou bem-aceito pelos outros." "Definitivamente, não gosto de pessoas desta ou daquela categoria social", etc.).

2 - **Biológica**: proporcionam maior contato com as outras pessoas, pois somos ouvidos, notados, apreciados, enfim, recebemos "carícias" da parte delas.

3 - **Psicológica interna**: mantêm nosso equilíbrio "energético", livrando-nos de tensões excessivas, ansiedades, culpas e medos, geralmente causados por sentimentos e imagens mentais constantemente reciclados, que nos incomodam muito.

4 - **Psicológica externa**: nos ajudam a superar situações tensas ou que provocam ansiedade, como reuniões de negócios, aproximações com pessoas que ainda não conhecemos, a primeira visita à casa dos pais da namorada, etc.

5 - **Social interna**: as piadas nos ajudam a preencher o tempo; assim, evitamos passar o tempo de forma desagradável (trabalhando em coisas que não gostamos de fazer, resolvendo problemas que nos incomodam), conflituosa (desafiando, ironizando, criticando), nociva à saúde (bebendo, fumando, tomando drogas), ou mesmo criminosa (roubando, matando, etc.).

6 – **Social externa**: as piadas fornecem assuntos para novos contatos com as outras pessoas.

Ninguém precisa necessariamente ser engraçado, porém deve ver e entender sempre que possível as coisas de uma maneira mais suave, ou seja, com bom humor.

Para isto, além de apreciar as piadas, deve gostar de filmes humorísticos, e haja pessoas engraçadas para estimular as nossas risadas.

O bom humor sem dúvida nenhuma ajuda a derrubar barreiras, aproximar as pessoas e promover um saudável intercâmbio de idéias dentro de uma corporação.

Ninguém pode negar que uma boa risada atravessa as fronteiras hierárquicas, melhorando a comunicação entre posições e setores diferentes, ajudando a construir um todo harmônico dentro de uma empresa, e sendo um ingrediente para pôr em ação a criatividade de cada um, já que dentro do "rarará!" sempre existe um pouco de irreverência.

IRREVERÊNCIA.

Quando alguém pergunta o que quer dizer a inicial I para quem lida com criatividade, imediatamente a resposta envolve uma, ou várias das seguintes palavras:

- ✔ Imaginação.
- ✔ Inovação.
- ✔ Invenção.
- ✔ Intuição.
- ✔ Inspiração.
- ✔ Inteligência.
- ✔ Idéias.
    Etc.

Para Roberto Menna Barreto, de uma forma ou de outra, todos esses conceitos são inúteis para todo aquele interessado em desenvolver de forma prática a sua criatividade se antes não existir **irreverência**.

Irreverência é a consciência de que nada no mundo é 100% assim!!!

E neste caso não importa em particular o que seja "assim".

A irreverência nada tem a ver com desacato, com desaforo, com rivalidade, com impolidez, com contestação sistemática, ou até com arrogância!!!

Na realidade, trata-se de não-reverência, isto é, a decisão da pessoa de recusar a reverenciar tudo, de se prostrar, de aceitar todas as coisas incondicionalmente, ou de aceitar as informações como são comunicadas nos jornais, nas rádios e nos canais de televisão.

A irreverência implica ter constantemente "jogo de cintura".

Irreverência significa sempre usar um cordato ceticismo, dando um necessário "desconto" a tudo que nos cerca e sobre o que as pessoas nos dizem.

Irreverência é algo que serve para todos nós, o tempo todo, como um componente essencial para que possamos exibir a nossa parcela (nem que seja de 1%) criativa.

É claro que um setor em que se vê com mais freqüência a irreverência é o artístico, que muitas vezes pode até ser tomado como deboche, bastando ver o que acontece principalmente na entrega das premiações musicais e cinematográficas.

A bem da verdade, irreverência é um componente imprescindível para ter a mente funcionando com liberdade.

Sem irreverência pode-se até pensar que jamais se otimizará o pensamento!!!

Só para recordar o que significa BIP, o B é de bom humor e o I é de irreverência.

Assim, não basta estar de bom humor para achar que a inspiração irá aparecer, e que surgirão as idéias enquanto se estiver vagando pelas matas.

Na realidade, as idéias até afloram quando se está, por exemplo, esperando pela liberação da bagagem no aeroporto, ou escovando os dentes, ou ainda tomando banho; entretanto, não se tem sobre as idéias o mesmo controle que possuímos sobre o bom humor.

Mas a criatividade emerge mais rápido quando as idéias forem tão irreverentes como estas: "Por que as empresas de aviação não separam a minha bagagem e a entreguem no meu hotel ou na minha casa!?!", ou então: "Por que não abro um negócio de mandar cartões para pessoas que já faleceram?!?!"

Irreverência é aquele componente psicológico que permite que de tempo em tempo a nossa consciência chegue à conclusão de que certos procedimentos, certas regras, certos modismos precisam ser jogados na lata de lixo.

Todas as famosas palavras que começam com i (imaginoso, inovador, inventivo, inspirado, intuitivo, etc.) são conseqüências da manifestação clara da nossa irreverência.

Quem deu um toque engenhoso destacando a necessidade de se ter sempre uma certa irreverência foi Bertrand Russell, ao declarar:

"Mesmo quando todos os especialistas concordam, podem muito bem estar redondamente enganados."

E aí, quando lhe perguntaram se ele estaria disposto a morrer por suas idéias, ele respondeu:

"Claro que não. Afinal, eu poderia estar errado!!!"

O conceito de irreverência tem muito a ver com o que alguns educadores chamam de **ensino criativo**.

Assim, o educador norte-americano Hans Reichenbach salientou:

"Nenhuma afirmação deve ser tomada como legítima só porque foi feita por uma autoridade no assunto."

O filosofo Ortega y Gasset recomendava:

"Quando ensinares, ensina a duvidarem do que estiveres ensinando."

Já Paul-Valery reforçava a incerteza salientando:

"O que tem sido acreditado por todos, e sempre, e em toda parte, tem uma enorme probabilidade de ser falso."

Por seu turno, Eugene Bertin acreditava que:

"O ensino criativo não deve se destinar a fazer da pessoa um Alguém, mas sim, simplesmente a abrir as mentes de todos, de maneira a transformar a ignorância convicta numa ponderada incerteza."

E Thomas Huxley sentenciava:

"Cada grande avanço do conhecimento útil implicou na rejeição absoluta de alguma autoridade."

Assim, o ensino criativo é o do professor que sempre **demonstra alguma irreverência** não apenas por si próprio, mas principalmente pelo que ele próprio ensinou...

PRESSÃO DE UM PROBLEMA.

O P do BIP significa pressão de um problema.

De fato, é aquela pressão explicita, concreta e atuante que tem um valor vital para se desencadear o processo criativo.

Naturalmente existem exceções, quando em certas situações se descobrem soluções não planejadas, sem haver exatamente uma consciência da sua aplicação.

Mas na maioria esmagadora a inspiração só surge quando existe a pressão.

Provavelmente o maior "contorcionista" da última década foi o presidente dos EUA Bill Clinton, que por incrível que pareça deixou a sua nação talvez numa das melhores condições do século XX, e mesmo assim ficou à "beira do abismo" durante quase um ano, com a oposição (Partido Republicano) preparando o seu *impeachment* devido a um desvio de comportamento sexual em que, na pior das hipóteses, traiu a esposa porém jamais a sua pátria!!!

Ele entretanto procurou mostrar constantemente bom humor, e com certa irreverência procurou sob grande pressão resolver da melhor maneira possível todos os problemas que os EUA enfrentaram durante esse período (crises na Ásia, na Iugoslávia, no Iraque, etc.).

A pressão é praticamente indispensável em todo lugar onde se esteja requisitando a criatividade.

É bastante provável que quem cria é a criança que existe dentro de nós, mas ela só cria quando tiver encorajamento, proteção e **uma forte pressão para criar**!!!

A exigência é um fator de inspiração.

É a necessidade que nos faz criar.

É fato que existem muitas inovações, sem nenhuma sombra de dúvida que aparecem de uma adaptação espontânea e súbita, ou às vezes até devido à curiosidade, ou ainda ao puro prazer de especular, de descobrir, de resolver problemas.

Existe, contudo, uma quantidade muito maior de invenções que surgiram a partir de uma grande necessidade, em virtude de uma enorme pressão do problema.

CAP. 5 - Compreendendo o Processo Criativo

É o caso, por exemplo, do ocorrido com:

♦ **o surgimento do cigarro** – inventado por mendigos espanhóis no século XVIII, que enrolavam em papel baganas de charutos colhidas nas ruas. Aliás, o seu consumo se popularizou na Europa devido a uma outra pressão: **a crise econômica de 1873**.

♦ **o aparecimento da broca de dentista** – inventada pelo dentista John Greenwood (um dos raríssimos casos de invenção gerada por um especialista), que já tinha os seus braços bem cansados de tanto cavocar (como lhe ensinaram na escola) as cáries dos seus pacientes. Aí ele adaptou, para isso, a roda de fiar da sua mãe como sendo o dispositivo para dar movimento à sua broca!!!

♦ **a invenção da régua de cálculo** – pelo reitor de Aldbury, William Oughtred, cansado de transferir, com o compasso, as mensurações de uma régua para outra (como lhe ensinaram na escola). Ao fazer as duas deslizarem juntas, chegou à régua de cálculo.

♦ **o surgimento do olho-de-gato** – por causa do cansaço e da tensão de Percy Shaw ao dirigir à noite na perigosa estrada de Queensbury, até Halifax. Numa noite particularmente escura ele viu refletores num posto ao lado e teve a "complicada idéia" de colocá-los ao nível da estrada.

♦ **o nascimento das botas altas com zíper** – graças ao aborrecimento do engenheiro Whitcomb Judson de ter que lidar com uma enorme fila de abotoaduras e colchetes.

♦ **o aparecimento da cadeira giratória** – pois Thomas Jefferson não agüentava mais virar todo o tempo, em sua mesa de trabalho, para pegar livros numa estante atrás de si. Assim ele inventou a sua "cadeira móvel".

♦ **a "chegada" dos óculos bifocais** – em razão dos problemas vividos pelo inventor do pára-raios, Benjamin Franklin, de a todo momento ter que trocar de óculos. Assim ele, cansado do contínuo troca-troca, inventou as famosas lentes **2 em 1** !!!

♦ **a invenção do telefone** – por Alexander Graham Bell, pensando que seria também um dispositivo para auxílio auditivo já que ele, sua esposa e sua sogra eram praticamente surdos. Mais pressão que neste caso é difícil, não é?

Realmente, o conceito de BIP desenvolvido por Roberto Menna Barreto é muito útil para dar vazão à sua criatividade.

Ele enfatiza: "O BIP é a coisa mais prática que posso oferecer a uma pessoa para que ela consiga colocar a sua **criatividade em ação**."

Desse modo, se uma pessoa puder se exercitar de maneira realista no processo BIP, certamente conseguirá um grande progresso na Criática.

3. MÉTODO DE PAUL BIRCH E BRIAN CLEGG.

Paul Birch e Brian Clegg dividem o processo da criatividade em quatro passos ou etapas, a saber:

1º Passo – Levantamento das informações.

É evidente que como primeiro passo para se descobrir uma solução empresarial criativa deve-se ter bem claro o que estamos tentando alcançar, ao mesmo tempo em que procuramos captar todas as informações possíveis que nos permitam perceber qualquer fator externo que poderia influenciar o resultado ou a solução almejada.

É imprescindível nesse contexto ter a certeza de que se sabe de fato qual é o problema e que influências externas podem afetar a solução.

Existem várias técnicas para obter e ordenar as informações que possibilitem conhecer o problema real, e assim solucioná-lo.

Uma delas é perguntar "Por quê?" várias vezes, refinando a sua meta, significando, uma definição clara do problema e enfocando o âmago do mesmo.

Uma outra técnica é estabelecer um mapa de obstáculos dimensionando pessoas, processos, ou qualquer coisa que o esteja impedindo de fazer as coisas do modo como você acredita que devam ser feitas.

Para obter muitas informações sobre um determinado problema pode-se utilizar também o mapeamento mental, técnica desenvolvida por Tony Buzan na década de 70 do século XX, e que no fundo é uma pesquisa aérea extremamente valiosa para problemas de maior escala.

Ela dá uma visão abrangente, permitindo-lhe pairar acima do seu problema como se estivesse em um helicóptero sobrevoando uma certa região e identificando pormenores que poderiam exercer algum tipo de influência – boa ou ruim – na solução almejada.

Ao terminar essa etapa, devemos estar seguros de que levantamos as informações corretas e que conhecemos de fato o problema.

2º Passo – Elaboração da solução.

Uma vez que o objetivo (ou meta) a ser atingido(a) esteja claro(a), podem-se utilizar diversas técnicas criativas de geração de idéias para propor as soluções viáveis.

Dentre elas se destacam: a **suposição desafiadora** (consiste em negar alguma suposição básica que se tenha feito em relação ao problema que se busca resolver); a **distorção** (tomando o problema muito maior ou muito menor do que ele é realmente); a **inversão** (invertendo totalmente o significado do problema); a **fantasia** (permitindo sonhar ou ter devaneios para estabelecer a solução); **outro ponto de vista** (aproveitar o que pensa uma outra pessoa sobre o problema); a **metáfora** (por exemplo, achando uma comparação entre o sorvete derretendo e a sua empresa se desmanchando); a **palavra aleatória** (escolhe-se casualmente uma palavra e utiliza-se a mesma para gerar um série de associações, que mais tarde se procurará relacionar com o problema que se está resolvendo).

É óbvio que existem outras técnicas de geração de idéias além das citadas há pouco, mas o que não se pode esquecer é que as idéias que foram geradas nesta fase **ainda não estão prontas** para ver a luz do dia...

3º Passo – Verificação da realidade.

Produzir uma sessão de geração de idéias geralmente está longe de ser uma solução perfeita.

É na terceira fase que se procura analisar como cada solução sugerida influenciará os destinatários, pessoas envolvidas com a área do problema, considerando os aspectos bons e ruins da idéia, e estabelecendo uma avaliação pessoal instintiva sobre a qualidade da abordagem escolhida.

É preciso ter respostas sobre como as pessoas e grupos serão influenciados pela solução proposta.

As perguntas serão do tipo:

→ Quem se beneficiará?

→ Quem será afetado adversamente?

→ Quem não conseguirá utilizar a solução?

Etc.

Esta é a fase do processo que teríamos a maior tentação de pular, porque tem a ver com o "refinamento" da idéia, entretanto omitir a verificação da realidade seria pôr sua idéia em risco.

A verificação da realidade não é, porém, uma etapa demorada.

4º Passo - Implementação.

Depois de se apurar a solução, resta colocá-la em prática!!!

Dos quatro passos, este é provavelmente o mais "perigoso", e muitas idéias boas não conseguiram sucesso devido a um esforço de implementação inadequado.

Também é verdade que a **fase de implementação** não tem a excitação da geração de novas idéias.

Entretanto, uma boa **implementação** é **essencial** para que a criatividade valha algo. Paul Birch e Brian Clegg, no seu livro *Criatividade nos Negócios* destacam: "Imagine um museu dedicado a ferramentas e máquinas.

Poderia ser fascinante dar uma idéia de como as coisas mudaram com o passar do tempo.

Mas ali as máquinas e as ferramentas não estariam cumprindo as funções para as quais foram projetadas.

Estariam servindo a um propósito, mas não como ferramentas ou máquinas, tendo-se tornado uma curiosidade ou fonte de inspiração.

A criatividade é mais ou menos assim.

Uma idéia criativa que não seja aplicada pode ser interessante, mas não estará cumprindo sua função.

Tal lei se aplica também a um conceito artístico.

Uma idéia para uma bela escultura que nunca tenha sido realizada pode ser excitante, mas não cumpre o que o artista pretendeu.

Assim também a implementação tem a ver como tornar reais as idéias criativas e as soluções para os problemas.

Classificamos os problemas em quatros tipos:

✦ **problema claro**, no qual as ações que se precisa executar são óbvias;

✦ **problema difuso**, para o qual a solução não é tão nítida assim;

✦ **problema administrativo**, quando quem está cuidando da implementação da sua idéia é outra pessoa;

✦ **problema de fundo**, que é o que tem relação com o estilo de vida e a carreira das pessoas.

Independentemente do tipo do problema, na maioria dos casos de implementação se precisará de um plano básico, o qual surge assim que se obtêm respostas para as seguintes perguntas:

→ **Que** quero atingir?

→ **Que** recursos são necessários para isso?

→ **Por que** quero fazer isto?

→ **Onde** quero fazer isto?

→ **Quando** devo começar?

→ **Quando** necessito terminar?

→ **Quem** posso usar para fazer o trabalho?

→ **Quem** será responsável pêlos vários aspectos?

→ **Quem** posso convocar para ajudar?

→ **Como** vou fazer isto?

Obtidas as respostas para essas perguntas, pode-se partir para o planejamento que, sem dúvida, é a ferramenta mais importante durante a fase de implementação, estabelecendo inclusive marcos de percurso e metas intermediárias que permitam executá-lo.

Executada a implementação, ou seja, tendo colocado a solução criativa na prática, pode-se considerar temporariamente o problema resolvido até que surja alguma solução melhor ainda..."

4. O SIMPLE.

Paul Z. Jackson, um instrutor inspirador, e Mark McKergow, um consultor especialista em pensamento sistêmico e programação neurolinguística, escreveram o interessante livro *The Solutions Focus,* no qual apresentam um método para resolver problemas que eles representam com o acrônimo *SIMPLE,* que permite "descobrir o que realmente funciona (ou vai dar certo) e como se pode aproveitar isso da melhor forma possível".

Na realidade, os seis princípios do modelo de Jackson e McKergow para solucionar problemas são:

1. **S**oluções, como foco e não enxergar só os problemas
2. *Inbetween* (entre dois extremos) – a ação está na interação.
3. *Make* (fazer) uso do que está na sua frente.
4. **P**ossibilidades – passado, presente e futuro.
5. **L**inguagem – expressar-se de maneira simples.
6. *Every* (cada) caso é diferente.

Cada faceta do *SIMPLE* é importante, porém a escolha do acrônimo é deliberada.

Escolheu-se a simplicidade porque quando se descobre uma maneira que funciona (ou soluciona o problema), então no primeiro momento não é necessário fazer algo mais complicado do que se criou inicialmente.

Independentemente de quanto a complexidade pode impressionar, as empresas devem buscar simplicidade, eficácia e objetividade nas soluções.

O método *SIMPLE* usa seis ferramentas para alcançar a solução.

O primeiro desses instrumentos é a **plataforma**.

A plataforma é o ponto de partida no processo de busca do que funciona (Figura 5.13).

É necessário estabelecer a plataforma bem no início para apoiar todas as mudanças que eventualmente precisem ser feitas pelo solucionador.

A segunda ferramenta é o **futuro perfeito,** quando você precisa descrever um futuro (ou um cenário) no qual não exista o problema que você quer resolver.

À medida que você se desloca da plataforma para o futuro perfeito, vai ser necessário acumular "**fichas**" que na realidade são os recursos, as aptidões, o *know-how* (conhecimento) e a *expertise* (perícia) que lhe permitam mover-se para a solução.

Esses recursos são arranjados com uma quarta ferramenta: uma **escala** que ajuda a medir o progresso no seu caminho para a solução.

Uma outra ferramenta importante é a **afirmação** (ou divulgação) com o intuito de reconhecer o valor e as contribuições que as pessoas estão dando na busca de uma solução.

Finalmente, o último instrumento são as **pequenas ações**.

Freqüentemente as pequenas ações impulsionam o solucionador para a solução, ajudando-o assim a descobrir as novas fichas criativas.

1. Focar as soluções e não ficar hipnotizado pelos problemas.

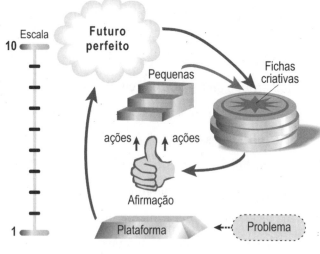

Figura 5.13 – As ferramentas do *SIMPLE*.

Quem deseja chegar à solução de um problema deve evitar ao máximo falar sobre o problema e buscar, isto sim, focar-se cada vez mais na solução.

Deve-se levar a conversação para as soluções positivas e não para os problemas negativos.

Para isto é preciso construir uma plataforma a partir da qual pode-se lançar na busca de uma solução.

Neste sentido convém responder a perguntas do tipo:

→ O que é que você quer realizar hoje?

→ Você está percebendo se fez algum progresso no sentido de alcançar a solução?

→ Qual é o ganho caso se resolva o problema?

→ Você está confiante de que algo pode ser feito a respeito disso?

→ Que recursos e aptidões você usou para resolver problemas semelhantes?

→ O que foi que funcionou ou deu certo em geral?

→ Você sabe o que você quer?

Etc.

Por exemplo, segundo essa última pergunta, deve-se dizer que a maior parte das pessoas é propensa a descrever o que não quer, porém geralmente tem uma vaga idéia do que quer.

Mais do que isso, muitos indivíduos não sabem dizer se o problema que tem está totalmente resolvido.

É aí que tem muita importância a ferramenta **futuro perfeito**.

Imagine que você acorde amanhã e o seu problema tenha como por milagre desaparecido totalmente.

→ Como lhe pareceria o mundo?

→ O que seria diferente? (Pense em detalhes e não apenas em mudanças vagas).

→ O que você estaria dizendo e fazendo diferente?

→ Quais seriam os primeiros pequenos sinais de que o problema desapareceu?

Claro que a intenção dessas perguntas é para que cada um saiba definir uma imagem específica do futuro perfeito.

Como se pode notar, não se está falando do passado e dos problemas, mas sim, o foco está no futuro e na solução.

2. A ação está na intenção, o que possibilita compreender melhor o que causa o distúrbio.

A chave para se enxergar as soluções está na compreensão do que acontece entre todas as pessoas envolvidas no problema, e não olhando uma pessoa de maneira isolada.

Na verdade o que se busca é um enfoque sistêmico estabelecido há mais de cinquenta anos pelo famoso guru da qualidade W. Edwards Deming que separou os problemas em duas categorias: aqueles devidos a causas sistêmicas (85%) e aqueles originados por causas especiais (15%).

Ao analisar os problemas de maneira sistêmica têm-se as seguintes vantagens:

✦ As pessoas não são responsabilizadas por aquilo que na realidade são problemas do sistema.

✦ Você obtém um entendimento mais completo de como a empresa funciona.

✦ A pessoa alcança um senso mais amplo para criar soluções possíveis.

Digamos que o problema seja a lentidão do tráfego.

O que provoca o congestionamento do tráfego são os motoristas que abruptamente mudam de uma fila para outra.

Por certo que num tráfego movendo-se rapidamente, um motorista que sai da sua pista para a outra faz com que o motorista do carro de trás breque para não bater no automóvel que mudou de fila.

Está ação de frear acaba se transmitindo a todos os outros carros atrás do mesmo, evitando bater no carro da frente...

Isto pode (como faz...) até parar o trânsito.

Este é um problema que não pode ser resolvido(!?!), pois os motoristas continuarão a mudar de fila abruptamente (ou não).

O que se deve fazer (e que funcionou recentemente numa rodovia importante de Londres) é uma mudança sistêmica.

Descobriu-se que se for diminuída a velocidade permitida na hora do *rush* (hora de pico do movimento), o tráfego global – ao contrário do que se poderia esperar – move-se mais rapidamente e de maneira mais eficiente.

É necessário perceber que diminuir a marcha não trata a "causa" do problema, ou seja, as ações abruptas dos motoristas.

Ela simplesmente permite que essas mesmas ações ocorram sem as conseqüências indesejadas.

3. Fazer uso do que está à sua disposição.

Existem muitos "vestígios" de possíveis soluções para o problema na sua frente, mas você simplesmente não os enxerga.

É por isso que você precisa aprender a usar o que está à sua disposição, reconhecendo que pode haver à sua frente muito do que lhe foi útil para construir um futuro perfeito.

Uma maneira de estar seguro de que você usa o que está à sua frente é adotando o seguinte pressuposto: **"qualquer coisa é um presente útil"**, incluindo aí até algo que seja pernicioso ou negativo.

Desse modo você fica sempre com a mente aberta, atento para todo elemento do ambiente de trabalho ao qual está exposto.

Sua meta nesta etapa do processo é acumular o maior número possível de "fichas criativas".

Um registro ou **ficha criativa** é uma das ferramentas do *SIMPLE*, sendo qualquer coisa que o ajude a chegar à solução.

Ao acumular as fichas, você estará construindo uma pilha daquilo que dispõe para ajudar a elaborar a solução.

Essas fichas podem conter:

+ exemplos de soluções similares que já foram implementadas;
+ evidências de elementos ou partes constituintes de soluções parciais;
+ aptidões e recursos que ajudam a criar a solução;
+ cooperação de outras pessoas preocupadas com o problema.

Por exemplo, a estratégia inicial usada pela Honda para entrar no mercado norte-americano de motocicletas foi a de oferecer motos enormes, pois este era o hábito dos clientes nos EUA.

Porém, essa estratégia não deu certo porque as motocicletas da Honda não eram compradas.

Mas o pessoal de gerência da Honda trouxe para o seu uso motocicletas bem menores fabricadas no Japão, e todas as pessoas no local onde estava instalada a fábrica perguntavam: "Onde dá para comprar uma motocicleta deste tipo?"

Esse interesse inesperado foi a solução que ocorreu na frente dos próprios planejadores de produção e de vendas, ou seja: fabriquem motocicletas menores e não as grandes, que elas vão ser vendidas.

Felizmente a alta administração da Honda soube reconhecer e aceitar essa "ficha criativa" e a solução para a qual ela apontava.

4. As possibilidades – passado, presente e futuro.

As possibilidades são o cerne do progresso.

É impossível ter um futuro melhor sem imaginá-lo primeiro e sem trabalhar no sentido de obtê-lo.

Quando não se trabalha com as diversas possibilidades é praticamente impossível criar uma mudança.

Uma trajetória alternativa, levando-se em conta as falhas ou erros cometidos no passado, bem como a incerteza do futuro, pode ser bastante útil para se obter sucesso numa nova empreitada.

O passado deve sempre ser lembrado pelas vitórias conquistadas ou pelas decisões tomadas, que permitiram sobreviver a crises ou transpor obstáculos.

Só se pode chegar a um futuro positivo caso se estabeleçam tendências positivas no presente.

Quando se quer criar, por exemplo, um futuro perfeito para os clientes de uma empresa, é necessário saber o que eles querem, verificar o que está acontecendo agora e tomar as medidas necessárias para que ocorram os eventos desejados pelos clientes.

No estágio de possibilidades do método *SIMPLE* é importante usar a ferramenta **afirmação**, divulgando, cumprimentando e destacando as contribuições dos funcionários de uma organização para algum projeto ou pela maneira como fazem seu próprio trabalho.

Todos gostam de receber congratulações, e por isto o gestor criativo que quer ser bem-sucedido não deve economizar expressões como:

- "Gosto muito da maneira como você atende as pessoas."
- "Parabéns pelo seu envolvimento no projeto."
- "Fantástica a idéia que você deu na reunião."

    Etc.

É vital, pois, destacar o bom desempenho e as boas idéias dos colaboradores de uma organização para reforçar a cultura do foco na solução.

5. Procure se expressar de maneira simples.

Os benefícios de usar termos conhecidos e uma linguagem simples são três: cria-se uma maior possibilidade de que os participantes se comuniquem uns com os outros de forma mais efetiva; ocorre uma comunicação mais precisa, e há uma redução significativa de expressões sem sentido.

Evitam-se também dessa maneira os problemas que geram as palavras rebuscadas, e quando não se fala na linguagem das pessoas surgem rótulos e expressões que atravancam o progresso para se chegar à solução através de um trabalho de equipe.

Nesta etapa é útil usar a ferramenta **escala**, procurando medir em que posição se encontra o trabalho.

Isto, consideremos, pode começar com a pergunta: "Numa escala de 1 a 10, em que 10 é o futuro perfeito, onde estamos agora?"

Fazer uma avaliação ajuda não só a perceber a evolução, como também a analisar o próprio progresso.

É muito importante saber o que significa, digamos, estar na graduação 3 e compreender claramente o que deve ser feito para se mover até a 4.

Portanto, todo aquele que desejar mudar a cultura na sua organização deve procurar uma linguagem que seja a mais simples possível a fim de descrever para os funcionários como devem fazer as suas tarefas.

Não deve, pois, nessa empresa, existir dupla interpretação de palavras, como por exemplo um "terrorista" ser entendido por um grupo de colaboradores como um "lutador pela liberdade", ou um indivíduo "criativo imaginativo" ser classificado por alguns como um "sonhador ocioso de olhos abertos".

É indispensável saber interpretar bem as palavras que se diz ou que se ouve, principalmente para entender as reivindicações dos clientes para os quais será elaborada a maior parte das soluções.

6. Cada caso é diferente do outro.

A primeira máxima do método *SIMPLE* é:

✓ **"Descubra o que funciona e faça isto bastante."**

A idéia básica dentro deste conceito é destacar a importância do que é relevante, procurando executá-lo várias vezes até mesmo para aperfeiçoar o produto ou serviço.

Essa máxima leva a uma segunda que afirma:

"Pare de fazer o que não dá certo e faça algo diferente."

Ao aplicar essas duas máximas percebem-se imediatamente várias conseqüências positivas como:

✦ aumentar a probabilidade de alcançar os resultados desejados;

✦ dar mais relevância às pessoas envolvidas;

✦ tornar as pessoas proprietárias das ações de mudança bem-sucedidas;

✦ promover uma difusão entusiasmada de novas idéias;

✦ evitar a perpetuação de teorias e modelos inadequados.

Em outras palavras, fazendo mais do que funciona e cada vez menos do que não vai para a frente, é uma forma eficaz de encontrar realmente a solução para um particular problema que se quer resolver, em lugar de usar a teoria ou a metodologia "um tamanho que se ajusta a todos".

Ao se apoiar sobre essas duas máximas não se corre o risco de aplicar teorias que não se ajustam a um caso específico, evitando-se também as seguintes armadilhas:

✦ saber muito e não estar com a mente aberta para a realidade que se encontra diante de você;

✦ confiar demais nos *experts* (especialistas);

✦ ter uma solução forçada em vez de uma solução focada.

Quando você estiver fazendo mais o que funciona e menos o que não vai para a frente, é preciso continuamente dar pequenos passos e executar pequenas ações para deslocar-se em direção à solução almejada.

As **pequenas ações** constituem a última das seis ferramentas para se chegar à solução.

Não busque um progresso repentino e radical.

Isto é muito raro de acontecer.

No lugar disso, procure executar pequenas mudanças que têm uma probabilidade muito maior de ser bem-sucedidas ou porque são mais simples de implementar.

É praticamente o conceito do *kaizen* japonês.

As pequenas ações são aquelas que podem começar a ser feitas amanhã, pois são relativamente simples e são claramente definidas.

Depois de ter executado vários pequenos passos ou ações, é importante você determinar quais foram os mais eficazes.

Aliás, este o principal intento, ou seja, descobrir o que funciona.

Aí deve-se inclusive fazer sempre uma revisão ou introspecção de todas as pequenas ações, formulando para si mesmo, gestor criativo, perguntas do tipo:

→ Qual foi a melhor pequena ação?

→ Como é que ela foi executada?

→ Quais ações não deram muito certo?

→ O que é que se deveria fazer acontecer em seguida?

   Etc.

Resumindo, para promover uma mudança organizacional é imprescindível descrever um futuro perfeito, conseguir muitas idéias ou "fichas criativas" e efetivar várias pequenas ações, tudo isso executado dentro do método *SIMPLE*.

Isto significa que o gestor ou o *coach* com "foco nas soluções" vai procurar desenvolver um trabalho através da ação, do questionamento e da observação e avaliação do que está ocorrendo até alcançar o resultado almejado.

5. CREATIVE PROBLEM SOLVING (CPS).

Idealizado por Alex Osborn e aperfeiçoado por Sidney J. Parnes, a *Creative Problem Solving* (solução criativa de problemas), ou simplesmente CPS, vem sendo aperfeiçoada e neste livro vamos dar apenas um resumo da mesma, porém no 3º volume ela será exaustivamente explicada e aplicada.

A CPS consiste basicamente nas fases ou etapas indicadas na Figura 5.14.

O fato do diagrama esquematizar cada fase ou estágio dentro de um losango advém de uma característica muito importante da CPS. Cada etapa do processo equivale a uma fase em que se aplica o pensamento divergente, e a uma outra em que se aplica o pensamento convergente (Tabela 5.4). Isto será explicado mais adiante.

A CPS é um processo sistemático de pensar criativamente para resolver problemas, que não é linear, embora à primeira vista até possa parecer (a seqüência entre estágios não é rígida, e nem é necessário passar por todas as etapas); é uma forma de abordar desafios e oportunidades de uma maneira nova e relevante, que resulta em ação; é um processo estruturado que pode fazer aquele que o aplica ser mais imaginativo e efetivo no seu modo de pensar e agir. O uso da CPS vai habilitar o usuário a:

- ✔ reconhecer oportunidades, desafios e problemas;
- ✔ analisar situações gerais no sentido de encontrar dados essenciais para a solução de problemas;
- ✔ desenvolver interpretações alternativas de problemas e selecionar problemas ou sub-problemas apropriados;
- ✔ gerar muitas idéias, incluindo alternativas novas e não usuais;
- ✔ determinar critérios para avaliar alternativas, e aplicar esses critérios para testar possibilidades;
- ✔ analisar alternativas promissoras para determinar possíveis fontes de assistência ou resistência à implementação de idéias;
- ✔ formular e levar adiante um bom plano de ação.

Este método pode ser aplicado a virtualmente qualquer situação, sendo que ele já foi testado e utilizado por todo tipo de pessoas, desde estudantes iniciantes até cientistas, nos EUA e em outras partes do mundo.

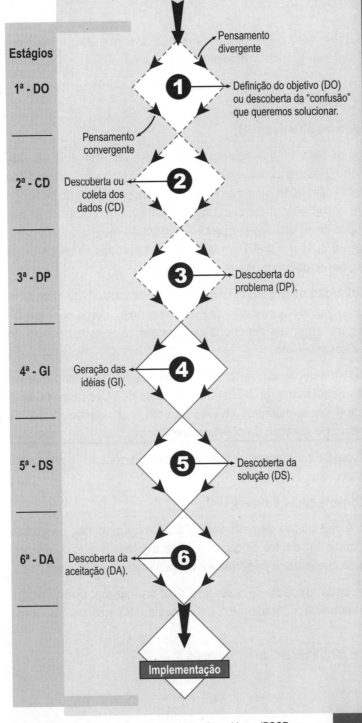

Figura 5.14 – O processo de solução criativa de problema (PSCP, ou seja, a CPS).

Embora não seja sempre fácil e cômodo utilizar a CPS, com certeza é sempre gratificante e uma fonte de grande satisfação.

Aí vai uma breve descrição do processo, bem como do que vem a ser convergência e divergência.

1ª Etapa – Definição de objetivo (DO)

Há muitas situações na vida em que nos deparamos com um problema urgente que deve ser resolvido. Nesses casos, o nosso objetivo é claro e iminente. Tudo que nos resta fazer é reagir ao problema e tentar solucioná-lo, e se feito de forma criativa, tanto melhor. Todavia, o uso constante da CPS há de demonstrar que devemos estar sempre prontos a pró-agir, e não somente a reagir. Devemos estar dispostos a sempre buscar novas oportunidades e objetivos sobre os quais possamos trabalhar, antecipando problemas futuros.

Desta maneira, a **definição de objetivo** (DO) da CPS pode tanto estar claramente manifestada, como quando temos algo urgente a resolver, como pode envolver a seleção de alguns objetivos genéricos que podem se encaixar dentro do perfil de problema a ser resolvido.

A fase de DO implica a seleção de um objetivo claro e bem delineado que vai atuar como vetor de direcionamento inicial da CPS. Este objetivo tanto pode já estar formulado, como ser selecionado através de uma "convergência", depois de uma fase divergente de geração de objetivos genéricos.

Exemplos de objetivos: Como emagrecer? Como superar a concorrência? Como ser um excelente professor? Etc.

O que vem a ser convergência e divergência?

Todo processo de solução criativa de problemas (PSCP) é um profundo e vigoroso exercício mental. E, como tal, dentro de cada etapa há algumas diretrizes a serem seguidas no sentido de maximizar a *performance* do indivíduo ou grupo envolvido.

Caracterizam-se em cada etapa da CPS sempre dois momentos: divergência e convergência, que simbolizam "maneiras " pelas quais devemos pautar nosso raciocínio.

Isto está indicado de forma resumida na Tabela 5.4.

Pensamento Divergente	Pensamento Convergente
✔ Não julgue	✔ Seja deliberado
✔ Procure muitas idéias	✔ Seja explícito
✔ Aceite todas as idéias	✔ Evite conclusões prematuras
✔ "Estique" sua imaginação	✔ Desenvolva um senso de julgamento afirmativo
✔ Deixe as idéias incubarem	
✔ Estimule combinações	✔ Mantenha o foco no objetivo

Tabela 5.4 – Características do pensamento.

2ª Etapa – Descoberta ou coleta de dados (CD).

Tendo definido um objetivo, dá-se início propriamente ao trabalho em cima do mesmo. Ele começa pela descoberta ou coleta sistemática de dados referentes ao objetivo fixado. Esta coleta vai buscar agregar qualquer tipo de conhecimento, formação, fato, sensação, pensamento, opinião, e mesmo perguntas sobre o problema em questão. Na fase divergente você estará compondo um inventário vasto e completo sobre o problema visando melhor entender a sua dimensão real.

Na fase convergente você tomará decisões sobre quais dados parecem ter significado especial, ou quais dados devem ser levados em consideração para formular problemas específicos decorrentes do objetivo principal.

3ª etapa – Definição do problema (DP)

Nesta etapa a sua função é considerar várias questões que definem inúmeros subproblemas sobre os quais você pode vir a querer trabalhar.

Por exemplo, poderíamos ter seguido o caminho mostrado na Figura 5.15.

Nesta linha de pensamento, estamos enfocando a definição de um sub-problema ou de um problema específico (como escolher o melhor regime), que decorre do dado "há muitos regimes no mercado", dentro do objetivo "como emagrecer?"

Deixando de lado a crença de que você já sabe qual é o problema, pelo simples fato de ter um objetivo definido, você deve estimular sua imaginação para gerar muitas questões, olhando para os dados que você selecionou na fase anterior.

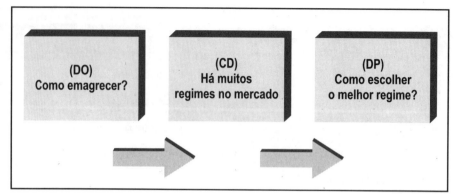

Figura 5.15

Na fase convergente, você definirá (ou descobrirá) uma questão/problema ou uma combinação entre questões/problemas que resuma a essência do objetivo, a seu ver para que você possa prosseguir na geração de idéias.

4ª Etapa – Geração de idéias (GI)

É a etapa em que se procuram diferentes alternativas para o problema selecionado.

Seu objetivo é, na fase divergente, gerar tantas idéias quantas forem possíveis usando variados métodos e técnicas para tanto. Quanto mais idéias, melhor.

Na fase convergente você vai definir quais são as idéias mais promissoras.

5ª Etapa – Definição de solução (DS)

O primeiro passo desta etapa é a geração de diferentes critérios de avaliação das idéias. Quais são os padrões que as idéias devem acatar? Quais são os critérios que ajudarão você a determinar as melhores idéias?

Depois de gerar muitos e diferentes tipos de critérios, você vai selecionar dentre eles quais são os mais apropriados, no intuito de confrontá-los com as melhores idéias. O resultado desta fase é a determinação de qual ou quais idéias mais se adaptam à solução do problema, segundo os critérios gerados.

6ª Etapa – Definição (ou descoberta) de aceitação (DA).

Nesta etapa você estará preocupado com as medidas necessárias para a implementação de suas melhores idéias.

Você considerará muitos aspectos da ação que poderão ajudar ou atrapalhar na implementação: analisará possíveis obstáculos, objeções ou dificuldades que possam surgir, bem como fontes de apoio e encorajamento. Na fase convergente, você escolherá quais passos de implementação são os mais importantes e desenvolverá um plano de ação específico, passo a passo.

O que segue depois é a implementação propriamente dita.

O processo todo não tem uma seqüência de aplicação que, pode-se dizer, seja linear. De acordo com cada situação, você poderá usar uma ou mais fases do processo, ou então você poderá, dentro de uma aplicação de todas as fases, querer repetir uma delas, pois não ficou satisfeito com o seu resultado, ou a redefinição do problema gerou necessidade de mais dados, etc.

6. EUREKA! STIMULUS RESPONSE.

Quem quiser ser mais criativo não poderá desconhecer o método inventado por Doug Hall e David Wecker chamado *Eureka! Stimulus Response*™.

O trabalho de Doug Hall e David Wecker foi reconhecido por muitas pessoas que lidam de uma forma ou outra com criatividade.

Aí vão algumas citações:

Barb Korn, diretor do grupo Ralston Purina Company:

"Se a criatividade é o sexo mental das nossas vidas, uma sessão de Eureka! é uma orgia."

Sharon Hall, gerente geral da Avon Products:

"A experiência Eureka! é o ar mais fresco e inspirador que respirei nos últimos tempos."

Dr. Arthur van Gundy, especialista internacional em criatividade:

"Eureka! é mais estímulo, é mais focado nas pessoas e na sua interação.

Estou detestando agora a participação em sessões tradicionais de brainstorming após ter experimentado o Eureka!

Doug e David são mágicos!!!"

Dr. Lynn R. Kahle, professor da Universidade de Oregon:

"Não conheço ninguém que consiga combinar conhecimento, curiosidade e criatividade de forma mais produtiva que Doug Hall."

Realmente, poucas pessoas conseguiram desenvolver um método mais produtivo que Doug Hall e David Wecker, autores do livro *Jump Start Your Brain*.

Muitas pessoas escreveram livros interessantes sobre criatividade, como Edward de Bono, Tony Buzan, Alex Osborn, Ned Hermann, Arthur van Gundy, David Oglivy, James Adams etc., porém ninguém conseguiu descrever um método mais produtivo do que Doug Hall e David Wecker para gerar idéias.

Eles têm inclusive uma "fórmula" para explicar o motivo pelo qual o cérebro de cada pessoa reage mais aos estímulos para criar novas associações, novos "eurekas".

A "fórmula" é a seguinte:

$$\varepsilon = (E + SOC)^A$$

ou traduzindo um pouco melhor:

$$\text{Eureka! Algo foi Inventado} = (\text{Estímulo} + \text{Sistema Operacional do Cérebro})^{\text{Alegria}}$$

Essa formula é uma combinação muito simples de estímulo com o seu particular sistema operacional do cérebro, tudo isso elevado a um expoente representado por uma carga de alegria.

É assim que você consegue gritar mais vezes: Eureka!, que idéia legal!!!

O nascimento do **Eureka, que grande idéia eu tive**, ocorre freqüentemente como uma resposta a algum estímulo.

É claro que é preciso ter estímulos não corriqueiros para ter novas idéias, caso contrário se cai na rotina, ou melhor, quando pessoas conhecidas tentam resolver problemas conhecidos tendem a apresentar soluções já conhecidas.

Doug Hall classifica os estímulos em três classes:

1. **Histórico**, que corresponde a saber como é que chegamos onde estamos hoje. O foco está em aprender algo do passado, até para não repetir os erros no presente e no futuro.

2. **Factual**, que corresponde a entender o mundo como é. Ai comumente devem-se buscar respostas para perguntas do tipo:

→ O que é real na situação atual?

→ Quais são os recursos econômicos disponíveis e quais são as considerações práticas que devem ser feitas?

→ Qual é a complexidade do problema que você vai enfrentar?

→ Quais são as limitações que você tem para solucionar essa encrenca?

→ Quais as vantagens e as desvantagens que você tem em relação aos concorrentes?

Etc.

3. **Experimental**, que corresponde a ver, ouvir, cheirar, degustar, pensar. A ênfase aqui é na sua experiência pessoal.

O ser humano tem realmente sentidos que lhe permitem elaborar uma excelente coleção de dados relacionados a aromas, a cores, a sons, etc.

É importante salientar que existem tantos sistemas operacionais do cérebro (SOCs) quanto as pessoas que vivem na superfície terrestre.

Hall e Wecker no seu livro desenvolvem um teste que busca definir o SOC, de cada um, buscando o seu posicionamento em escalas que têm num extremo a característica "bem-humorado", e no outro, "sisudo", num extremo, "pessoa econômica", e no outro, "gastadora", num extremo, "alguém previsível", e no outro, "alguém espontâneo", etc.

Após estabelecer a sua posição em cada uma das escalas e seguindo uma particular forma de somar os seus pontos, obtém-se uma boa estimativa do perfil do SOC.

Uma pontuação baixa leva à classificação **realista**, revelando, uma pessoa prática, com os pés no chão, os olhos sempre na estrada e as mãos na direção...

Uma pontuação intermediária corresponde ao **construtor**, ou uma pessoa capaz de encontrar um equilíbrio entre os extremos, ser apaziguadora, sintetizadora.

Finalmente, uma pontuação alta corresponde ao **sonhador**, ou seja, uma pessoa que tem os pés e a cabeça nas nuvens.

Utilizando uma metáfora, pode-se dizer que não há folha que permaneça branca nas mãos de um sonhador.

A alegria é fundamental e ela deve estar no expoente, pois quanto maior for, maior será a intensidade dos seus *eurekas*.

Dificilmente tem-se uma idéia criativa quando se está triste.

É imprescindível que você sinta alegria.

Sem alegria não há entusiasmo. Sem entusiasmo não há energia. Sem energia tudo parece cinza ou nublado à sua volta.

A alegria é um ingrediente indispensável da física da criatividade. Um exemplo disto é o que diz Kristyn Hall:

"As crianças têm mais idéias porque ficam alegres quando se distraem com os seus brinquedos.

Você, como adulto, precisa arrumar os seus brinquedos para que surjam muitas idéias devido ao seu estado de alegria!!!"

Uma forma de provocar a alegria nos adultos é através do humor.

Aliás, o humor e a criatividade têm um grande parentesco.

Se alguém quiser desenvolver o seu senso de humor, deve "embutir" mais criatividade dentro de sua vida, e vice-versa.

Num ambiente bem-humorado as possibilidades criativas surgem de uma maneira natural.

Vêm às vezes com uma intensidade tão grande que parece um dilúvio...

Doug Hall e David Wecker explicam no seu livro o que se deve fazer para ter mais estímulos, melhorar o seu SOC e ter mais alegria.

E assim apresentam a receita que permite a você poder gritar com grande freqüência **Eureka, que grande idéia!!!**

Em certa época, pensou-se que os gênios ou eram de "cérebro direito dominante" ou de "cérebro esquerdo dominante". Pensou-se, assim, que Pablo Picasso só pertenceria à primeira categoria e Albert Einstein à segunda.

Chegou-se a crer que os seus cérebros seriam assimétricos.

Uma investigação mais profunda concluiu, contudo, que as pessoas reconhecidas de "cérebro direito dominante" ou de "cérebro esquerdo dominante" eram perfeitamente capazes de brilhar em atividades controladas pelo "outro lado". E a prova é que A. Einstein tocava violino e pintava muito bem.

A idéia geral entre os cientistas até há bem pouco tempo era que em muitos casos o hemisfério esquerdo era o mais dominante, ou hemisfério maior. Segundo o mesmo raciocínio, o cérebro direito era considerado o menor. Os cientistas descobriram que as funções da linguagem eram controladas pelo lado esquerdo do cérebro, tanto que sempre que uma pessoa sofria um traumatismo no lado esquerdo, verificava-se freqüentemente a perda da capacidade da fala. Um ferimento idêntico no lado direito do cérebro raramente resultava na perda da fala.

Graças ao trabalho excepcionalmente interessante de Roger W. Sperry e da sua equipe no Instituto de Tecnologia da Califórnia, nos anos 50 e 60 do século XX, ficou-se sabendo que ambos os hemisférios cerebrais são capazes de realizar complexas formas de pensamento. O tema principal resultante de tal investigação foi que diferentes formas de pensamento estão associadas a cada uma das metades do cérebro. Para os estudiosos, a implicação mais prática do trabalho de Sperry é a de que os dois processos mentais são o verbal e o não-verbal. O primeiro seria controlado pelo hemisfério esquerdo, e o segundo, pelo direito. Infelizmente, os nossos sistemas educacionais e científicos tendem a negligenciar as formas não-verbais do intelecto.

Os trabalhos de Sperry e as investigações mais recentes sobre este fascinante tema mostram que:

A mensagem é, portanto muito clara: a criatividade não é uma prerrogativa exclusiva dos indivíduos de mente "direita dominante".

1 - O cérebro é capaz de desempenhar tarefas muito mais complexas do que se pensava. Podem desenvolver-se áreas mentais antes consideradas fracas.

2 - Quando as pessoas são estimuladas a desenvolver as funções mais fracas dos seus processos mentais, em vez de diminuir as áreas supostamente fortes, conseguem o fortalecimento de todas as áreas de realização das suas mentes. A mensagem é, portanto muito clara: a criatividade não é uma prerrogativa exclusiva dos indivíduos de mente "direita dominante".

Obviamente, as atividades associadas à criatividade fluem mais naturalmente nessas pessoas, porém as outras são bem capazes de efetuar uma passagem lateral da esquerda para a direita por meio do conhecimento cada vez maior da sua própria mente e da maneira como ela funciona.

Não existe a mínima razão para que qualquer pessoa (principalmente o executivo...) se sinta condenada(o) a uma existência vegetativa, despida de criatividade!!!Tornar-se mais criativo está perfeitamente ao alcance de muita gente.

É preciso, porém, autoconhecimento, disciplina, e um firme desejo de concentração na tarefa de aperfeiçoamento daquela parte do seu cérebro que durante tanto tempo foi deixada num estado de semiletargia.

Ao longo deste nosso trabalho, temos falado de muitas formas de criatividade e de muitas personalidades criativas.

Qual é a mais importante de todas essas formas e de todas essas pessoas?

Você, você e você!!!

A sua pessoa, o seu estilo e o seu campo de ação e atuação. Os demais só irão adquirir algum interesse em função de **você.**

É importantíssimo neste sentido reaprender a entrar em contato com as idéias que sugerem isto o tempo todo.

Quando nascemos, somos seres espontâneos, choramos quando temos fome, rimos quando nossa mãe se aproxima, balbuciamos alguns sons quando estamos com vontade!!!

A fantasia rola solta, as idéias têm muito de sonhos, pois são extremamente dissociadas da realidade.

Entretanto, quando crescemos, vamos aprendendo coisas!!! Boa parte delas, úteis e até mesmo necessárias para a nossa sobrevivência e para o nosso convívio social.

Porém, junto com essas informações, aprendemos outras que são limitadoras e castradoras da nossa originalidade e criatividade.

Com isso, conforme vamos crescendo, a "realidade" começa a tomar conta do nosso ser.

As imposições de dentro e de fora de nós mesmos vão-nos impedindo de liberar espontaneamente nossas fantasias e de relacioná-las favoravelmente com a realidade.

É o vírus da anticriatividade que começa a atacar.

No tocante ao nosso papel de cidadãos brasileiros, no momento em que vivemos com tantos problemas econômicos e sociais, se permitirmos que o vírus da anticriatividade nos ataque, com certeza não conseguiremos sobreviver.

E fugir da **crise** pode ser tão fácil...

Basta tirar o "s" da crise.

É isso aí!!! Crie, crie, se bem que os mais monetaristas digam: "Transforme o 's' que tirou em cifrão!"

Precisamos reaprender a entrar em contato com as idéias que surgem de dentro de nós, acreditar nelas e explorá-las.

Por mais que pareçam irreais, são a nossa realidade, e se adaptadas aos nossos limites externos serão possíveis de ser executadas!!!

Temos de acreditar no nosso potencial natural para criar e ter a coragem de colocar em ação nossas idéias.

É essa relação entre criar e experimentar que vai nos dar a possibilidade de sermos nós mesmos, e também a medida da nossa possibilidade de ação no mundo. Como a melhor base para o futuro se apóia no passado e no presente, um convite que fazemos neste ponto ao(a) comportado(a) leitor(a) é escrever agora uma rápida história autobiográfica de sua própria criatividade.

Pode até ser que você sinta uma certa resistência. Nós, que estamos lhe sugerindo isto, também sentimos quando tentamos fazer a mesma coisa.

Porém, depois de ter percorrido todo esse caminho juntos, confessamos (principalmente o autor mais velho...) que a decisão de escolher este tema e em seguida escrever este livro nasceu da firme convicção de termos sofrido por muitos anos com uma educação dogmática, que atrofiou, bloqueou e impediu a nossa criatividade, manifestada desde criança.

Nossas modestas criações são fruto muito mais do intuito e do manejo consciente de atitudes do que de qualidades inatas e de um ambiente favorável. Convém agora ressaltar que a realização do ser humano não está em ter, mas sim em ser e em fazer!!!

O êxito não se mede pela posse de grandes fortunas (acumuladas à custa dos outros, segundo demonstram os sociólogos e os economistas), mas sim pelo cumprimento de metas de auto-realização, de serviço e de conquista da verdade e do domínio sobre a Natureza.

Assim como a criatividade nasce da auto-estima, a melhor realimentação dessa auto-estima é a própria criatividade. A criatividade, que além de ser o motor da nossa auto-estima, é principalmente a fonte do nosso entusiasmo pela vida, sobretudo para a gente não se sentir sempre um Ninguém, o que faz com que a cada situação nos comportemos de maneira automática ou, por outro lado, que precisemos "pensar" em mil coisas antes de chegar a uma atitude que seja aceita pelos outros.

Bloqueamos a possibilidade de "deixar surgir" de dentro de nós um comportamento novo, diferente, mais adequado, e antes de mais nada mais individual, mais original, e com o nosso carimbo pessoal.

Não podemos e não devemos agir como computadores que funcionam com *softwares*.

Temos à nossa disposição a possibilidade de traçar e de modificar o nosso "programa" segundo nossa vontade e conveniência.

Porem muitos de nós têm dito um sonoro **não** à espontaneidade, **não** às fantasias, **não** à criatividade.

Que idéias temos?

Só as triviais, as já conhecidas.

O novo nos assusta, é desconhecido, nunca foi testado, não sabemos racionalmente a onde vai dar.

Seguir sempre o mesmo caminho é seguir o certo, o conhecido, mesmo que ruim e inadequado, repetitivo e monótono, porém, pelo menos, conhecido.

Quando o vírus da anticriatividade nos ataca, não podemos mais ser os mesmos. Ficamos insensíveis a nós, aos outros e ao que nos cerca.

Perdemos a sensibilidade para reagir às coisas como um todo e não conseguimos perceber as mesmas coisas de modos diferentes.

Não somos capazes de explorar várias idéias para o mesmo desafio, nem de elaborá-las e relacioná-las em razão dos limites que a vida nos impõe.

O vírus da anticriatividade nos ataca nos diferentes papéis que desempenhamos em nossas vidas. No papel profissional, por exemplo, ele com certeza nos impede de encontrar soluções adequadas para as diversas situações, e de procurar novos caminhos tanto para o nosso próprio desenvolvimento como para o de nossas empresas como um todo.

Atacando, digamos, a nossa vida conjugal, o vírus da anticriatividade impede que os problemas pessoais sejam superados, por meio do bloqueio na busca de alternativas diferentes para o relacionamento.

Assim por exemplo, quando alguém diz algo, já sabe o que o(a) parceiro (a) vai responder – é a repetição tão monótona que freqüentemente leva a conflitos e a rompimentos desnecessários. É preciso mudar tudo. Aprenda pois a lidar com os processos criativos para modificar radicalmente a sua vida e que ao menos o vírus da anticriatividade não impeça a leitura e a prática do ensinado no Kama Sutra...

5.4 NEUROFITNESS Nº 5

1) Você consegue, usando a sua inteligência lógico-matemática, em menos de três minutos colocar todas as "peças" no tabuleiro (veja a Figura 5.16), de tal forma que não haja repetição nem de formas nem de números em todas as linhas e em todas as colunas?

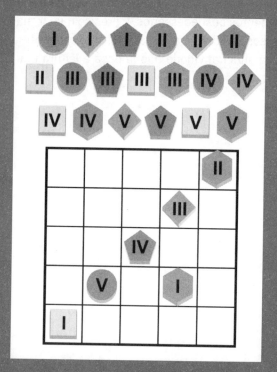

Figura 5.16

2) Agora, sua tarefa é preencher o hexágono mostrado na Figura 5.17 de modo a obter as somas 137, 170 e 203 toda vez que se adicionar os números de 3, 4 ou 5 círculos consecutivos em qualquer direção.

Bem, sua tarefa é usar, sem repetir, os números inteiros de 32 a 52 e colocá-los nos círculos vazios indicados pelas letras.

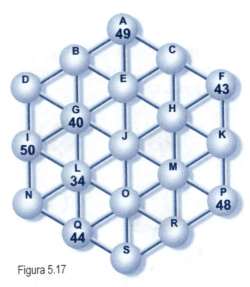
Figura 5.17

3) Retira-se um pedaço de um quebra-cabeça (veja a Figura 5.18). Qual é a parte retirada: A, B, C, D, E ou F (Figura 5.19)?

Figura 5.18

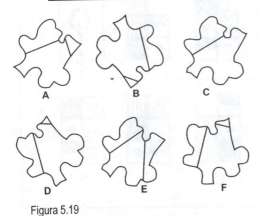
Figura 5.19

4) Qual dos desenhos da Figura 5.21: A, B, C, D, E e F, deveria via a seguir seqüência indicada na Figura 5.20?

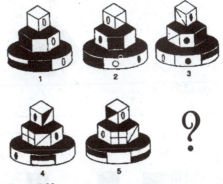
Figura 5.20

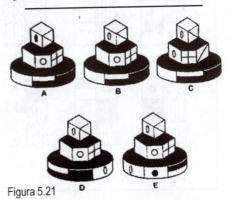
Figura 5.21

CAP. 5 - Compreendendo o Processo Criativo

5) Qual dos desenhos da Figura 5.23 responde à questão (?) indicada na Figura 5.22?

6) Seis das chaves da Figura 5.24 abrem uma porta. Qual delas não abre?

Figura 5.22

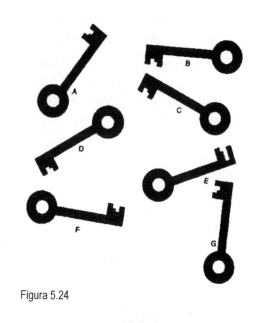

Figura 5.24

Figura 5.23

7) Qual dos desenhos da Figura 5.26 deve ocupar o espaço em branco (?) indicado na Figura 5.25

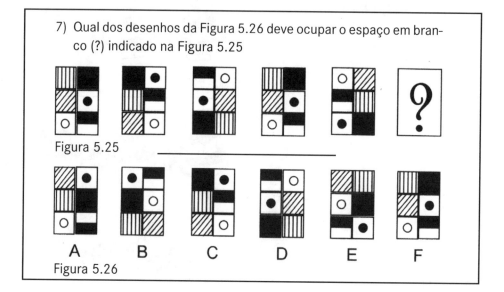

Figura 5.25

Figura 5.26

8) Qual dos desenhos da Figura 5.28 (A, B, C, D, E ou F) vem a seguir na seqüência da Figura 5.27?

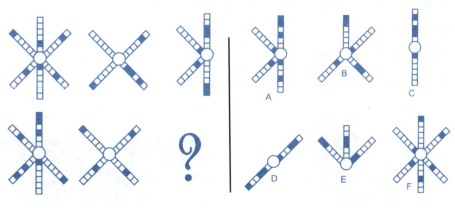

Figura 5.27   Figura 5.28

9) Quatro pedras de dominó escolhidas convenientemente podem ser colocadas, formando um conjunto quadrado com idêntico número de pontos, em cada lado. Na Figura 5.29 podemos ver um modelo. Nela a soma dos pontos de cada lado equivale sempre a 11. Pode o (a) leitor(a) formar com todas as pedras do dominó 7 quadrados desse tipo? Não é necessário que a soma dos pontos em cada lado seja a mesma em todos os quadrados. O que se exige é que os quatro lados de cada quadrado tenham idêntico número de pontos.

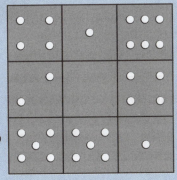

Figura 5.29 – Conjunto formado com pedras de dominó.

CAP. 5 - Compreendendo o Processo Criativo

10) Aí vai a última coleção de representações "bizarras" (Figura 5.30), ou seja, pode-se "ver" o mesmo estímulo pelo menos de duas maneiras diferentes.

a) Casal se abraçando ou um homem se enxugando?

b) Quem você vê?

c) Pingüim ou um oriental?

d) Um logo, um ponto de interrogação ou o que mais?

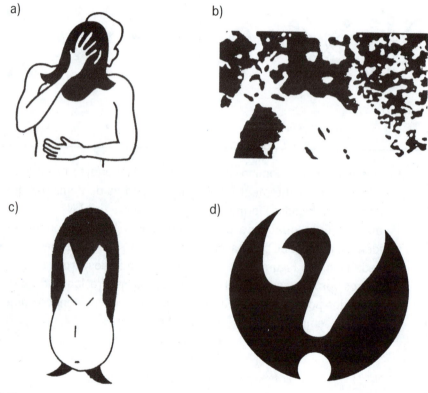

Figura 5.30

Observação importante: Se você gostou desses testes, consulte o livro de Norman Sullivan, *How Smart Are You? Test Your Own IQ*, que nele você encontrará inúmeros outros para sessões extras de neuróbica.

capítulo 6
ABORDAGENS CRIATIVAS

6.1 - Algumas técnicas de criatividade.

São inúmeras as possibilidades que existem para se aplicar a criatividade.

Neste capítulo vamos apresentar resumidamente apenas sete técnicas, porém no 3º volume serão abordadas de forma bem minuciosa e fartamente exemplificadas as mais importantes.

Vamos chamar de Criática a técnica para desenvolver a criatividade.

James H. Higgins no seu trabalho *101 Creative Problem Solving Techniques,* divide as técnicas criativas para a solução de problemas em estágios, ou melhor, aquelas adequadas para:

- análise do ambiente ou dos cenários futuros;
- reconhecimento do problema;
- identificação do problema;
- estabelecimento de hipóteses;
- geração de alternativas tanto no trabalho em grupo como individualmente;
- seleção das opções viáveis;
- implementação da solução proposta.

Aí vai a representação resumida de algumas técnicas:

I) Tempestade de idéias:

Esta técnica foi criada por Alex F. Osborn em 1953, em Buffalo, no Estado de Nova York, nos EUA, onde aliás existe um *campus* da Universidade de Nova York, no qual dezenas de professores da FAAP fizeram inúmeros cursos e participaram de seminários sobre a criatividade.

Alex F. Osborn chamou a sua técnica grupal de *brainstorming* (toró de sugestões ou tempestade de idéias), a qual ele criou para a empresa de publicidade BBDO (de Batten, Barton, Durstine e Osborn) para ampliar a qualidade e a quantidade de idéias para a promoção de produtos, serviços e empresas.

Ela tem uma base simples e genial como o ovo de Colombo!!!

Fundamenta-se no fato de que convém separar mental e cronologicamente em dois momentos bem-definidos os dois aspectos básicos do processo criativo:

1. A produção de idéias.
2. A crítica das mesmas.

É um fato empírico e cotidianamente observado que as críticas que fazemos às nossas próprias idéias enquanto as vamos elaborando, interrompem e atrapalham o nosso pensamento!!!

Alex F. Osborn, após ter observado detidamente numerosos grupos de discussão, concluiu que em aproximadamente 75% do tempo os integrantes envolvidos na discussão atacam e procuram destruir as idéias dos outros!!!

Para que o *brainstorming* (B) funcione de fato é preciso que existam as seguintes atitudes básicas recomendadas pelo próprio Alex F. Osborn:

- ✔ **Não criticar**: a crítica assassina as idéias e diminui o seu potencial.
- ✔ **Suspender os julgamentos**: as críticas e as avaliações interrompem o fluxo das idéias.

  A eliminação, mesmo que temporária, do juízo crítico em grupo, cria um clima de muita aceitação, de camaradagem, de espontaneidade, de liberação, de euforia e de dinamismo criativo.

  Só devem ser feitos julgamentos após o processo ter permitido surgir inúmeras idéias, nunca antes. Aliás, não só a crítica como também a rotina do pensamento convencional cortam o campo perceptivo. É conveniente, portanto, romper os esquemas culturais.

- ✔ **Quanto mais idéias, melhor**: a quantidade no final das contas gera a qualidade!?!

    Deve-se, pois, pensar em um grande número de idéias, liberando a imaginação e não se prendendo ao que já se viu ou ouviu falar.

- ✔ **Pegar carona nas idéias dos outros**: freqüentemente as boas idéias aparecem combinando-se e aperfeiçoando o que já existe.

    Ninguém, então, deve ter medo de elaborar, implementar ou ir além de algum conceito ou objeto já conhecido.

    Admitamos, até uma idéia utópica e aparentemente sem pé nem cabeça pode dar origem, num momento posterior, a idéias mais realistas.

    Assim, no grupo as idéias de uns devem atuar como estimulantes para as dos outros.

- ✔ **Criar um ambiente de humor, sem penalidades**: as boas idéias (!?!) aparecem com maior probabilidade num clima descontraído e sem muitas restrições.

    O humor, nesse sentido, vai ajudar a procurar soluções além do óbvio, do tradicional.

    O método Osborn convida, dessa maneira, as pessoas de um grupo a concentrar-se em um tema e exprimir em forma de um temporal (bem rápido e com diversas intensidades) tudo o que lhes ocorra a respeito.

Por exemplo, uma sessão de B, com um grupo de pessoas ligadas a promoções, vendas, identificação de clientes, etc., pode gerar em menos de 30 minutos pelo menos 30 boas razões para se **anunciar na Internet** como:

1. Aumentar o reconhecimento da marca.
2. Gerar experimentação.
3. Aumentar o uso da marca.
4. Promover um *upgrade* de um produto ou serviço.
5. Incentivar o aumento de compras.
6. Melhorar a atitude/imagem do cliente em relação à marca.

7. Vender outros produtos da mesma empresa (*cross sell*).
8. Promover campanhas cooperadas com marcas de outras empresas.
9. Incrementar as compras de um certo produto.
10. Encorajar fidelidade e aumentar envolvimento com a marca.
11. Fornecer mais informações sobre a marca.
12. Criar um banco de dados próprio de clientes e *prospects* (clientes potenciais).
13. Demonstrar o produto.
14. Identificar oportunidades de venda.
15. Oferecer/melhorar o serviço de atendimento ao cliente.
16. Desovar estoque excedente ou produtos fora de linha através de promoções.
17. Reduzir custos de *marketing*.
18. Testar diferentes conceitos para a marca.
19. Testar diferentes modelos de preços.
20. Testar novas opções de promoção.
21. Testar novos produtos ou serviços.
22. Pesquisar o mercado.
23. Gerar vendas *on-line*.
24. Falar com o público-alvo não atingido em outros canais.
25. Otimizar a eficiência do plano de mídia.
26. Identificar interesses dos clientes e tendências de mercado.
27. Fidelizar clientes mais ativos.
28. Gerar tráfego no *site*.
29. Gerar mais tráfego na loja física.
30. Recrutar melhores funcionários para o negócio.

Ainda que a tradução adequada para B seja um toró de idéias gerado por um grupo de reflexão, a expressão também pode ser usada como um raciocínio individual.

É importante observar que o método de Alex F. Osborn é no fundo o método de Sigmund Freud, que criou a técnica da psicanálise fundamentada em associações livres.

Para Freud, quanto maior o número de idéias espontâneas, maior é a probabilidade de o psicanalista descobrir uma idéia que represente uma pista quente de alguma relação inconsciente.

Hoje em dia já existem diversas variantes do B tradicional, como o B exploratório, o de combinação, o corporal, o visual, aquele com condições, e inclusive o *brainwriting* (que é um forma não-oral do B seguindo porém as mesmas regras).

Um dos B mais interessantes é o chamado 6 – 3 – 5, no qual seis pessoas diferentes produzem três novas idéias em três colunas no tempo de cinco minutos.

Para as sessões de B é muito útil o *Post-it*®, que é o bloquinho amarelo de papéis adesivos que se transformou em estrondoso sucesso de vendas da 3 M, inventado quase três décadas atrás por Art Fry.

As folhas do bloco *Post-it*® têm três propriedades básicas:

1. são de tamanho certo para conter uma única informação ou idéia;

2. são fáceis de afixar numa superfície lisa, permanecendo onde foram coladas;

3. podem ser removidas facilmente e novamente colocadas várias vezes.

Essas propriedades fazem do bloco de *Post-it*® recados adesivos um meio muito bom para ser usado numa sessão de B, quando acaba sendo feito um **painel de recados**, que é um dos meios que um grupo utiliza para afixar suas idéias, com as pessoas conversando umas com as outras enquanto buscam mais idéias.

Quem quiser se especializar no uso dos blocos de *Post-it*® deveria ler o livro de David Straker, *Solução Rápida de Problemas com Post-it*® *Recados Adesivos*, no qual ele mostra muitas outras aplicações dessa fantástica e simples invenção que tanto ajuda as pessoas a pôr um pouco de ordem no caos, encaixando as peças de seus quebra-cabeças...

Alex F. Osborn enfatizava a importância de numa sessão de *B*:

- ✔ **ir sempre em frente**, não esperando pela inspiração ou iluminação;
- ✔ **concentrar-se**, resolvendo um problema por vez;
- ✔ **manter-se atento**, controlando o grupo de solucionadores criativos (SCs) para um tipo de reflexão de cada vez;
- ✔ **ser obstinado**, isto é, procurar persistentemente alcançar o resultado sem abandonar o problema, mesmo que no início não surjam idéias solucionadoras.

Para Alex F. Osborn, uma característica imprescindível de um(a) solucionador(a) criativo(a) de problemas é o **empenho**, pois para ele nada é mais imprescindível para o sucesso de uma sessão do que o esforço continuado.

Nestes últimos cinqüenta anos o *B* foi muito bem-sucedido e se desenvolveu de diversas maneiras, tornando-se um componente essencial de planejamento de cenários, de administração por desempenho, de constituição de equipes, e inclusive de todo o movimento em torno da qualidade.

Tudo faz crer que para criar o *B*, Alex F. Osborn aparentemente se inspirou numa antiga técnica hindu denominada *Prai-Barshana*, que significa **"questionamento do que está fora do corpo"**.

Albert Einstein disse há muito tempo: "Os problemas **não podem** ser resolvidos se refletirmos de acordo com a estrutura em que eles foram criados."

Uma vez que os modelos mentais são tão fortes, devemos deliberadamente refletir além deles.

O *B* visa exatamente a isso: auxiliar-nos a "pensar além de nós mesmos".

Alan Barker, consultor de comunicação e criatividade, explica: "A maior parte de nosso trabalho localiza-se num ciclo de **pensamento operacional** que envolve rotinas, procedimentos, normas e soluções conhecidas."

Caso queiramos encontrar novas idéias, torna-se necessário sair desse ciclo e passar para o ciclo do **pensamento criativo**, no qual deve-se pensar de maneira bem diferente, quer dizer, procurando explorar, descobrir, desenvolver idéias e confirmá-las de alguma forma. Só aí é que se deve retornar ao ciclo operacional, já pressupondo que as descobertas podem ser transformadas em soluções práticas (Figura 6.1).

Passa-se do ciclo operacional para o ciclo criativo fundamentalmente por dois motivos:

a) **quando precisamos**, quer dizer, existe uma crise e a solução conhecida não funciona; e

b) **quando desejamos**, quer dizer, quando tomamos conscientemente a decisão de explorar ou prospectar.

Sem dúvida nenhuma o *B* é uma forma de passar do pensamento operacional para o criativo.

É por isso que todos os envolvidos em uma sessão de *B* devem entender que estão no ciclo criativo quando o pensamento operacional não é mais o adequado!!!

Um dos conceitos básicos do *B,* como foi dito, é aquele da "suspensão do julgamento", ou seja, poder enunciar as idéias sem censura prévia.

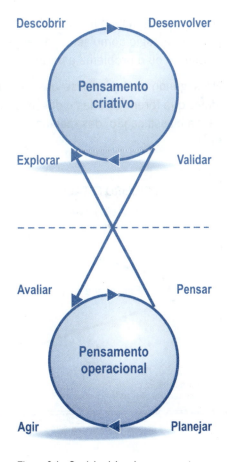

Figura 6.1 - Os dois ciclos do pensamento.

Devemos entender o pensamento como um processo de dois estágios, sendo o primeiro o da **percepção**, quando reconhecemos algo, porquanto isto se encaixa dentro de algum padrão mental preexistente, e o segundo, no qual julgamos a idéia que está em nossa cabeça, usando a razão e a avaliação.

Somos muito melhores no pensamento do segundo estágio do que no do primeiro, talvez porque aprendemos muito na escola a raciocinar e a avaliar.

Justamente o *B* é uma forma de desenvolver a nossa capacidade de executar o pensamento perceptivo.

CAP. 6 - Abordagens Criativas

Uma maneira mais adequada de entender isso é associando o pensamento do primeiro estágio como sendo **divergente** (Figura 6.2), no qual se busca observar o assunto ou o problema a partir de novas formas.

No segundo estágio vai se usar o pensamento **convergente**, isto é, julgar as idéias que forem geradas e desenvolvê-las como algo útil pela aplicação da lógica, da classificação, das medidas, análises e comparações em vista do objetivo final.

Figura 6.2 - Os dois estágios do pensamento criativo.

Pode-se dizer que o pensamento associativo é a base do B.

Quanto mais pudermos fazer conexões lógicas entre idéias, mais idéias poderão ser geradas.

E por incrível que pareça, quanto mais improvável ou surpreendente for a conexão lógica, mais criativa será a nova idéia.

O pensamento associativo no fundo tem tudo a ver com o famoso **"pensamento lateral"** de Edward de Bono, cujo conceito, como o próprio inventor explica, "é o do movimento constante de um conceito para outro, de uma forma de ver as coisas para outra."

Observações finais sobre o *brainstorming* (B).

1. É a técnica de reflexão mais familiar que permite o "pensamento livre".

2. O motivo essencial para se fazer uma sessão de B é o de gerar novas idéias, porém não são todos os problemas que devam ser tratados pela geração de idéias.

3. Existem situações em que o B é desnecessário, quando, por exemplo, alguém está querendo fazer um planejamento sabendo onde está e tendo bem claro onde quer chegar.

4. O B é uma maneira adequada para lidar com problemas que não são simplesmente operacionais, ou seja, que permitam amplas possibilidades.

5. Numa sessão de B, o que atrapalha muito é o comportamento inibidor das pessoas (resultado do pensamento operacional) que as impede de gerar muitas idéias.

6. Uma das razões mais comuns pelo fracasso do B pode ser o comportamento "político" do grupo, no qual as pessoas de *status* mais elevado podem "matar" as idéias dos outros, ou inclusive inibi-las para apenas apresentar idéias "politicamente" aceitáveis.

7. A idéia de que o B é **totalmente livre** tem provocado mais mal do que bem.

    Com efeito, muito poucas idéias interessantes são geradas numa sessão desestruturada ou indisciplinada.

8. O B deve ser entendido como um jogo e todo jogo precisa ter suas regras para que seja agradável e bem-sucedido.

    Nesse sentido, é vital escolher bem os integrantes do grupo que vai participar de uma sessão de B.

9. O B oferece na prática a comprovação de que pensar pode ser divertido.

10. Não é preciso ser bem-educado para pensar bem. Ademais, possuidores de muita educação não são necessariamente bons pensadores, e as boas idéias surgem também de pessoas menos hábeis ou experientes do grupo.

    Pensar não é sinal de inteligência, e tem-se constatado que em muitas sessões de B algumas das melhores idéias num primeiro momento são aquelas **consideradas as menos inteligentes**...

II) Mapa da mente (*mind map*).

Estruturar e reestruturar idéias por meio de diagramas, mapas ou esquemas é também uma estratégia valiosa para gerar novas idéias, que vão surgindo a partir das mais diversas combinações.

A técnica do mapa da mente (ou mapa mental) foi desenvolvida por Tony Buzan no início da década de 1970, e se baseou numa forma como funciona o cérebro.

Ele a denominou de método de *mind mapping* (mapeando a mente ou mapeamento mental), que simplesmente representaremos por MM.

Tony Buzan sabia que o nosso cérebro freqüentemente recorda a informação na forma de quadros, símbolos, sons, formas e sentimentos.

É por isso que no método MM usam-se lembretes visuais e sensoriais em um padrão de idéias conectadas, como se fosse um mapa rodoviário (uma teia de aranha), o qual é usado para estudar, organizar e planejar.

O MM é bastante adequado para as pessoas que têm um estilo seqüencial, lógico ou linear (cérebro esquerdo), como também para aquelas que possuem um estilo mais global, espacial, visual (cérebro direito).

Na Figura 6.3 está mostrado um mapa da mente que pode se subdividir em qualquer direção.

Naturalmente, ao se encurvarem as linhas, fica mais fácil escrever algo perto delas, assim como em intervalos não-fixos devem-se colocar outros retângulos ou contornos fechados para se destacarem os subtemas.

No centro irá a especificação do tema principal.

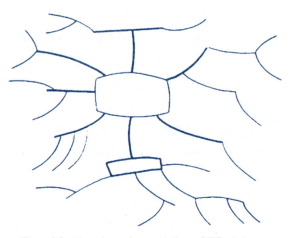

Figura 6.3 – Um esboço de um *mind map* (MM) criado por Tony Buzan.

O método MM é muito bom para gerar idéias, pois ativa ambos os lados do cérebro, e inclusive é também uma boa forma de fazer anotações, pois assim se lembrará mais tempo daquilo que foi discutido ou exposto.

As principais sugestões para se fazer um bom uso do método MM a fim de desenvolver idéias são as seguintes:

✔ No meio ou no centro de uma folha coloque o conceito principal sobre o qual serão geradas as idéias.

✔ Acrescente uma ramificação partindo do centro para cada ponto-chave, usando cores diferentes.

✔ Escreva uma idéia ou palavra-chave, ou ainda uma frase sobre cada ramificação, possibilitando desta forma o acréscimo de detalhes para uma certa categoria de idéias.

✔ Acrescente símbolos e ilustrações.

Na Figura 6.4 estão algumas sugestões e você pode e deve inventar algumas novas centenas com o seu cérebro criativo.

✔ Use letras de forma bem-feitas.

✔ Represente as idéias mais importantes com letras maiores e feitas com mais sofisticação.

Figura 6.4 – Símbolos para o método MM.

CAP. 6 - Abordagens Criativas

✔ Sublinhe ou represente, com algum contorno, as palavras importantes, e onde for necessário use o negrito, isto é, uma caracterização mais forte para essas palavras ou expressões.

✔ Seja criativo ou até extravagante, pois isto irá facilitar o aparecimento de idéias inéditas...

✔ Use formas aleatórias para destacar as idéias ou itens. Quanto mais figuras puder colocar no seu MM, tanto melhor.

✔ Construa os seus MMs de maneira horizontal para com isto aumentar o espaço e ter todas as anotações na mesma página.

Na Figura 6.5 temos as idéias que surgem das vantagens do aprendizado cooperativo.

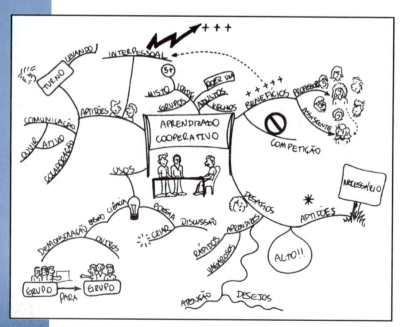

Figura 6.5 – O MM de um aprendizado cooperativo.

Naturalmente a idéia de Tony Buzan, ao propor o seu método MM, foi a de estabelecer uma representação gráfica na qual se imaginassem as nossas células nervosas como se fossem árvores, armazenando em cada um dos seus galhos informações ou idéias relacionadas.

Porém, no fundo, ele também não esqueceu como é que cada neurônio se liga com os outros.

Após ser gerado um grande número de idéias no MM, devem-se destacar aquelas que custam menos, que são mais fáceis de ser implementadas ou das quais se gosta mais.

Contudo, como no B, o julgamento só deve ser usado depois de se conseguir muitas idéias, pois a crítica antecipada pode reprimir ou matar muitas boas idéias...

III) O RESCOMAR.

Deve-se a Alex Osborn a proposição de uma série de questões que incitam o surgimento de novas idéias, que podem ser muito estimulantes tanto para a mente de uma pessoa como para membros de um grupo.

Na década de 1970, B. Eberle reorganizou a lista de perguntas de Alex Osborn, que passou a se chamar em português de RESCOMAR para que se torne mais **mnemônica**, e com isto não se esqueçam das seguintes palavras que orientam o pensamento na direção de uma modalidade:

R – **Reverter** – Aqui busca-se responder às questões do tipo:

→ Dá para mudar os papéis?

→ É possível trocar os componentes?

→ Serve outra seqüência?

→ Dá para mudar o programa?

→ É possível transpor a causa e o efeito?

→ Etc.

E – Eliminar – Agora é preciso responder a perguntas como:

→ Pode-se ter menos partes?

→ Dá para condensar?

→ É possível ser mais leve?

→ O que dá para fazer sem isso?

→ É possível ser mais curto?

→ Etc.

S – Substituir – As inquisições são agora sobre:

→ Que outros ingredientes podem ser colocados?

→ É possível usar outra forma de energia?

→ Dá para fazer em outro lugar?

→ Não pode ser cantada em outro tom de voz?

→ Um outro processo leva ao mesmo resultado?

→ Etc.

C – Combinar – Deve-se pensar nas seguintes questões:

→ É possível ter uma outra liga?

→ Em conjunto como fica?

→ Dá para combinar as unidades?

→ É possível juntar todas as idéias?

→ Essas finalidades (intenções) levam ao mesmo objeto?

→ Etc.

O – Outros usos – É preciso meditar sobre as seguintes perguntas:

→ Existem outras formas de uso?

→ É possível mudar o contexto?

→ Daria para modificar o peso para permitir outra utilização?

→ Com outra estrutura aumentam as opções de trabalho?

→ Com outra embalagem dá para ser um "artefato de cozinha"?

→ Etc.

M – Modificar – É necessário refletir sobre questões do tipo:

→ É possível maximizar?

→ Dá para minimizar?

→ O que é possível agregar?

→ A cor ou a forma, ou ainda o material pode ser outro?

→ É possível ter uma maior freqüência?

→ Pode-se ter outro sabor (forma)?

→ Etc.

A – Adaptar – Aqui convém ter respostas para inquisições do tipo:

→ Que outra idéia isso sugere?

→ O que poderia ser copiado?

→ Como o passado poderia servir de parâmetro para o presente?

→ O que mais é parecido como isso?

→ Do que (ou de quem) se poderia adaptar isto?

→ Etc.

R – Rearranjar – Agora as perguntas a serem respondidas são:

→ Os opostos levam a bons resultados?

→ Já olhou o lado contrário?

→ Tentou o movimento no sentido contrário?

→ Já pensou em mudar o *lay-out* (disposição)?

→ Que tal mudar o ritmo?

→ Etc.

CAP. 6 - Abordagens Criativas

Estas palavras-chave com as respectivas perguntas podem ser usadas em qualquer ordem para aumentar o repertório de novas idéias.

Enquanto a tempestade de idéias vai desenvolver a **fluência**, a técnica RESCOMAR vai desenvolver a **flexibilidade,** no sentido de levar a pessoa a mudar o seu ponto de vista para tentar resolver o problema.

IV) Sinética.

A palavra sinética (em inglês *synectics*) vem do grego *syn*, que quer dizer juntamente, e *ektikein*, que significa produzir, dar à luz.

Portanto, deve-se compreender *sinética* como o ato de combinar elementos aparentemente diferentes ou irrelevantes.

O conceito de *sinética* foi criado em 1961 por William J. J. Gordon no Instituto Tecnológico de Massachusetts (cuja sigla em inglês MIT).

Ele descobriu que a eficácia do pensamento criativo depende de que se esqueça momentaneamente dos rigores da lógica e de que se possa expressar sem reservas tudo o que se sente a respeito de um dado tema.

Um exemplo típico de aplicação de sinética ou do uso da analogia metafórica é aquele dos engenheiros navais que têm procurado dar aos submarinos a forma mais próxima possível de certos peixes, que por sinal estão no ramo de se deslocar dentro da água há milhões de anos com bastante sucesso...

O atum nesse sentido é uma grande referência, pois a sua velocidade continua sendo bem maior que a dos mais rápidos submarinos existentes.

A explicação está no fato de que os peixes balançam o rabo de modo a provocar turbilhões, girando numa direção que dá um impulso adicional.

Com a sinética busca-se romper os estereótipos para que se liberem as camadas mais profundas do ser.

As bases da sinética são:

✦ Fazer familiar o estranho e estranho o familiar!

✦ A analogia (conjunção de elementos heterogêneos) como eixo central do descobrimento.

   A analogia pode ser pessoal, direta, simbólica ou de fantasia (uso dos sonhos).

✦ O emocional, tanto ou mais do que o intelectual, é a fonte e a essência da criatividade.

+ A eficiência criativa de uma pessoa pode ser aumentada se ela entende os processos psicológicos envolvidos na criação.

+ Em grupo, mais do que individualmente, torna-se mais fácil conscientizar-se e desenvolver os processos criativos.

Ao se aplicar a sinética procura-se colocar as pessoas num invólucro, cercando-as com as coisas, por meio de uma elevada empatia.

Aí vão alguns exemplos de sinética:

+ No que se refere à analogia pessoal, o exercício é fazer uma pessoa sentir-se como uma aranha, uma árvore, um touro, uma serpente, etc.

+ Na analogia direta busca-se, digamos, o que existe de parecido entre uma mosca e uma mesa, entre um gato e uma geladeira, entre a inflação e um cão, entre um falcão e a Internet, entre a sua cabeça e a floresta, etc.

Um outro bom exemplo disso é a **bioarquitetura,** que é uma especialidade científica dedicada as idéias que supostamente tomam-se emprestadas dos animais; por exemplo, na hora de fazer uma casa, um estádio ou uma adega.

O pioneiro da bioarquitetura, como matéria de pesquisa e de estudo, foi o austríaco Raoul H. France, isto ainda no século XIX.

Entre alguns dos mais conhecidos exemplos de bioarquitetura têm-se:

a) Os favos das abelhas são muito resistentes e leves, pois são compostos de uma sucessão de compartimentos hexagonais. Essa solução proporcionada pelas abelhas resolve o problema de levantar paredes que devem deixar passar a luz.

b) As abelhas geraram um outra aplicação que poderia se chamar de "apiarquitetura", e ela está nas adegas onde a estrutura dos suportes de garrafas lembra inevitavelmente o *design* interno das colméias.

c) Tomando como referência a aranha, os arquitetos projetaram a gigantesca cobertura do Estádio Olímpico de Munique.

Ao vê-la de longe, nota-se claramente que existem dezenas de fios que sustentam a teia propriamente dita com total segurança.

d) O castor, para represar a água, prende nas margens do rio galhos e troncos que ele mesmo corta com os seus desenvolvidos dentes.

O resultado muitas vezes torna-se mais sólido que as réplicas humanas em concreto armado!!!

O segredo está na **elasticidade** dos troncos, capazes de suportar impactos das cheias sem rachar, como às vezes acontecia com as primeiras represas de cimento.

Depois, deliberadamente ou não, os engenheiros começaram a imitar os castores, construindo barragens com poros para a passagem permanente de pequenas quantidades de água, mantendo o nível da superfície.

Aliás, quando as construções dos castores perturbam o homem, a única solução é queimá-las, tamanha é a sua solidez!!!

A sinética utiliza ao máximo os fatores emotivos.

Maneja as vivências, os quadros plásticos, as metáforas e as analogias muito mais do que os raciocínios formais.

Deve-se utilizar a sinética em pequenos grupos cuidadosamente escolhidos e integrados por indivíduos de personalidades heterogêneas.

Talvez o melhor exemplo do uso da analogia para a solução de um problema com criatividade tenha sido o desenvolvimento do radar.

A sua concepção foi baseada nos estudos sobre o vôo dos morcegos e o seu senso de orientação pelo som.

As analogias podem mudar a nossa perspectiva, levando a novas percepções e soluções criativas.

Vamos fazer agora alguns testes para ver se realmente você é capaz de mudar de perspectiva!!!

a) O que é que está no centro da Figura 6.6?

Figura 6.6.

b) O que é que você vê na Figura 6.7?

Figura 6.7.

c) Você consegue enxergar uma palavra inglesa na Figura 6.8?

Figura 6.8.

d) O que é que torna impossível ser real o "objeto" da Figura 6.9?

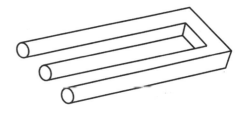

Figura 6.9.

e) Você consegue não ver a estrela na Figura 6.10?

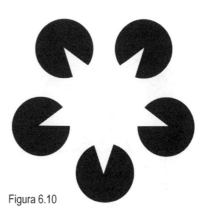

Figura 6.10

Bem, até agora achamos que o(a) leitor(a) acertou todas, ou seja, na Figura 6.6, no centro, viu tanto o número 13 como a letra "B"; na Figura 6.7 enxergou uma mesa, duas cabeças, uma taça, etc; na Figura 6.8 leu a palavra *tie* (gravata); na Figura 6.9 é uma ilusão que se pode construir o pino do meio; na Figura 6.10 não é nada fácil não ver a estrela e para isto deve-se fixar o olhar na periferia.

f) Agora vai um exercício mais difícil:

Na Figura 6.11 você enxerga a velha?

Enxerga a moça? Enxerga as duas?

Vamos explicar como o criativo artista que concebeu este desenho pode ter raciocinado para chegar a esta situação ambígua.

Provavelmente desenhou inicialmente o que está na Figura 6.12 e depois o que está na Figura 6.13, e a junção criativa levou ao que se vê na Figura 6.11.

Figura 6.11.

Figura 6.12

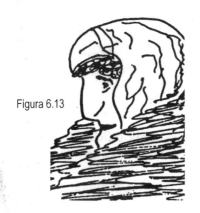

Figura 6.13

g) Para você, as duas linhas retas na Figura 6.14 são paralelas?

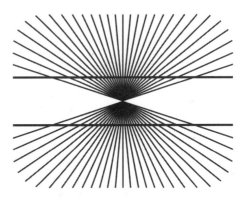

Figura 6.14

Você vai tirar a sua dúvida se medir!

h) Bem, agora que você acertou a pergunta "g", responda qual é o segmento de reta maior: A ou B (Figura 6.15)?

i) E agora que você já está tarimbado, qual é o segmento maior na Figura 6.16, AB ou BC?

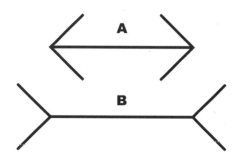

Figura 6.15

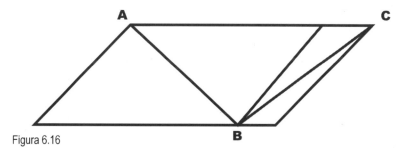

Figura 6.16

j) Finalmente, uma bem difícil:

Ache uma estrela perfeita na Figura 6.17.

Uma sugestão para achar a estrela é estabelecer uma estratégia de rastreamento que se transforma em algo do tipo como "a arte de tornar-se esperto", que no fundo é a capacidade de saber o que deve ser esquecido ou com o que você não deve se incomodar.

Se você não conseguir isso, concentre mais o seu olhar no canto baixo da direita...

Figura 6.17

CAP. 6 - Abordagens Criativas

Uma das formas mais simples de "tornar o estranho familiar..." é mudar constantemente os móveis da casa ou a disposição dos livros na sua biblioteca.

Esta modificação na óptica ou na perspectiva equivale a criar um novo enfoque para um projeto de *lay-out* (disposição).

Uma outra forma de transformar o "familiar em estranho" é considerar como se pode conseguir algo: se um dos parâmetros fosse diferente, digamos, construir algo na superfície de Marte ou de Júpiter.

V) Visualização.

Para gerar novas idéias e/ou enfoques é muito útil a **visualização**, criando-se imagens na própria mente.

A mente humana parece que reage mais criativamente a símbolos, desenhos e imagens do que palavras.

A visualização provoca novos *insights* (discernimentos), os quais levam a novas soluções.

O processo da visualização pode ser usado em conjunção com outros processos.

Simplesmente feche os olhos e visualize o seu problema.

O que é que você vê?

Procure expandir o que está vendo, buscando mais detalhes.

→ O que é que as suas visões sugerem?

→ Que soluções você pode enxergar?

Muitos engenheiros, arquitetos e cientistas foram (e são) muito bons nisso.

Michael Faraday dizia que podia visualizar as linhas de força de um campo eletromagnético.

Nicola Tesla contava que podia construir as máquinas na sua mente, operar as mesmas durante milhares de horas e então desmontá-las (na sua mente) para examinar cada um dos seus componentes quanto ao desgaste sofrido!!!

Albert Einstein divulgou que podia pensar apenas em termos de símbolos e sinais, e não em palavras.

James C. Maxwell via pequenos diabinhos sentados nos elétrons enquanto estava estruturando as suas teorias eletromagnéticas.

Cada um deve desenvolver ao máximo os seus poderes de visualização.

Todo instrutor de criatividade deve ensinar aos seus aprendizes a fechar os olhos e desenvolver imagens mentais das suas experiências familiares, do rosto de um amigo, do seu escritório, da sua comida favorita na sua frente, do lance espetacular de uma partida de bola-ao-cesto, do espetáculo de um circo, etc.

Além disso, deve-se praticar também a visualização de cenas imaginadas, tais como a colisão de dois trens, uma avalanche de neve, uma inundação, a fuga a um incêndio, etc.

Para que a visualização dê certo é muito útil deixar um problema "adormecido" durante um certo tempo para possibilitar que a mente o incube...

Talvez uma das histórias mais interessantes a esse respeito seja a do químico alemão Friedrich Kekulé.

Um dia, quando estava terrivelmente embaraçado com o estudo de uma estrutura de benzeno, ele adormeceu.

No seu sonho, viu átomos de carbono dançando, juntando-se e transformando-se em cobras (Figura 6.18).

Ele viu uma cobra tentando morder o próprio rabo, e foi aí que teve a idéia de reconhecer nesta postura do animal o famoso "anel de benzeno".

Toda pessoa que mudar suas atitudes trazendo à tona a sua criatividade, adquirindo uma ampla gama de conhecimentos e usando técnicas já provadas para gerar idéias criativas, poderá sem dúvida maximizar seu potencial que a auxiliará muito a manter-se calma diante de problemas sérios.

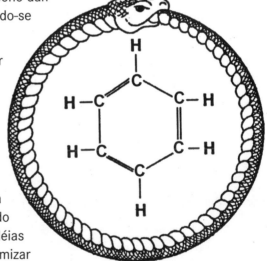

Figura 6.18 – O sonho de Kekulé com uma cobra levou ao descobrimento da estrutura de benzeno.

No final da década de 1980 foi muito popular no Brasil o seriado de TV, cujo personagem principal era o criativo herói McGyver, o qual em todos os instantes mostrava calma quando enfrentava desafios como, por exemplo, na iminência de

CAP. 6 - Abordagens Criativas

ser envolvido por um intenso "fogaréu", sem possuir nenhum tipo específico de equipamento que permitisse sua fuga ou para acabar com o incêndio.

No lugar de entrar em pânico, ele geralmente comentava com um(a) companheiro(a): **"É, a coisa está ficando interessante, não é?"**

E às vezes ele conseguia não só apagar o fogo, como impedir que se alastrasse.

Hoje em dia muitos professores norte-americanos, valendo-se do conceito de analogia, tiveram a criativa idéia de transformar o desenho animado Os Simpsons em discussões filosóficas.

A professora Kimberly Blessing ministra um curso de Filosofia e Religião sobre Os Simpsons na Universidade Siena Heights, nos EUA, e o professor de Psicologia Charles Lewis, da Universidade de Lancaster, na Inglaterra, defende que Homer é o principal modelo de pai do século XXI.

A professora diz: "Os Simpsons já ultrapassaram a esfera de entretenimento para a qual o filme foi projetado, virando tema de livro e discussões intelectuais.

Em meu curso, que chamo de Animated Philosophy and Religion (Filosofia e Religião Animada), são desenvolvidas as explicações e os debates sobre como religião e filosofia fazem parte da cultura popular.

Tive essa idéia quando li o livro de Bill Irvin, The Simpsons and Philosophy: the D'oh! of Homer.

Pensei (que bela analogia, não é?) que seria um bom texto para um curso.

O conceito veio realmente de Bill Irwin, com quem me formei na Universidade de Nova York, em Buffalo.

Eu apenas 'roubei' e adaptei a idéia dele.

Porém, Bill Irwin foi muito gentil e permitiu esse 'roubo' criativo."

Já o prof. Charles Lewis comenta: "Os Simpsons é uma série que se presta muito bem ao estudo acadêmico.

Há vários níveis de leitura no desenho, podendo-se encarar os personagens criados por Matt Groening como uma ferramenta de psicologia de família, levando pais e filhos a conversar sobre seus relacionamentos.

Uma vez fui a uma conferência sobre paternidade na Universidade de Lancaster usando uma gravata ilustrada com o desenho de Homer Simpson, e isto gerou um grande alvoroço.

Contudo para mim Homer é um pai 'quase perfeito' do século XXI, pois é o típico homem ocidental (ou norte-americano): incompetente, ruim em seu trabalho e aparentemente egocêntrico.

Aliás, esses defeitos fazem parte do charme do personagem, **razão do seu sucesso humorístico.**

Entretanto, os defeitos não resumem seu apelo.

O motivo porque Homer é tão interessante é que, se você assistir ao programa um tempo suficiente, perceberá que ele reflete sobre sua condição de pai e constantemente se refere aos erros que cometeu na criação de seus filhos e tenta fazer reparações.

Acredito que isto seja efetivamente um grande *insight* para a boa paternidade.

Homer, claro, é o marido fiel de Marge, e pai de Bart, Maggie e Liz, o qual passa boa parte do seu tempo levando os filhos para cima e para baixo.

Mas também tem uma queda por cerveja e despende uma parte generosa do seu tempo na Taberna do Moe.

Além disso, esquece os aniversários e come com a boca aberta.

Evidentemente é 'perigoso' recomendar um bebedor de cerveja barrigudo e irresponsável como modelo, até porque o álcool é o maior problema de vício na maioria dos países.

Acontece que Homer não é um alcoólatra, e muitos pais que bebem tanta cerveja quanto ele conseguem fazer bonito na vida, apesar do dano que infligem a si próprios.

A incompetência de Homer tem de ser avaliada em relação às pressões terríveis a que todos os pais contemporâneos se encontram submetidos na sua busca de **ser perfeitos,** o que por sinal eles nunca se tornarão.

Existe hoje uma tendência na psicologia de convidar os pais a prestar contas de seus equívocos na criação de seus filhos.

É por isso que considero Homer um ícone cultural da paternidade, um exemplo brilhante de um pai **que tenta ser melhor!!!**

Não se pode esquecer que Homer adora ver TV com seus filhos, o que também é um considerável indicador, no século XXI, de boa paternidade.

Ficar em casa e ver TV com seus filhos é o que Homer faz melhor, porém a maioria dos pais no século XXI não encontra tempo para fazer isso, porque é muito ocupada ou emocionalmente incapaz.

Isso não quer dizer que os pais deveriam virar preguiçosos que passam o dia na frente da TV, entretanto deveriam ficar mais tempo com seus filhos."

No tocante às analogias que *Os Simpsons* proporcionam com a filosofia, a profa. Kimberly Blessing explica: "Realmente, um desenho animado não pode representar o verdadeiro significado da vida, porém Aristóteles, Kant e Nietzsche e outros podem!

Os Simpsons, ou seja, o seriado seria somente um meio, um auxiliar da cultura de massas para melhor ilustrar questões eternas.

Com o seu **'D'oh, logo existo',** o desenho nos apresenta uma linguagem comum que podemos usar para que os estudantes leiam e pensem sobre os grandes filósofos.

No meu curso, após a leitura de um capítulo sobre Homer e Aristóteles, do livro de Irwin, os estudantes discutem se Homer é ou não um indivíduo eticamente admirável.

Passamos a maior parte do tempo falando sobre o que Aristóteles tem a dizer a respeito de ser uma boa pessoa e viver uma boa vida.

Então usamos Homer, Marge, Lisa e Bart como exemplos para mergulhar na perspectiva aristotélica que preparamos.

Outros debates incluem, por exemplo, Nietzsche para justificar o mau comportamento de Bart.

Eis pois o que se tem: Bart é nietzschiano e Homer, aristotélico.

Os detratores do desenho animado consideram Homer a representação do que há de pior no ser humano.

Porém há claramente homens muito piores do que Homer como, por exemplo, o

Osama bin Laden, não é? Para quem é muçulmano, isto pode ao contrário ser uma ofensa, pois podem considerar Osama bin Laden um herói...

Homer é simplesmente fraco e ignorante, mas não é maldoso."

Entretanto, a grande verdade é que todos somos um pouco *Simpsons*, não é?

De acordo com o ex-presidente George Bush, pai do atual líder do governo dos EUA, o que as famílias norte-americanas precisavam era ser "mais como *os Waltons* e menos como os Simpsons".

Os Waltons, para quem não sabe (ou não lembra), era uma série de TV dos anos 70 do século XX que ensinava "os verdadeiros valores familiares", durante as agruras de uma depressão econômica nos EUA provocada por problemas com o custo do petróleo.

Já *Os Simpsons* foram o primeiro caso de família politicamente incorreta na telinha, para alguns até uma série **criativa sem qualidade**...

Hoje em dia existem várias séries malcomportadas, porém Matt Groening, em particular, teve muitas dificuldades no início para que a cúpula da Fox aceitasse o seu seriado, que hoje é um dos grandes sucessos da empresa.

Foram necessários 48 filmes curtos e centenas de reuniões antes que a rede de TV desse sinal verde, concordando com a sua exibição.

Nesse sentido, Matt Groening é um exemplo concreto de obstinação e persistência de que a sua idéia criativa ia ser um sucesso.

No princípio, Bart incomodava a maioria dos professores que diziam que sua atitude de desinteresse pelo estudo fomentava a mediocridade entre os estudantes.

Atualmente Homer ocupa o centro do programa e se tornou o alvo de políticos conservadores.

Por sinal, o congressista republicano do Estado da Pensilvânia, Joseph Pitts, culpou Homer por contribuir para o declínio da paternidade nos EUA.

Por incrível que pareça, ambos os pontos de vista foram superados pelo revisionismo acadêmico de Kimberly Blessing e Charles Lewis que souberam com eficácia usar *Os Simpsons* como um instrumento para a educação contemporânea.

Mesmo assim, grupos religiosos fundamentalistas ainda se engajam em campanhas contra o desenho.

O prof. Kris Jozajtis, da Universidade Stirling, é bastante radical em sua defesa desse desenho animado, dizendo que o mesmo oferece um ponto de referência ideal para auxiliar professores de religião a discutir a moralidade.

O prof. Kris Jozajtis destaca: "*Os Simpsons* oferecem orientação religiosa em seus episódios, mesmo nas grandes questões, tais como o significado da vida e de onde viemos, e se preocupam sobre o que seja um modo bom e moral de viver.

Além disso, vão à igreja todos os domingos – nem que seja, como faz Homer, para dormir um pouco mais...

Os professores deveriam perguntar às crianças onde elas encontram seus valores e moral, porque elas levam em conta essas questões, e até se forem cristãos praticantes, sua principal referência ainda estará no ambiente cultural saturado pelos meios de comunicação de massa."

Sem dúvida, os meios de comunicação saturaram a nossa cultura.

Tudo isso considerado, talvez Homer seja mesmo um filósofo.

Afinal, é ele que diz à sua mulher, num episódio: "Marge, desenhos não têm nenhum significado profundo. Eles são apenas rabiscos estúpidos que nos fazem dar uma risada barata!"

Agora, imagine o(a) leitor(a) o que vai acontecer quando os alunos tiverem que responder à questão: "O que é Matrix?", baseado no novo livro de William Irwin, *The Matrix and Philosophy*!!!

Entretanto, quem quiser ser criativo deverá zelar pela sua energia, gastando-a apenas em objetos importantes para assim produzir ações criativas de qualidade.

Isso se aplica no caso de se ter uma aula de Filosofia fazendo analogia com algum tipo de desenho animado, como é o caso de *Os Simpsons*.

Para poder mudar continuamente o mundo para melhor, é necessário ir modificando a mente das pessoas.

E para que isso aconteça as pessoas criativas precisam saber comunicar-se bem tanto oralmente como por escrito.

Trabalhe, pois, caro(a) leitor(a), para desenvolver também essas úteis habilidades, porque uma vez atingido um razoável domínio, você terá facilitada a sua tarefa de ver suas idéias transformando-se em realidade (Figura 6.19).

VI) O psicodrama.

O psicodrama ou sociodrama foi desenvolvido inicialmente por Jakob Moreno, na Áustria, em 1946, e depois adaptado por Paul Torrance em 1975, como um método grupal de resolução de problemas presentes e futuros.

Aliás, o psicodrama foi desenvolvido e diversificado pelos seus seguidores e continuadores das várias partes do mundo.

No fundo, o psicodrama não deixa de ser uma variante do sociodrama.

Assim, com base em representações teatrais mais ou menos improvisadas, provoca-se a conscientização do inconsciente, a definição do indefinido, a expressão do não-expressado e a liberação do reprimido.

Figura 6.19 – Quem diria que Homer e a sua turma serviriam tanto para o ensino criativo e para praticar a visualização, não é?

Este método é particularmente conhecido com o nome de *role playing* (representação de um papel) e está sendo muito aplicado nos seminários de relações humanas, manejo de conflitos e solução de problemas.

Ao se aplicar a técnica de *role playing* pretende-se que a pessoa seja alguém diferente...

Nessa circunstância, um indivíduo ao fazer um papel entra em contato com outras, pessoas desenvolvendo-se aí uma nova forma de aprendizado interativo, ou outras vezes imagina-se apenas como sendo uma pessoa investida num cargo (presidente de uma empresa, por exemplo) ou numa certa situação (trabalhando como bombeiro ou salva-vidas), com o que começa a desenvolver novas idéias de como poderia agir.

Colocando-se no lugar de outra pessoa, suponhamos como cliente da sua empresa, é também possível obter novos *insights* nessa situação, que podem permitir solucionar problemas potenciais antes que eles se tornem realidade através de uma análise prospectiva ou futura.

A analise prospectiva é uma característica muito importante da criatividade que permite resolver problemas de forma totalmente diferente daquela quando se aplicam ações corretivas, ou seja, *post mortem* ou preventivas, com data marcada, antecipando-se provavelmente à falha.

Portanto, é muito útil imaginar-se como sendo um Alguém (e não um Ninguém...) perante um certo problema e buscar resolvê-lo sob a sua perspectiva.

Isto realmente permite "conquistar" muitos novos discernimentos (*insights*) sobre a situação embaraçosa...

Ao contrário do psicodrama, que foca mais problemáticas pessoais, o sociodrama busca solucionar os conflitos no desempenho de papéis; tais como: funcionário, empresário empreendedor, mestre, pai, gestor urbano, filho dependente, etc.

O seu foco realmente é direcionado para resolver problemas, não se detendo, desta forma, no aprofundamento dos conflitos individuais.

O problema a ser estudado pode ser presente ou visualizado para o futuro.

Desse jeito, no sociodrama pode-se trabalhar com "complicações" que a audiência está tendo no presente, ou com problemas que as pessoas poderiam sofrer ao se identificarem com as situações que outras pessoas já estão passando – **por exemplo, falta contínua de água potável** – e que poderão ocorrer com outros seres humanos em um tempo não tão longínquo.

O instrutor que vai dirigir o sociodrama deve ter uma boa prática de trabalho em grupo, pois ele pode conduzir a fortes tensões emocionais desembocando em raiva, choro, tristeza dos integrantes, etc.

É preciso, então, ser muito hábil para lidar com a saúde mental e saber quando se deve cortar a ação.

Os passos envolvidos no sociodrama são:

a) **definição do problema**, explicando-o corretamente a todos os integrantes.

b) **estabelecimento da situação conflito** de maneira objetiva e em termos compreensíveis para todos;

c) **escolha dos protagonistas**, sendo que a participação nos papéis deveria sempre ser voluntária;

d) **aquecimento**, quando se deve dar aos "atores" um tempo adequado para planejar a sua ação e para que possam agir de acordo com as diretrizes;

e) **atuação dentro de um dado contexto**, quando o facilitador do psicodrama pode usar várias técnicas para auxiliar os protagonistas a entrar bem fundo no problema, como o solilóquio (o protagonista conversa consigo mesmo), ego duplo (com outra pessoa da audiência, ajudando o protagonista a se expressar), cadeira vazia (estimulado o protagonista a falar com seu "inimigo-fantasma"), etc.

Edward de Bono escreveu vários livros que se prestam muito bem para desenvolver um sociodrama, como *Six Action Shoes* ou *Six Thinking Hats*, quando os atores com o tipo de sapato ou de chapéu que recebem tem que atuar dentro de um certo papel na resolução de um dado conflito.

VII) Análise morfológica.

Este tipo de análise foi desenvolvido pelo suíço Fritz Zwicky e é também conhecido como **método morfológico**.

Morfologia quer dizer estudo da estrutura e forma das coisas.

E no caso específico da criatividade, significa o inter-relacionamento entre uma certa quantidade de parâmetros independentes.

A técnica é muito útil para produzir um vasto número de idéias em um curto espaço de tempo.

Na sua essência, é um método para a produção da criatividade exploratória mais do que idéias para a inovação normativa.

O que auxilia muito a análise morfológica é a **régua heurística** (Figura 6.20), que é um instrumento da memória artificial e ao mesmo tempo um estímulo da criatividade.

Roberto Dualibi e Harry Simonsen Jr., no seu livro *Criatividade & Marketing* (Makron Books), agregam uma régua heurística e com ela é possível fazer milhares de perguntas, que tanto servirão para definir caminhos de uma empresa quanto para entender e antecipar os movimentos da concorrência.

Aliás, dentro dos estágios de vários processos criativos, a régua heurística tem uma grande aplicação em vários deles (identificação, incubação, iluminação, etc.).

A régua combina as 6 **perguntas básicas** (Por quê? Onde? Quando? Quem? O quê? Como?) com 9 **perguntas técnicas** (Usar uma maneira nova? Adaptar? Ampliar?, etc., do método RESCOMAR) com 43 **fatores qualificantes** (dimensões, custo, movimento, planejamento, etc.) e com **39 elementos do modelo heurístico** de *marketing* (tanto os fatores internos ou controláveis como os fatores externos ou incontroláveis).

O procedimento para a utilização da régua heurística é muito simples e com ela pode-se efetivamente chegar a muitas idéias que, se não nos conduzirem a soluções milagrosas, pelo menos levarão à "iluminação", ou talvez ao *"Eureka!!!"* mais rapidamente.

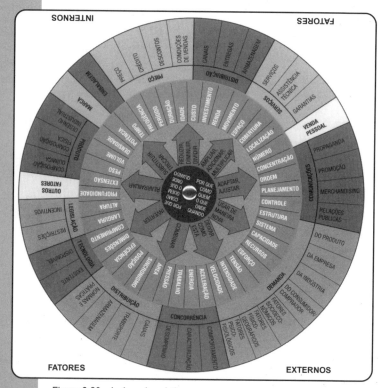

Figura 6.20 - A régua heurística.

A régua heurística realmente permite obter excelentes idéias para responder a perguntas do tipo:

→ Como se pode reduzir a pressão que existe sobre a nossa capacidade de armazenamento?

→ O que pode me ajudar a aumentar a faixa etária dos meus clientes?

→ Que tipo de parcerias deve-se firmar para aumentar a aceleração da demanda de nossos produtos/serviços?

→ Quando e como deve-se mudar a imagem já um tanto antiga da nossa organização?

→ Onde é preciso iniciar o rearranjo na nossa estrutura de assistência técnica aos usuários?

Etc.

A vantagem óbvia da análise morfológica é a enorme quantidade de idéias geradas em um certo período de tempo.

Assim, uma matriz 10X10 permite de saída 100 idéias, e uma 10X10X10, 1000 idéias.

Pode-se dizer que uma extensão prática de grande sucesso no desenvolvimento de produtos/serviços de qualidade é a técnica denominada *Quality Function Deployment* (QFD), e para mais detalhes basta consultar o livro de Victor Mirshawka e Victor Mirshawka Jr com o título QFD – *A vez do Brasil – Saiba o que se Quer e o que Ocorre* (Makron *Books* - *1994*).

Quality Function Deployment (QFD) pode ser traduzido como o desdobramento da função qualidade, tratando-se de uma ferramenta matricial que permite entender:

→ o que o cliente deseja;

→ até que ponto os concorrentes o satisfazem;

→ os nichos (mercados) não preenchidos;

→ os níveis mínimos da qualidade;

→ os recursos necessários para produzir (executar) um produto (serviço) de qualidade.

Ao se aplicar o QFD, as perguntas-chave que se fazem são:

→ **Quais** são as qualidades desejadas pelos clientes?

→ A **que** função este produto deve servir e **que** funções devemos usar para oferecer este produto ou serviço?

→ **Quantos** recursos dispomos para atender ao desejado?

Na realidade, a metodologia do QFD consta da utilização de várias matrizes de relacionamentos nas quais têm-se: os "quês", na identificação dos requisitos dos clientes; os "comos", na identificação dos requisitos de projeto; os "quantos", na medida dos requisitos de projeto.

É possível estabelecer uma matriz de correlações ("telhado") entre os requisitos do projeto, podendo fazer uma avaliação competitiva, fixar o grau de importância, ou seja, priorizar os requisitos do cliente e também os requisitos dos projetos (importância técnica).

O QFD consta de quatro fases (veja a Figura 6.21).

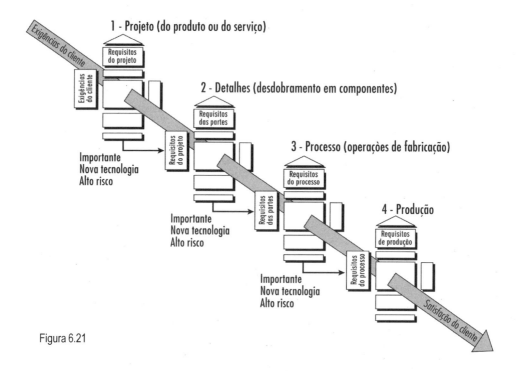

Figura 6.21

1ª Fase – Planejamento do produto ou serviço.

É aí que se constrói a "casa da qualidade" (Figura 6.22), quando se leva em conta a **voz do cliente**, observam-se as oportunidades competitivas, atendem-se aos requisitos do projeto, conhecem-se os valores-alvo, e com isto pode-se passar para o estudo posterior.

2ª Fase – Desdobramento do projeto.

Aí os "comos" da 1ª fase, transformam-se nos novos "quês", e então podem-se definir os materiais e o projeto ótimo, conhecer os fatores críticos de sucesso e seguir para um estudo posterior, o **do processo**.

3ª Fase – Planejamento do processo.

Aí descobre-se como é o processo necessário para fabricar o produto, e os "comos" da 2ª fase viram os "quês": os **parâmetros do processo**.

4ª Fase – Planejamento da produção.

Aí os requisitos de fabricação/elaboração, ou seja, os "comos" da 3ª fase transformam-se em "quês".

Nesta etapa fica clara a *performance* produtiva, e os "comos" desta fase irão repercutir no tipo de manutenção, no controle de qualidade e no treinamento das pessoas para a execução correta do produto ou serviço.

Observação importante: Para mais detalhes é recomendável consultar um livro especializado em QFD.

Figura 6.22

6.2 OUTRAS FERRAMENTAS DA CRIATIVIDADE

Se você acha que só iriamos apresentar 7 técnicas, enganou-se redondamente e ai vão mais 9 "ferramentas criativas".

A maior parte das ferramentas de criatividade exigem que a pessoa busque fazer associações com alguma coisa e então as relacione de volta com o problema ou requisito original.

No livro *Criatividade - Modelos e Técnicas para Gerenciamento de Idéias e Inovações em Mercados Altamente Competitivos*, de Brian Clegg e Paul Birch, eles apresentam 76 técnicas ou ferramentas diferentes, com vários tipos de abordagens, que podem inclusive ser usadas em qualquer situação em que a criatividade se faz necessária. Aí vão algumas delas para se somar àquelas citadas anteriormente.

1 - BÚSSOLA

É uma ferramenta de definição de rumo, usada para se achar os verdadeiros problemas subjacentes à afirmação do problema conforme apresentada.

Para que funcione, é preciso desenvolver uma afirmação do problema, preferivelmente por alguém do grupo que está buscando solucioná-lo, procurando colocá-lo na forma "como...".

Então, os outros participantes devem ficar repetindo a pergunta "por quê".

Em outras palavras: "Por quê isso é um problema?" ou "Por quê você vê isso assim?".

Qualquer que seja a resposta a essa pergunta deve-se anotá-la e depois questionar a própria resposta perguntando novamente "Por quê".

Deve-se repetir esse processo na próxima resposta.

Isso deve continuar até que os participantes do **g**rupo de **s**olução **c**riativa de **p**roblemas (GSCP) sintam que tenham chegado a um impasse ou até que tudo fique irremediavelmente enfadonho.

Por exemplo, supondo que o seu problema seja: "**Como** escrever um artigo mais depressa".

→ Por quê?

　　Porque gostaria de ter mais tempo para o lazer.

→ Por quê?

　　Pois é durante o descanso que se tem grandes idéias.

　　Etc.

Isso pode se estender por um bom tempo.

Percebe-se que cada resposta de uma pergunta pode ser reformulada para formar uma exposição ao problema "como".

A técnica *Bússola* é muito eficaz para se criar novas perguntas e ter-se daí novas direções para abordar o problema original.

2 - CORRENTE DE NÍVEIS

A *Corrente de Níveis* funciona tomando-se uma seqüência aleatória de itens, produtos, conceitos - o que quer que se encaixe no requisito - e usando-a para gerar novas idéias.

Começa-se com alguma coisa relacionado à área para a qual se busca uma nova idéia, ou alguma coisa completamente diferente.

Então, gera-se uma seqüência de objetos ou conceitos que sejam mais generalizados (em um nível mais alto) ou mais específicos (em um nível mais baixo).

Sempre que a corrente fizer os integrantes do GSCP pensar em alguma idéia, ela deve ser anotada.

Por exemplo, uma corrente em busca de uma novo produto de telecomunicações que comece com telefone, pode ir (subindo) para comunicador (descer para) político, (descer para) banco, (subir para) sentar.

Agora pode surgir a seguinte idéia:

"Por que não ter uma poltrona com um telefone embutido, para que se possa conversar confortavelmente instalado?"

É importante que os integrantes do GSCP não analisem e critiquem as idéias durante a *Corrente de Níveis*, deixando que a seqüência flua quase como em livre associação, não ridicularizando a última idéia quando hoje em dia quase todo mundo tem um telefone celular...

Efetivamente a *Corrente de Níveis* é um veículo magnífico para gerar novas idéias, produtos e serviços (veja a Figura 6.23).

Quase sempre gera uma grande variedade de possibilidades inéditas e é um bom exercício para comprovar aos participantes o valor das técnicas criativas.

Figura 6.23 - Qual é a associação que você tira? Por exemplo, que existem clientes "mansos", "bravos" e "furiosos".

3 - LÉXICO

Quando se está escrevendo e é necessário encontrar uma palavra alternativa, comumente recorremos ao **dicionário**.

Nele realmente encontramos diferentes perspectivas de significado.

De várias maneiras, é exatamente isso o que você está tentando fazer quando faz parte de um GSCP, ou seja, quando está procurando diferentes perspectivas para um determinado requisito ou satisfazer uma certa demanda.

Dessa forma, por que não usar um dicionário como ponto de partida para o processo de geração de idéias?

Aliás, ao adotar essa técnica pode-se tanto usar um dicionário impresso, como um processador de textos ou então um dicionário eletrônico de bolso.

Em alguns casos inclusive, o de bolso funciona melhor porque nos permite buscar significados alternativos, um de cada vez e, assim, torna-se mais difícil "passar" por cima de algum e ignorá-lo.

Começa-se o trabalho com uma afirmação do problema na forma "como...".

Naturalmente não dá para ter certeza qual é o rumo que tomará a técnica, porém experimente a mesma.

É preciso na aplicação da técnica identificar as palavras-chave da afirmação do problema e usar o dicionário para achar alternativas, encontrando-se com isso algumas que são fundamentalmente diferentes da posição inicial.

Em seguida, deve-se usar essas palavras como estímulo, tanto para reformular a afirmação do problema quanto para propor um rumo totalmente novo a ser adotado.

A ferramenta *Léxico*, funciona bem como uma maneira de gerar perspectivas alternativas ao problema, porém é também muito eficaz para gerar novas associações e, a partir dessas, idéias novas.

4 - BOLA DE CRISTAL

Nessa técnica procura-se considerar três cenários distintos e se estabelecem pressupostos básicos totalmente diferentes para o problema que se quer solucionar.

Inevitavelmente, aparecerão algumas incógnitas - influências e mudanças externas que os membros do GSCP não poderão antecipar.

Os integrantes do GSCP precisarão especular muito "colocando" dúvidas do tipo: e se o mercado de ações quebrasse, estourasse uma guerra, seu principal concorrente falisse, acontecesse uma tremenda geada ou a sua organização fosse comprada por uma empresa bem maior.

As possibilidades são intermináveis - e sugere-se que sejam escolhidas apenas três que atraiam mais o GSCP e que sejam diferentes entre si.

Para cada cenário deve-se gerar duas afirmações "como...", pressupondo que o cenário seja verdadeiro.

Aí, deve-se tomar essas afirmações "como" e aplicar-lhes uma dose moderada de realidade.

As afirmações "como" dão ao GSCP uma melhor compreensão da área problemática, não importando o quão extremas sejam, porém talvez os membros do GSCP precisem fazer algumas pequenas modificações antes de adotar uma como a **afirmação verdadeira do problema**.

Todos partimos de pressupostos quando definimos algum problema, porém a criatividade tem tudo a ver com **contestar pressupostos**.

Ao forçar-se a esboçar cenários muito diferentes como seu ponto de partida, será maior a probabilidade do GSCP enxergar além dos aspectos óbvios do problema, descobrindo facetas que de outra maneira poderiam ter permanecido ocultas.

Muitas vezes não se examina uma opção porque o seu resultado é assustador.

Ao se a considerar cenários opcionais, o GSCP acabará descobrindo uma dimensão muito maior para o "como" e também poderá descobrir algumas verdades desagradáveis...

5 - EXCELÊNCIA

Inicialmente é preciso ter uma afirmação preliminar "como" para o problema.

Ela não precisa ser elaborada demais, até para favorecer a fluidez que possibilite enxergar a solução.

Lamentavelmente, a maioria das afirmações "como" no começo é um tanto limitada.

Porém, qualquer que seja a natureza da afirmação é preciso aos poucos torná-la mais extrema.

Assim, se alguns dos integrantes do GSCP disser: "Como aumentar a produtividade" em seguida, algum outro deve dizer "Como ter melhor produtividade em nossa indústria" e assim por diante.

Se o trabalho iniciar com "aumentar as vendas em 10%", rapidamente deve chegar "em aumentar as vendas em 100%".

É necessário portanto procurar a **excelência** na evolução das afirmações.

Não importa quão elevadas sejam as aspirações da afirmação "como" é preciso torná-las ainda mais altas.

Muitas vezes a excelência é tanto desejável quanto alcançável (veja Figura 6.24).

Figura 6.24 - Será que com tanto computador alcançaremos a excelência para nossa vida?

Em alguns casos, contudo, poderá ser feita uma afirmação "como" impraticável ou indesejável.

Por exemplo, poderá ter passado de "como dominar nosso mercado" para "como dominar o mundo" (se bem que alguns como Bill Gates tem isso como objetivo final...).

Nesse caso, é preciso que os membros do GSCP modifiquem sua afirmação original para fazê-la aproximar-se mais do extremo - ter mais das qualidades do extremo - **sem os aspectos negativos ou impossíveis**.

Uma razão importante para o emprego de técnicas de criatividade é ir além do comum, para o extraordinário.

Esta técnica assegura que sua meta não seja simples demais, isto é, facilmente alcançável.

Ela é muito eficaz para adaptar uma direção que lhe seja mais vantajosa, porém não deve ser usada muito freqüentemente, sobretudo quando se começa com uma afirmação preliminar extrema.

6 - DESAFIANDO PRESSUPOSTOS

A criatividade exige que a pessoa saiba romper com todos os pressupostos injustificados (Figura 6.25).

Esta técnica, é uma das mais antigas do arsenal da criatividade.

Nela, inicialmente se analisa o problema ou sua necessidade fazendo perguntas tais como:

→ Qual é o seu principal pressuposto?

→ O que é absolutamente essencial, absolutamente básico à necessidade?

→ Por exemplo, se você tivesse de melhorar a lucratividade de uma empresa de contabilidade, como o faria se a empresa não empregasse nenhum contador?

→ Se estivesse tentando desenvolver um novo revestimento de parede o que se deveria fazer se não fosse possível usar nenhuma cor?

→ Ou não pudesse fixá-lo nas paredes?

Uma vez avaliadas as implicações da mudança de pressupostos, o GSCP precisa levar os resultados de volta ao problema original.

→ Assim, na verdade sempre se usam cores no revestimento de uma parede, porém o que é que se descobre ao analisar as possibilidades sem cores?

→ Como se poderia aplicar essas possibilidades (com ou sem cores)?

→ Como se poderia modificá-las para se adequarem ao mercado existente?

→ Como se poderia combiná-las com as abordagens existentes para criar algo diferente?

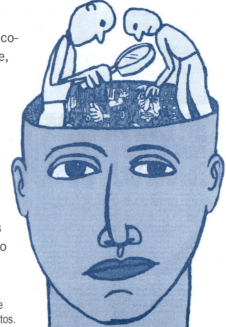

Figura 6.25 - O nosso cérebro permite tranqüilamente dasafiar os pressupostos.

Como em tantas outras técnicas, a parte mais difícil é o retorno das implicações do pressuposto rompido ao problema real.

Nem sempre é possível identificar um pressuposto básico, porém é surpreendente quantas vezes o resultado da flexibilização de um pressuposto revela totalmente o problema, tornando as soluções abundantes - e com um vínculo fácil de volta ao mundo real.

É preciso trabalhar com um pressuposto de cada vez, porém é conveniente tentar um outro quando se entrar num beco sem saída....

7 - FANTASIA

A técnica *Fantasia* é a aplicação prática do devaneio (ver Figura 6.26).

Para praticar esse método é conveniente recostar-se e dizer: "Seria maravilhoso se...", imaginando que não existem obstáculos, nenhum limite às suas habilidades.

Um dos problemas reais da geração de uma SCP é a divisão ou lado esquerdo ou lado direito do cérebro.

Seja um pretenso fenômeno (ou uma "atrapalhação") verdadeiro ou não, tudo indica que ao tentar analisá-lo separamos a atividade lógica e seqüencial, da atividade "artística", holística.

Muitas vezes a criatividade requer uma incursão mais profunda no cérebro direito. Caso a pessoa puder passar do modo solução do problema, geralmente uma atividade do cérebro esquerdo, para o modo devaneio, sua possibilidade de chegar a uma solução criativa será muito maior.

Naturalmente, para se chegar a algum resultado, o GSCP seguramente deverá modificar o devaneio para torná-lo mais prático, ou então utilizá-lo como ponto de partida, para pensar em uma solução viável diferente, porém relacionada, que ainda seja criativa.

Figura 6.26 - Tão leve e tão forte!!! Isso é fantasia?

Entretanto para que essa técnica funcione, é absolutamente necessário sair do modo solução do problema pelo lado esquerdo do cérebro.

Muitas vezes esta técnica não gerará uma solução elaborada.

Na verdade, ela serve para fornecer um perfil abrangente da solução, o qual poderá ser modificado até um resultado final.

Algumas pessoas poderão achar difícil (ou "ilógico") perder a lógica em um contexto profissional, porém é justamente esse pressuposto que se deve vencer para se chegar a uma solução criativa...

8 - O PONTO DE VISTA DE OUTRA PESSOA

Um dos maiores obstáculos à criatividade é a **visão estreita** e é por isso que esta técnica usa o ponto de vista de outra pessoa para chegar a uma solução diferente (ver Figura 6.27).

Nesse sentido, deve-se escolher uma outra pessoa: real, fictícia, histórica ou simplesmente um tipo como um cientista político ou um neurocirurgião.

Não importa quem seja, contanto que esteja distante do GSCP em experiência e perspectiva.

Em seguida, é necessário colocar-se na posição dessa pessoa e passar alguns momentos tentando sentir-se como ela.

Aí, o GSCP volta toda a sua concentração para o problema, fazendo perguntas do tipo:

Figura 6.27 - Com esses "pontos de vista" sobre vendas, participação no mercado, etc., como vamos resolver a nossa queda de lucros?

→ Como essa personagem lidaria com o problema?

→ Como ela compreenderia (ou interpretaria erroneamente) toda a situação?

→ Etc.

É necessário reunir uma boa lista de idéias do ponto de vista dessa pessoa.

Finalmente, transpõem-se essas idéias para o mundo real respondendo as seguintes dúvidas:

→ Elas são práticas?

→ Poderiam ser modificadas?

→ No que elas fazem o GSCP pensar?

→ Etc.

Desde que os participantes do GSCP se envolvam com esta técnica, ela é confiável e sem inibições, inclusive é **muito eficaz**.

9 - PROBLEMA PERFEITO

Esta técnica procura encontrar um modo de tornar ou levar o problema para um estado desejável (ver Figura 2.28).

Figura 6.28 - Será que ele está mandando a solução perfeita para todos os que sabem ler inglês e entendem de matemática superior?

Isso não significa dizer "aprenda a conviver com ele."

Envolve perguntar o que teria que mudar no mundo para tornar o **problema um estado de coisas desejável**.

Por exemplo, suponha que o problema seja a queda dos lucros em um negócio pequeno.

A maioria das técnicas procura meios de aumentar os lucros, mas com essa técnica se buscará aceitar que um lucro menor pode ser uma vantagem(!?!?) e assim elaborar uma forma de solução.

Lucros menores efetivamente podem ser uma vantagem se a lucratividade for maior.

Se as despesas indiretas e os custos puderem ser reduzidos, ter lucros menores talvez não seja problemático, porque a taxa de retorno é alta.

Isso pode não ser verdade, mas é um ponto de partida.

Lucros menores resultarão em menores impostos e isso fornece uma direção alternativa: **reduzir impostos**.

Existem dois resultados possíveis para esta técnica: ser mais feliz convivendo com o problema ou encontrar uma alternativa de lidar com ele.

Ela é útil para problemas aparentemente insolúveis.

Contudo, há o risco de aqueles que ajudam a solucionar o problema entrarem no espírito de que não há nada a fazer quanto ao problema em si e, portanto, não existe motivo em usar outras técnicas para solucioná-lo.

Infelizmente nem sempre é possível gerar modos de aprender a conviver com um problema complicado, mas apesar disso, o ponto de partida é sempre a tentativa de encontrar uma solução que envolva a convivência com o mesmo.

6.3

NEUROFITNESS Nº 6

1) Você conhece o popular divertimento chinês chamado *Tangram*?

Não!

Bem o *Tangram* consiste de sete "pedaços" que se obtém recortando um quadrado.

Na realidade o que se obtém são dois triângulos grandes, um triângulo médio, dois triângulos pequenos, um quadrado menor e um losango (veja a Figura 6.29).

As diferentes maneiras que eles podem ser arrumados além de distraí-lo, treinam o seu lado artístico, pois pode muito bem encontrar até uma logomarca para a sua empresa.

Não se deve esquecer que a criatividade tem muito a ver com as idéias e para começar o seu treinamento arrume um pedaço de papel grosso (cartolina) divida-o como indicado na Figura 6.29 e em seguida tente formar os 8 primeiros dígitos, alguns animais e algumas pessoas.

Figura 6.29

2) Na Figura 6.30 mostra-se um quadrado formado por 18 pedras de dominó, com a particularidade de que a soma dos pontos de qualquer de suas filas – longitudinais e transversais – e nas diagonais, é em todos os casos igual a 13. Desde época remota estes quadrados têm nome de **mágicos**.

Procure construir um quadrado mágico compostos de 18 pedras, mas no qual a soma dos pontos seja também igual a 18.

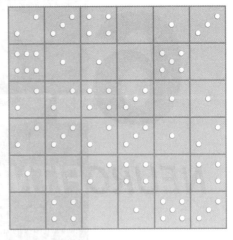

Figura 6.30 – Quadrado mágico formado com pedras de dominó.

3) Por que as 28 pedras do dominó podem ser colocadas em uma única linha ininterrupta, de acordo com as regras do jogo?

4) Apesar de só existir (parece...) uma única solução, cabe a você descobrir qual é a mesma para fazer uma volta completa através dos pontos indicadas na Figura 6.31, passando por cada um deles **apenas uma vez** voltando ao ponto de origem.

Uma parte da trajetória já está mostrada na Figura 6.31.

Você consegue desenhar o resto da mesma?

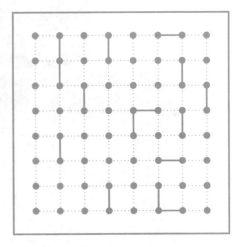

Figura 6.31 – Caminho desconhecido...

5) Sempre usando o sistema decimal vamos testar a sua imaginação e seu conhecimento com operações elementares.

a) Escreva todos os dígitos 1, 2, ..., 9, 0 através do uso do número 2 exatamente cinco vezes, em várias operações (somar, subtrair, multiplicar, e dividir) dentro de uma expressão aritmética.

b) Existem duas maneiras diferentes de obter 1000, usando as operações elementares e o dígito 8, oito vezes. Quais são?

c) Existe uma forma para se escrever o 1 utilizando os 10 dígitos (uma só vez cada um) conectados através de adequadas operações elementares. Descubra essa expressão matemática.

6) Você consegue perceber qual é a palavra que os "criáticos" de língua inglesa (e os brasileiros também...) exclamam quando alcançam uma descoberta e que se pode formar com as letras da Figura 6.32?

Figura 6.32

7) De quantas maneiras diferentes você pode dividir um quadrado em quatro partes iguais? Você consegue 10 soluções diferentes?

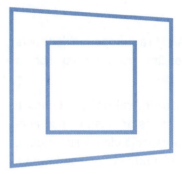

Figura 6.33

8) Os enigmas são as formas mais antigas de jogos de palavras.

Aí vão três para a sua "mentefatura", ou seja, elucubração mental:

a) O que tem oito pernas, três cabeças, dois braços e duas asas?

b) Para escrever certo meu nome, não acerte nunca. Quem sou eu?

c) Qualquer macho tem na frente, qualquer virgem tem atrás.

Todo homem tem em dobro, todo aluno não tem mais.

CAP. 6 - Abordagens Criativas

9) Na Figura 6.34 temos o "triângulo trilegal".

Na realidade quantos triângulos diferentes temos no mesmo?

10) Aí está a sua oportunidade para demonstrar que é um equilibrista criativo.

Sem fazer "saltos" perigosos e nem lances arriscados, use apenas a capacidade da sua mente, ou seja, pratique a mentefatura e um pouco de manufatura (trabalho muscular) e mostre que os copos podem ser retirados da estrutura mostrada na Figura 6.35 de tal maneira a não derrubá-la.

Além disso, em cada nível (ou andar) deve-se ter um número diferente de copos, ou seja, devemos ter um total de 21 copos distribuídos pelos níveis segundo a série 1, 2, 3, 4, 5 e 6 em qualquer ordem.

É fundamental seguir a seguinte regra de equilíbrio: um copo não cai desde que tenha pelo menos uma metade sua apoiada sobre outro copo.

A única imposição é que no topo se tenha mais de um copo.

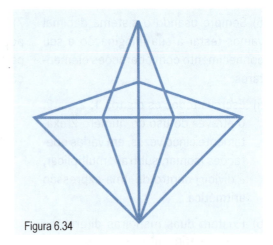

Figura 6.34

Figura 6.35 - Equilíbrio perigoso.

ENTENDENDO A NECESSIDADE DA INOVAÇÃO

7.1 – VIVENDO EM CONSTANTE INOVAÇÃO.

Tem-se ouvido corriqueiramente que a época em que vivemos é a **era da informação**, porém seria melhor se a chamássemos de **era da inovação**.

Por exemplo, o Departamento de Marcas e Patentes dos EUA recebeu em 2002 mais de 265 mil pedidos de patentes, com um incremento anual de 14% em relação ao número de patentes registradas no ano anterior.

Embora nem todas as patentes representem novos produtos, o aumento constante evidencia que muitas empresas assimilaram a mensagem que é a seguinte: **inove ou morra, ou pelo menos murche de forma alarmante.**

Naturalmente é muito difícil deixar hoje em dia alguma empresa (ou país) imune à recessão às vezes provocada por fatos totalmente inesperados, como foi o caso do ataque terrorista em Nova York e Washington em 11 de setembro de 2001, que provocou uma instabilidade que "balançou" as companhias de todos os países do mundo.

E aí parece que um grande remédio é a inovação contínua, que dá uma oportunidade mais eficiente de sair-se razoavelmente das crises, levando alguns corpos de vantagem enquanto as nuvens econômicas prometendo forte tormentas se dissipam.

O fato é que a inovação estimula a atividade econômica e acentua a produtividade.

Apresentando de forma bem simples, é a inovação que cria a riqueza da qual dependem os povos e as sociedades.

Tem sido assim desde o início da civilização.

Porém, quem inova são as pessoas e isto ocorre porque elas têm idéias criativas.

Todos os indivíduos têm capacidade de pensar de maneira original e de solucionar problemas.

É necessário, entretanto, para ser mais eficaz na criatividade, tomar alguns cuidados a fim de não desperdiçar as idéias que se apresentam diante das pessoas.

Entre as preocupações ou comportamentos que cada pessoa deve tomar ou adotar para não perder suas idéias destacam-se os seguintes:

1. Armazene as suas idéias.

Todas as pessoas criativas armazenam as suas idéias e é vital que você também faça isso.

Por exemplo, Guy Coren, fundador da Escola Nacional de Circo em Montreal e diretor artístico do famoso *Cirque du Soleil,* mantém um caderno cheio de recortes e fotografias, imagens que vão de cartuns a pinturas de Magritte.

Ele coleciona tudo isso para uma equipe que o auxilia a dar vida às suas idéias.

Assim, para a música do espetáculo do circo, ele selecionou trechos dos mais de 2.000 CDs de sua coleção.

O resultado ao qual Guy Coren chegou pode ser evidenciado pelo que se ouve no espetáculo denominado *Dralion* (junção de "dragão" com "leão") com fusão dos sons da Andaluzia, da África, da Europa central e do Ocidente.

Toda pessoa precisa organizar um diário, um arquivo de recortes ou ter um diretório no computador para registrar sempre as idéias interessantes que passam pela sua frente.

Você já teve uma idéia brilhante no meio da noite e a viu desaparecer lentamente até se transformar em uma lembrança confusa quando acorda às 7h da manhã?

É por isso que uma das providências úteis é ter um bloco de anotações ao lado da cama, ou um gravador no seu carro...

Há muito tempo disse Francis Bacon: "As idéias que surgem espontaneamente são em geral as mais valiosas e devem ser gravadas porque raramente retornam."

A memória não é um bom gravador que lhe permita retornar todas as informações interessantes quando você o liga.

Ver não é a mesma coisa que fotografar o mundo registrando definitivamente uma imagem.

Em 24 horas, dizem os especialistas em memória, esquecemos 80% do que julgamos assimilar.

Por isso, escreva, registre tudo no seu *laptop* ou *palmtop*.

Faça tudo que for possível para manter as suas boas idéias em algum lugar.

Não confie cegamente na sua memória!

Uma investida decisiva para quem quer encontrar idéias é na Internet, pois aí está uma espantosa compilação de informações à disposição na ponta de seus dedos.

Essa é a notícia boa.

A notícia ruim é que a Internet é um mar de dados mal compilados, pouco confiáveis, que carecem de filtros, editores e de uma mínima pretensão de seriedade; é um lugar, lamentavelmente, onde garotos de quinze anos conseguem tranqüilamente se fazer passar por bem-sucedidos advogados ou catedráticos em gestão.

CAP. 7 - Entendendo a Necessidade da Inovação

2. Utilize as idéias dos outros.

Se você quer ser realmente uma pessoa criativa, não esqueça que excelentes idéias são as tomadas "emprestadas".

Essa, aliás, não é apenas uma forma simples de resolver um problema, mas freqüentemente a mais eficaz.

Por exemplo, o pessoal administrativo da Häagen-Dazs (um sorvete insuperável...) andava preocupado pois não estava conseguindo incrementar as vendas com nenhum novo sabor de sorvete.

De passagem deve-se salientar que os norte-americanos adoram sorvete como sobremesa, e o consumo no ano 2002 atingiu 7 bilhões de litros nos EUA (cada pessoa nos EUA consome em média 25kg de sorvete por ano).

Qual era então o desafio?

Inventar um novo e delicioso sabor, sem dúvida.

O caso é que o caminho tradicional para criar novos sabores de sorvete seria o de montar uma equipe de *marketing* para um clima quente, que deve fazer muitas perguntas aos futuros consumidores acoplada ao trabalho de muitos *chefs* preparando sabores exóticos, e a milhares de testes de sabor com amantes de sorvete em todo o país.

Isso normalmente leva quase um ano, consome alguns milhões de dólares e pode conduzir a resultados duvidosos.

Mas aí alguém na Häagen-Dazs sugeria fazer uma única pergunta: "Qual o sabor que mais vendemos fora dos EUA?"

A resposta veio de Buenos Aires: *dulce de leche*, o popular doce de leite, uma tradicional mistura caramelizada de açúcar e leite integral.

A empresa espalhou pelo mundo inteiro esse sabor **que já existia**!

Atualmente, nos EUA, só o sorvete de baunilha vende mais que aquele de *dulce de leche,* que gera uma receita de mais de US$ 2 milhões por mês.

Aprenda pois, com a Häagen-Dazs, porém seja ético não surrupiando, pegando às escondidas ou roubando uma idéia existente.

Para reforçar esse conceito temos a afirmação do guru das invenções Thomas A. Edison: "Adquira o hábito de manter-se atento a idéias originais e interessantes que as outras pessoas tenham aplicado com êxito.

Sua idéia precisa ser original somente no instante de adaptá-la ao problema com o qual você esteja trabalhando naquele momento."

Como se conclui, o mestre das inovações há quase um século recomendava o hábito de tomar emprestado!

Aí vai mais um exemplo de que a idéia emprestada funciona.

Nos EUA, *Survivor* foi um enorme sucesso de duas temporadas consecutivas na televisão.

Como é que os criadores conseguiram isso?

É simples.

Tomaram emprestado o conceito de um programa sueco de TV de muito sucesso, chamado *Expedition Robinson* (que virou *Castway* na Inglaterra).

Tomar emprestado é uma prática aceita na telinha, e aliás aqui no Brasil demorou um pouco, mas também tivemos o *No Limite* que a TV Globo exibiu com sucesso, não é?

Pode-se assim inferir que a genialidade está em adotar para o seu problema a solução encontrada por outra pessoa/outra empresa.

Talvez até a idéia funcione intacta, sem qualquer mudança, "como se" estivesse destinada aos seus propósitos, porém o mais provável é que seja necessário adaptá-la.

Quem quer inventar ou inovar precisa pois ser um bom adaptador (ou imitador), descobrindo no momento certo todas as coisas que poderá fazer para levar a sua imitação ao nível de arte, e **transformar a idéia emprestada em sua própria idéia**.

3. Saiba substituir as suas idéias.

Substituir significa "colocar ou usar pessoa ou coisa no lugar de outro", basta consultar um dicionário.

Portanto, o condimento secreto da substituição é um pouco "disto" no lugar de um tanto "daquilo".

Existem vários caminhos ligados à exploração da substituição, como por exemplo: a troca de um novo ingrediente, a introdução de uma nova marca, a implantação da automação no lugar do trabalho manual, a modificação da aparência, a contratação de uma outra pessoa, o registro em vigor de novos procedimentos, etc.

Vejamos como é possível substituir para economizar.

À medida que a receita de uma empresa cai, a sua alta administração começa a podar as viagens dos seus empregados.

Assim, em vez de pagar tarifas aéreas "bem salgadas", arcar com os custos de hotéis caros, ter gastos com transporte, etc., começa a utilizar com mais freqüência as videoconferências e as conferências em rede pela Internet.

Os serviços de imagem e som melhoraram muito, e com isto essas reuniões tornaram-se produtivas, permitindo de fato grande economias com os integrantes do *meeting* dispostos em locais geograficamente bem distantes.

Por incrível que pareça, no mundo moderno muitas coisas para ser mais eficientes e eficazes não devem ser feitas com o apoio da automação e de muita tecnologia.

Pense, caro (a) leitor (a), no drama urbano que se desenrola todo santo dia, toda santa hora.

Os paramédicos fazem milagres para salvar vidas nos lugares mais imprevisíveis: em cima de um telhado ou numa via férrea.

Você já imaginou o que acontece quando eles não conseguem abrir caminho para suas grandes e caras **ambulâncias** no meio de uma multidão no centro da cidade, ou quando o local é realmente de difícil acesso?

O único modo que se conseguiu imaginar para que os paramédicos pudessem se deslocar rapidamente nas grandes cidades foi o de substituir as suas ambulância por **bicicletas**.

É isso mesmo, bicicleta movida a músculos.

As *mountain bikes*, particularmente as que os paramédicos agora usam em todas as cidades dos EUA, resolveram praticamente todas as situações de acesso complicado.

Caro (a) leitor (a), pense por um minuto na logística do seu negócio.

Você está movimentando suprimentos ou pessoas da maneira mais eficaz?

O que é que você poderia substituir?

Incorpore a substituição ao seu dia-a-dia e surgirão dezenas de idéias que certamente lhe permitirão inovações valiosas.

Bem, inovar significa fazer as coisas acontecerem.

E o mínimo que cada um deve fazer é: não perder as suas idéias, armazenando-as dessa forma adequadamente; inspirar-se nas idéias dos outros e tomá-las emprestadas, adaptando-as convenientemente para o seu caso, e sempre pensar que tudo pode ser substituído, procurando aí a melhoria.

O elemento final de que um pessoa precisa para garantir que suas inovações vejam a luz do dia é **coragem**.

Um inovador precisa ter coragem para querer a qualquer custo ver suas inovações concretizadas.

Isto significa enfrentar ou, no mínimo, ter consciência dos vários obstáculos que podem estar à sua frente.

Os melhores inovadores são apaixonados e lógicos, mas eles sabem também nadar contra a corrente.

São diferentes, fogem à norma.

São resistentes, intrépidos e corajosos!!!

7.2 OS QUATRO PS DA CRIATIVIDADE E DA INOVAÇÃO.

Para se atingir níveis de criatividade e inovação é necessário compreender os **4 Ps**: **p**roduto (ou serviço), **p**essoas e criatividade em grupo, **p**rocessos (ou técnicas) e **p**ossibilidades.

O primeiro dos quatro Ps **produto** (resultado) – não pode acontecer a menos que ocorram os outros Ps (Figura 7.1).

Não se conseguirá mover um indivíduo, um grupo, uma escola, uma empresa, etc., para um patamar de maior inventividade se antes não forem fornecidas as **possibilidades** (ou condições) adequadas (essencialmente uma correta cultura organizacional) ou a educação dos seus membros para os **processos** corretos, individuais ou grupais, ou ainda desenvolvendo os seus colaboradores em temas ligados à criatividade tanto na forma individual como no trabalho em equipe.

CRIATIVIDADE	+	CULTURA ORZANIZACIONAL	=	INOVAÇÃO
• Criatividade pessoal (individual ou em grupo)		Possibilidades		• Produto
• Processos técnicos				4 tipos de inovação: produto, processo, *marketing* e gestão.

Figura 7.1 – A equação da inovação.

Caso tudo isso não aconteça, fica muito difícil para uma organização lidar com os desafios estratégicos e principalmente ser competitiva (Figura 7.2).

Se as instituições, com o auxílio dos seus colaboradores não conseguirem ser inovadoras, dificilmente sobreviverão no século XXI.

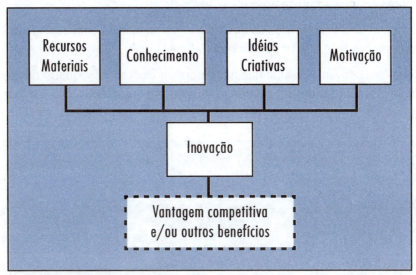

Figura 7.2 – Fatores necessários à inovação.

O **produto** é o resultado de um processo de criação/inovação e pode ser tanto um produto físico, como um serviço ou algum aperfeiçoamento de um deles.

Muitos **processos** (técnicas) utilizando grupos ou indivíduos podem ser usados para aumentar a criatividade aplicada na solução de problemas dentro das organizações, como já discutimos nos capítulos anteriores deste livro e no 1º volume.

Para que a inovação venha a ocorrer, é necessário que as **possibilidades** para a criatividade e inovação existam.

Independentemente do seu talento criativo, do seu enorme conhecimento ou aptidão, você não estará apto a inovar se estiver num ambiente desfavorável.

Caso a cultura da organização – no seu sentido amplo – não o apoiar, e nem mesmo aprovar a inovação, dificilmente ela acontecerá.

Para se ter um aumento da criatividade pessoal são necessários três fatores:

1. Aprender tudo o que for possível sobre processos criativos (lembre-se do que foi exposto no 5º capítulo).

2. Estabelecer um clima de liberdade e ao mesmo tempo fazer com que os integrantes de uma empresa aprendam novos hábitos.

3. Aumentar os níveis individuais de intuição, ou seja, fazer com que as pessoas usem mais o lado direito do cérebro.

Para finalizar, convém ressaltar que nas empresas existem hoje quatro tipos principais de inovação: **produto, processo,** *marketing* e **gestão,** como é mostrado na Figura 7.3.

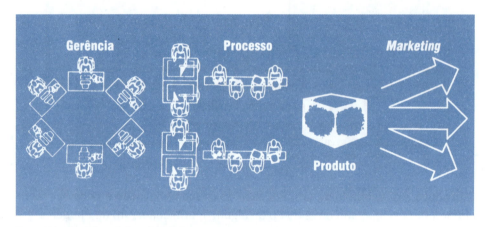

Figura 7.3 – Os 4 tipos de inovação mais comuns nas empresas.

A **inovação de produto** resulta em novos produtos ou serviços.

Neste caso, há que se considerar o que empresas como a Toyota, a Microsoft, a Dell, a 3M, etc. têm feito nos últimos anos.

A **inovação do processo** resulta na melhoria dos processos de trabalho dentro das organizações, digamos a utilização do aprendizado acelerado ou do *e-learning* (aprendizado eletrônico) dentro de uma IES.

A **inovação de** *marketing* está relacionada com as funções de *marketing* de promoção, fixação de preços e distribuição.

Tome como exemplo o que têm feito as empresas que fabricam e comercializam telefones celulares no Brasil.

A inovação de gestão melhora a maneira como uma organização é administrada.

Hoje se pensa, como nunca antes, em trabalho em equipe, em *empowerment*, em participação nos lucros, etc.

Inovação é como uma pessoa, uma instituição de ensino superior (IES) ou uma organização privada consegue ter lucro ou bons resultados a partir da **criatividade**.

Nas IESs ou nas empresas de manufatura ou de serviços, os diretores (os gerentes) e os professores (funcionários) de um modo geral buscam criar idéias originais e conceitos que terminem sendo inovações, tais como produtos ou serviços novos (ou melhorados), processos de ensino ou de trabalho que aumentem a eficiência, campanhas de *marketing* altamente competitivas, ou então uma nova forma de gestão na qual se busca utilizar o potencial de todos dando-lhes grande autonomia.

O processo de gerar algo novo pode ser denominado de **"originação"**.

Realmente, por **original** devemos entender algo novo, algo que não existia antes!!!

Ao longo dos primeiros capítulos deu para perceber que é tremendamente fácil elaborar inúmeras idéias ou conceitos, porém também com a aplicação de alguns critérios rapidamente se chega à conclusão de que muitas não têm quase nenhum valor, e assim não podem ser consideradas **criativas**.

Portanto, deve-se entender por **inovação** o processo de criar algo novo que tenha um valor significativo para um indivíduo, um grupo, uma escola, uma sociedade, o governo ou uma indústria.

Ter idéias originais não é, pois, o suficiente.

É necessário que elas lhe permitam ser inovativo, o que significa chegar além de ser somente criativo.

Todos, então, pessoas ou empresas, precisam aprender a transformar as suas **criações em inovações**.

Uma finalidade deste livro, em quatro volumes, é justamente mostrar como é possível conseguir isto da forma mais eficaz.

7.3 A NECESSIDADE DE INOVAÇÃO NAS ORGANIZAÇÕES.

O guru da tecnologia da informação (TI), Kevin Kelly, diz: "A riqueza flui diretamente da inovação...não da otimização...a riqueza não é conquistada aperfeiçoando-se o conhecido."

Pode ser que algumas pessoas não concordem com o que Kevin Kelly declara, mas devem concordar que para sobreviver e vencer no século XXI é imprescindível implementar a **inovação total**, ou seja, uma estrutura mental que se aplica a todos na empresa, a todas as coisas, em todo lugar e que seja ininterrupta.

Que transforme a empresa em uma idéia e em uma fábrica de sonhos onde continuamente se compete em iniciativa, imaginação, inspiração e inventividade.

A inovação não é apenas uma questão de tecnologia; esta, aliás, esta muitas vezes é apenas uma pequena parte dela.

A inovação total diz respeito a cada pequeno aspecto de como uma organização opera as suas inovações administrativas, de *marketing*, financeiras, de *design*, no gerenciamento de recursos humanos e no conceito de serviços.

Efetuar uma inovação total, portanto, exige que se repense cada pequeno aspecto de como operamos.

Isto significa reinventar estratégias, aumentar a velocidade e prosperar na sagacidade.

Mas, acima de tudo, a inovação total exige que se **ignore e ouça** os clientes, além de promover a heterogeneidade e a homogeneidade internas.

Ficar parado nos dias de hoje é querer ser passado para trás.

Assim, precisamos ter um foco em nossas competências, precisamos agir com a "velocidade da luz".

É por isso que se diz que algumas empresas estão "inovando pela velocidade".

A velocidade hoje em dia impera em muitas organizações e, por exemplo, entre as fanáticas pela velocidade podem-se citar:

- Microsoft, empresa que tem feito o lançamento do seu Windows (nas várias versões) em **um só dia** no mundo todo.

    É o que aconteceu de novo em outubro de 2003, quando foi lançado mundialmente o novo Office, pelo próprio co-fundador da Microsoft Bill Gates, que agora ocupa o cargo de arquiteto-chefe de *software*.

    O Office 2003 apresenta versões atualizadas das aplicações mais conhecidas – Word, Excel, Power-Point, Access e Outlook – e integra algumas novas, como o Visio, Front Page, Publisher e Project.

    O novo produto foi chamado pela Microsoft como um "sistema de ferramentas integradas que otimiza a conexão entre pessoas, o fluxo de informações e os processos de negócios" no lugar de "suíte de aplicativos".

    A Microsoft, prevê vender US$ 20 bilhões do Office 2003, que realmente é uma ferramenta que aumenta muito a produtividade das pessoas e que ficou disponível em todos os cantos do mundo logo após o lançamento, ou seja, **no dia seguinte!!!**

- McDonald's, com a cadeia de restaurantes abrindo **três novos** estabelecimentos por dia, toda semana, todo mês, o ano todo, no mundo inteiro.

- Boeing, que nestes últimos anos conseguiu reduzir o tempo que levava para construir um 746 ou 767 em aproximadamente 50%.

Como estamos entrando cada vez mais em uma economia em tempo real, não se pode esquecer que os clientes passarão imediatamente para outra empresa no instante em que perceberem que você está desatualizado, chato e lento.

Logo, é essencial saber inovar pela velocidade.

Claro que trabalhar ou atender mais rápido não é, evidentemente, uma questão de tentar mais, ou seja, tentar fazer coisas erradas duas vezes mais rápido, mas sim é uma questão de trabalhar de modo mais inteligente.

Por outro lado, apesar da nova economia vir praticamente sem limites de velocidade, a **criatividade** não pode ser imposta ou forçada às pessoas.

Para sermos criativos devemos ir devagar.

Precisamos de recursos e tempo.

Precisamos de tempo para perambular.

Precisamos de tempo para conversar com as pessoas.

No Japão, às vezes as pessoas chamam isso de *nommu*: comunicação.

Nommu, em japonês, quer dizer **beber**, não uma Coca-Cola, mas algo mais etílico...

O tempo que se gasta, suponhamos, em um bar após o expediente, junto com os colegas de trabalho, pode ser fundamental para o desenvolvimento de novas idéias.

Aí, como dizem Kjell A. Nordström e Jonas Ridderstråle, no seu livro *Funky Business - Talento Movimenta Capitais*:

"Se pensar é trabalhar de forma diferente, procure ou colocar os seus pés em cima da mesa ou então sair do seu local de trabalho e tomar umas cervejas com os seus colegas. Para criar é preciso instituir um tempo ocioso."

John Kao, autor do livro *Jamming: The Art and Discipline of Business Creativity*, destaca:

"Criatividade não é como o clima, quando se pode tomar alguma providência.
E ninguém, por outro lado, pode ter o monopólio da criatividade, nem mesmo momentâneo..."

Como já se disse antes, uma das maneiras de inovar é seguir o seguinte conselho: **ignorar e ouvir os clientes**.

Saber quais são as exigências dos clientes não é tão difícil assim.

Qualquer cliente, em qualquer setor, em qualquer mercado, quer algo que seja **barato** e **melhor**, e eles querem isto para ontem.

A inovação radical em um mundo descontínuo significa esquecer de prever e de ouvir estudos de *marketing*.

Naturalmente, a história está repleta de pessoas que ignoraram os clientes e pagaram um alto preço por isso.

Ainda assim, ouvir os clientes errados, ou ouvir sem pensar, pode ser um fato verdadeiramente destruidor.

Dessa maneira, como os visitantes de galerias não disseram a Picasso para ele inventar o cubismo, também certamente não foram os clientes que tiveram a idéia de criar a livraria virtual Amazon.com.

Com certeza, se você quer de fato fazer algo realmente interessante e revolucionário, **aprenda a ignorar seus clientes!!!**

Infelizmente a maioria dos clientes funciona como espelhos retrovisores.

Eles são extremamente conservadores e comumente sem muita imaginação.

Por outro lado, se os clientes estão sempre lhe dando novas idéias, contrate-os ou mude de emprego.

Caso você seja realmente inovador, também está em posição de descartar alguns de seus clientes, até porque uma empresa típica perde dinheiro muitas vezes com um grande percentual dos seus clientes, os quais infelizmente ela não sabe exatamente quem são...

Bem, a recomendação é então descobrir (o que não é fácil) os clientes que se deve ignorar quando se quer fazer alguma coisa radical e revolucionária, e em certos casos devemos considerar o cliente como parte da empresa e incluí-lo nos programas de criação de valor...

Na era do cliente exigente, não basta ficar falando que o cliente é o rei: o que é necessário é personalizar cada vez mais os produtos.

Por isso, os blocos adesivos de notas da 3M agora vêm em 18 cores, 27 tamanhos, 56 formatos e 20 fragrâncias, dando um total de mais de meio milhão de combinações disponíveis.

Os caminhões modulares da Scania lhe possibilitam montar seu caminhão, ou seja, é o cliente quem escolhe.

Aliás, o mesmo se pode fazer ao comprar a boneca Barbie, através de mais de 15.000 combinações diferentes, mudando os olhos, a cor, o penteado, as roupas, etc., **menos as pernas**!!!

A personalização pode ocorrer em todos os aspectos da oferta ao cliente; produtos personalizados, preços personalizados, horário de funcionamento personalizado, promoção personalizada, etc.

É obrigatório no século XXI ter condições de oferecer personalização total aos clientes.

Numa era da abundância, é o cliente quem decide quando você pode fazer negócios com ele, e não mais o contrário.

Para se poder promover mudanças radicais é imperioso que uma empresa seja capaz de oferecer a personalização desejada pelos clientes, ou melhor, ela não pode apenas participar do jogo **"do que é parecido"**.

Em outras palavras, pode-se dizer que é essencial que ela saiba se dar bem com a **diversidade**.

Existem pelo menos três razões econômicas sólidas para justificar que a heterogeneidade compensa.

1. Como explicou J. Kao, vale a fórmula $C=D^2$, onde C representa a criatividade e D a diversidade.

    Dessa maneira, uma das formas de ampliar a diversidade, e com isto a criatividade numa organização, é conversando com os funcionários dos diversos níveis, pois do ponto de vista da inovação os opostos se atraem...

2. A diversidade geralmente diminui o desempenho médio de um sistema, no entanto aumenta muito a sua variação, isto é, o seu desvio-padrão.

    Tem-se constatado que uma empresa com média inferior pode aniquilar um rival com média superior, desde que nela existam idéias singulares que se desviem totalmente da norma.

3. Para que uma empresa tenha sucesso, ela deve ter a capacidade de operar segundo a **lei da variedade de requisitos**, quer dizer, ter a competência de lidar não com a homogeneidade, mas sim com todas as classes de pessoas.

Assim, não dá para esperar muitas inovações de empresas onde 90% dos funcionários são do mesmo sexo, da mesma idade, têm formação educacional comparável, vestem-se da mesma forma e gostam de jogar tênis.

Com essa observação não se está sugerindo que você, como gestor principal de uma organização, contrate apenas aqueles que têm uma forma excêntrica de se vestir, mas simplesmente que você tem de estar preparado para as conseqüências de desenvolver uma empresa baseada em cérebros.

E permitir, além disso, que as pessoas sejam elas mesmas, e tenham a aparência que **quiserem** – parece ser um ponto de partida fundamental!!!

A realidade competitiva é que as organizações que não absorvem bem as questões de raça, gênero, idade, preferências sexuais, aparências e outros aspectos, escorregarão com certeza para o atoleiro...

Gary Hamel, fundador e *chairman* da *Strategos*, que é também professor visitante de gestão estratégica internacional na London Business School e pesquisador emérito da Harvard Business School, no seu livro *Liderando a Revolução* introduz o conceito da **roda da inovação** usando o acrônimo IDEIAS (**i**maginar, **d**esenhar, **e**xperimentar, **i**novar, **a**valiar, **s**ubir na escala).

Diz ele: "A velocidade com que a empresa gira a **roda da inovação** determina sua capacidade de criação de nova riqueza.

O primeiro obstáculo é, em geral, a inaptidão dos inovadores potenciais para evoluir do fragmento de uma idéia ao projeto de um conceito razoavelmente holista."

> *Na era do cliente exigente, não basta ficar falando que o cliente é o rei: o que é necessário é personalizar cada vez mais os produtos.*

O fato é que no século XXI as empresas precisarão aprender a operar em mais de uma velocidade: a uma "velocidade prudente" para grandes investimentos em projetos intensivos em capital, nos quais os ativos duram mais de vinte anos, e à "velocidade da luz" para experimentos sobre oportunidades intensivas em imaginação.

Não dá para ganhar uma corrida de Fórmula Um com um trator ou um ônibus, e se a roda da inovação não girar com a mesma rapidez com que se circula, por exemplo, hoje no Vale do Silício, na Califórnia, a sua empresa poderá ter muitas dificuldades pela frente.

O portfólio de inovações, na realidade, é composto de três portfólios diferentes: o primeiro é o das **idéias** (conceitos de negócios confiáveis, porém não testados); o segundo é o dos **experimentos** (validação através de baixo custo no mercado); e o terceiro é o dos novos **empreendimentos**.

Os experimentos aparentemente promissores são os que evoluem para o *status* de empreendimento, quando se deve então aumentar a escala da idéia original.

Portanto, o que cada empresa deve fazer continuamente é **experimentar, avaliar, adaptar** e **expandir**.

Quanto maior a velocidade com que a empresa completa esse ciclo, maior será a rapidez em que resolverá as incertezas que inevitavelmente cercam um conceito de negócio novo e não-convencional, e em menos tempo conseguirá chegar a um conceito de negócio viável e gerador de caixa.

Já o professor da Harvard Business School, Clayton M. Christensen, tem uma opinião bastante assustadora sobre a inovação, que apresenta no seu livro *O Dilema da Inovação* de forma lúcida, analítica e amedrontadora, ao salientar: "Eu assumo a **posição radical** de enfatizar que grandes empresas fracassam exatamente porque **fazem tudo certo**, pois constatei que muitas companhias excelentes, mesmo mantendo sua antena competitiva ligada, ouvindo os seus clientes e investindo agressivamente em novas tecnologias, perderam sua liderança no mercado quando se confrontaram com mudanças tecnológicas de ruptura e incrementais na estrutura do mercado.

E é isto que vem a ser o meu dilema da inovação, ou seja: Por que as empresas bem-administradas fracassam?"

Explica Clayton M. Christensen: "Fracassam freqüentemente porque muitas das práticas de administração que lhes permitiram tornar-se indústrias líderes também dificultam extremamente que elas desenvolvam as **tecnologias de ruptura** que, finalmente, as excluem de seus mercados.

As empresas bem administradas são excelentes no desenvolvimento das tecnologias incrementais, que melhoram o desempenho de seus produtos nas formas que importam aos seus clientes.

Isto acontece por que suas práticas administrativas estão baseadas em:

- **ouvir** os clientes;
- **investir** agressivamente em tecnologias que ofereçam àqueles clientes o que eles dizem que querem;
- **procurar** margens mais altas;
- **focalizar** os mercados maiores ao invés dos menores.

As tecnologias de ruptura, entretanto, são muito diferentes das tecnologias incrementais, pois elas mudam a proposição de valor em um mercado.

Quando aparecem, elas quase sempre oferecem menor desempenho em termos dos atributos a que os usuários tradicionais estão habituados.

Por exemplo, no caso dos *disk drivers* (antigas leitoras de discos ou disquetes) para computadores, as tecnologias de ruptura sempre tiveram menor capacidade que as tecnologias antigas.

Tecnologias de ruptura, porém, têm outros atributos que uns poucos (geralmente novos) clientes marginais valorizam.

Elas são tipicamente mais baratas, menores, mais simples e, com freqüência, mais convenientes de usar.

Desse modo, elas abrem novos mercados.

É o caso hoje das tecnologias que permitem desenvolver o *e-learning* (aprendizado eletrônico).

Posteriormente, graças à experiência e ao investimento suficiente, os desenvolvedores de tecnologias de ruptura conseguem aperfeiçoar sempre o desempenho de seus produtos, e finalmente serão capazes de controlar os velhos mercados.

Isso porque serão capazes de fornecer desempenho adequado em relação aos atributos antigos e agregarão outros novos!!!"

O prof. Clayton M. Christensen oferece uma estrutura de **quatro princípios da tecnologia de ruptura** para explicar por que as práticas administrativas mais produtivas em explorar as tecnologias existentes são antiprodutivas em desenvolver as tecnologias de ruptura, sugerindo inclusive os caminhos a seguir para que os gestores aproveitem esses princípios a fim de tornar suas empresas mais eficazes no próprio desenvolvimento das novas tecnologias, que permitirão conquistar os mercados no futuro.

Os princípios das tecnologias de ruptura são os seguintes:

1. **As empresas dependem de clientes e investidores para obter recursos.**

Para sobreviver, as empresas devem oferecer aos clientes e investidores os produtos, serviços e lucros que eles exigem.

Empresas com os mais altos desempenhos, portanto, têm sistemas bem-desenvolvidos para "liquidar" as idéias que os clientes rejeitam.

Como resultado, essas companhias acham muito difícil investir recursos convenientes em tecnologias de ruptura - desempenho e serviços a custos menores que seus clientes **não desejam** –, até que eles demonstrem o contrário.

E aí, muitas vezes já se torna demasiado tarde...

2. **Pequenos mercados não resolvem as necessidades de crescimento de grandes empresas.**

Para manter sua participação nos preços e criar oportunidades internas para os seus funcionários, empresas bem-sucedidas necessitam crescer.

À medida que ficam maiores, elas precisam aumentar os volumes de novas receitas exatamente para manter a taxa de crescimento.

Assim, torna-se progressivamente mais difícil para elas entrar em mercados mais novos e menores, destinados até mesmo a tomar-se grandes mercados no futuro.

Para manter suas taxas de crescimento, elas devem focalizar grandes mercados.

3. Mercados que não existem não podem ser analisados.

A pesquisa segura de mercado e um bom planejamento seguido pela execução, de acordo com o plano, constituem a marca de autenticidade da boa gestão.

Empresas cujos processos de investimento demandam dimensionamento do tamanho do mercado e retornos financeiros, antes que elas possam ingressar em um mercado, **acabam ficando paralisadas** quando se deparam com tecnologias de ruptura, porque elas **demandam dados sobre mercados que ainda não existem!!!**

4. Fornecimento de tecnologia pode não ser igual à demanda do mercado.

Não obstante as tecnologias de ruptura poderem inicialmente ser utilizadas apenas em pequenos mercados, elas acabam por tornar-se competitivas nos mercados tradicionais.

Isso acontece porque o ritmo do progresso tecnológico freqüentemente excede a taxa de melhoria que os clientes tradicionais querem ou podem absorver.

Uma vez que dois ou mais produtos (ou serviços) são oferecidos com desempenho adequado, os clientes sempre encontrarão outros critérios de escolha.

Esses critérios tendem a mover-se em direção à credibilidade, à conveniência e ao preço, todos eles de áreas nas quais as tecnologias mais recentes com freqüência são mais vantajosas.

5. As capacidades de uma organização definem suas incapacidades.

Quando os administradores atacam um problema de inovação, eles trabalham instintivamente para atribuir a tarefa a pessoas capazes.

Entretanto, uma vez que **eles encontrem** as pessoas certas, a maioria dos gestores assume então que a organização na qual eles trabalham também será capaz de ser bem-sucedida na tarefa.

E isto é perigoso porquanto as empresas têm suas próprias capacidades, independentemente das pessoas que trabalham nelas.

As capacidades de uma organização concentram-se em dois fatores.

O primeiro está em seus processos – os métodos pelos quais as pessoas aprendem a transformar os insumos de mão-de-obra, energia, materiais, informação, dinheiro e tecnologia em produção de alto valor.

O segundo está nos valores da organização, que são os critérios que os gestores e funcionários na empresa utilizam quando tomam decisões sobre as prioridades.

As pessoas são totalmente flexíveis, então elas podem ser treinadas para ter êxito em coisas totalmente diferentes.

Mas os processos e valores não são flexíveis.

Portanto, os próprios processos e valores que constituem as capacidades de uma organização em um contexto, a incapacitam em um outro contexto.

Os gestores não devem lidar com os princípios da tecnologia de ruptura aplicando as práticas que levaram ao sucesso as tecnologias incrementais.

A rota mais produtiva, que provavelmente conduzirá ao sucesso também, é entender as leis naturais que se aplicam às tecnologias de ruptura e utilizá-las para criar novos mercados e produtos.

Apenas pelo reconhecimento das dinâmicas de como as tecnologias de ruptura se desenvolvem, os gestores empreendedores podem responder efetivamente às oportunidades que elas apresentam.

Nessa circunstância, os gerentes empreendedores deveriam enfrentar as tecnologias de ruptura da seguinte forma:

I) Dando a responsabilidade das tecnologias de ruptura às organizações cujos clientes necessitam delas para fazer fluir os recursos.

II) Criando uma organização diferente, pequena o bastante para entusiasmar-se no início com ganhos modestos.

III) Planejando e considerando a possibilidade do fracasso; não apostando todos os recursos para acertar logo na primeira vez; pensando sobre os esforços iniciais em comercializar uma tecnologia de ruptura como oportunidade de aprendizagem e fazendo revisões à medida que os dados forem sendo coletados.

IV) Não confiando só nas rupturas.

Para tanto é necessário tomar a dianteira o mais cedo possível e encontrar, fora do mercado tradicional, o mercado para os atributos atuais da tecnologia.

Fazendo isto, cada gestor descobrirá que os atributos que tornam as tecnologias de ruptura não atrativas para os mercados tradicionais são os mesmos nos quais os novos mercados serão construídos.

Observação importante: Todo gestor criático que quiser saber resolver o conflito entre as demandas das tecnologias incrementais e as de ruptura precisa ler com muita atenção os dois livros de Clayton M. Christensen – *O Dilema da Inovação* e *The Innovator's Solution – O Crescimento pela Inovação* lançado em 2003 –, e aí começará a compreender porque George Gilder disse: "Fica claro pelas argumentações de Clayton M. Christensen por que muitas vezes uma gestão brilhante não consegue defender um negócio estabelecido contra a tecnologia de ruptura."

7.4

A ARTE DO *CHINDOGU*.

Kenji Kawakami difundiu o termo *chindogu* em 1985, *chin* significando "incomum" e *dogu*, uma ferramenta ou um dispositivo.

Aí surgiu um novo conceito segundo o qual *chindogu* representa algo que existe, uma invenção que pode ser produzida, porém ela não serve... ou não será usada!?

Diz Kenji Kawakami, no seu livro *99 More Unuseless Japanese Inventions*: "Ao criar a instituição de *chindogu*, acredito que fiz surgir uma nova forma de pensamento, e até uma cultura humanística que nos possibilita ter inclusive muito divertimento ao procurarmos inventar.

Até agora, só no Japão já tenho catalogado mais de 700 invenções *chindogu*.

Todo aquele que cria um *chindogu* percebe que no curso da aplicação da sua criatividade com a finalidade de eliminar alguma antiga inconveniência, ele simplesmente gera uma nova inconveniência (e freqüentemente muito maior)."

Para que um "trabalho" possa ser considerado *chindogu* é preciso que ele seja real, porém não se constitua num sucesso comercial ou até nem consiga ser vendido para ninguém...

Os 10 "princípios" básicos a que deve obedecer um *chindogu* são:

1- Um *chindogu* não pode ser usado na vida real.

2- Um *chindogu* precisa funcionar.

3- Em todo *chindogu* deve estar "embutido" inerentemente o espírito de anarquia.

4- O *chindogu* deve ser um dispositivo ou uma ferramenta para a vida diária.

5- O *chindogu* não é para ser vendido.

6- O humor não deve ser a única razão para criar-se um *chindogu*.

7- O *chindogu* não é criado para fazer escárnio de alguma coisa.

8- O *chindogu* não pode também ser entendido como um rompedor de paradigmas éticos, e neste sentido deve obedecer a padrões de decência social.

9- O *chindogu* não pode ser patenteado.

10- O *chindogu* não pode gerar nenhum tipo de prejuízo para alguma pessoa ou uma religião.

Kenji Kawakami, que trabalha atualmente como editor e fotógrafo, é um "chindoguista" em tempo parcial.

Ele mesmo é que deu a idéia de que algumas das coisas que inventam ou criam os estilistas mais famosos do mundo poderiam fazer parte de um outro livro sobre a arte *chindogu*.

Assim, com a finalidade de estabelecer uma comparação, e sem nenhum intuito de fazer alguma crítica a tantos criativos estilistas que existem no mundo, apresentamos três das novas invenções *chindogu* e duas "maravilhas" para o vestuário (Figura 7.4).

Figura 7.4 – Aqui estão algumas invenções *chindogu* e outras que parece que fazem parte da mesma classe...

Toda pessoa que quiser desenvolver sua criatividade deveria conhecer a arte do *chindogu* para rir, refletir e repensar alguma de suas idéias, vendo se algumas delas não a estão conduzindo a algum *chindogu*.

75

ALGUMAS INVENÇÕES MALUCAS E MUITAS DAS QUE DERAM CERTO.

Aí vai inicialmente uma pequena lista de idéias que nem todos querem ou podem aplicar.

Muitas delas, entretanto, já se transformaram em realidade...portanto não são *chindogu*.

1ª Idéia – Xixi Milagroso.

Vem da Índia um dos mais exóticos (e criativos) tratamentos de saúde – **o uso do xixi**.

Provavelmente a receita não vai pegar tranqüilamente por aqui, pois **manda beber a própria urina!!!**

Um dos maiores entusiastas da urinoterapia foi o primeiro-ministro Murarji Desai, que morreu em 1995 com 99 anos, mostrando até os seus últimos momentos uma grande lucidez mental.

Esse primeiro-ministro, nas suas reuniões deixava horrorizados os chefes de Estado estrangeiros, pois gostava de detalhar a excelência do seu método, explicando que a urina, por conter as toxinas do corpo, exerceria o papel do veneno transformado em remédio, num princípio semelhante ao do antídoto contra picada de cobra ou ao da homeopatia.

O entusiasmo do primeiro-ministro foi tanto, que ele deixou seguidores "fanáticos" que já lançaram o café-da-manhã mais extravagante do planeta, no qual em lugar do suco de laranja ou do café com leite, os "convidados" podem se retirar, colher e em seguida beber o "líquido milagroso"....

2ª Idéia – Meia-calça "trípede".

Annette Pappas e Nita Vaccaro, em 1998, nos EUA, procuraram resolver o pesadelo de toda mulher que é o de uma meia-calça furada e/ou rasgada no meio de uma grande festa de gala ou de um encontro especial.

Pois bem, a solução para esse drama foi apresentado por essas duas americanas, ou seja, criaram uma meia-calça com perna "estepe".

Claro que a "terceira perna" ficava estrategicamente escondida na base da peça.

Com uma rápida passagem pelo banheiro, veste-se a perna extra.

A outra, a furada ou rasgada, transforma-se em um pequeno volume no meio das pernas da mulher...

3ª Idéia – Absorvente de axilas.

A brasileira Mirian Moura Valle, em 2001 inventou o absorvente de axilas, indispensável para quem vive suando a camisa, deixando aquela constrangedora rodela...

Mirian Valle desenvolveu, inspirada nos absorventes íntimos femininos, uma peça semelhante para ser usada embaixo das axilas.

Em vez de colar na calcinha, o absorvente axilar se prende com tiras adesivas na camisa do usuário.

Quando encharcar, é só trocar por um novo...

4ª Idéia – Cigarro com sabor de queijo.

Fumar faz mal, todo mundo sabe disso.

Porém, em 1966 não era bem assim quando o norte-americano Stuart M. Stebbings, culpando os tradicionais filtros de feltro que não retinham devidamente as substâncias tóxicas do cigarro, bolou um sistema inovador de filtragem, incorporando ao cigarro partículas de carvão ativado misturadas com...queijo ralado!

A idéia de Stuart M. Stebbings, entretanto, não agradou nem àqueles acostumados a fumar cigarros mentolados ou de cravo.

Talvez ele tivesse mais sorte se tivesse lançado outros sabores como bacon, calabresa, cebola, etc., pois essa idéia bizarra não pegou...

5ª Idéia – Pistola de grilos.

Por definição, pesca esportiva é uma atitude que exige um bocado de tempo livre.

Agora, quem sem dúvida tinha muito tempo era John Pleasants, que em 1992 concebeu no EUA um artefato inusitado, ou seja, uma pistola para lançar grilos!?!?

Para isso, ele levou em conta que pescadores preferem grilos como iscas vivas.

E que, se você quando for pescar, levar grilos em uma cesta, muitos podem saltar e fugir cada vez que você abrir a mesma...Nada mais prático, portanto (!?!), que uma pistola cheia de grilos para serem disparados por um revólver sempre que necessário...

Idéia legal...mas que também não pegou!!!

6ª Idéia – Um protetor de beijos.

Esta é demais, porém a norte-americana Deloris Wood, em 1998 inventou o protetor de beijos, isto é, um dispositivo que permitia "amassos" sem trocas de saliva nem de germes.

Aí alguém irá perguntar:

→ Seria a inventora Deloris Wood uma puritana empedernida?

→ Seria uma hipocondríaca paranóica?

Seja o que for, ela teve pelo menos senso de humor.

O seu protetor de beijos, uma espécie de camisinha para as preliminares sexuais, tinha a forma de coração, talvez para dar algum romantismo ao ato de beijar. No fundo era uma película de látex que impedia a transmissão de microorganismos, além de, obviamente, eliminar o contato corporal.

Como se vê, a invenção pode muitas vezes ser simplesmente um exercício de criação – e isto, por si só, já tem lá sua serventia.

Ademais, é muito difícil *a priori* estabelecer critérios objetivos para medir a utilidade de uma invenção, pois isto depende do público a que ela se destina e de circunstâncias especiais e temporais.

É todavia bem difícil antecipadamente definir a **qualidade da criatividade**.

Nos EUA, por exemplo, já existe uma organização que a partir de 1991 começou a atribuir o Prêmio Ig Nobel destinado a homenagear cientistas que, num certo ano, mais se destacaram pela sua dedicação e empenho em **invenções inúteis ou patetas**.

O próprio nome já indica no seu trocadilho que se busca criticar premiando, apesar de serem mantidas algumas características do famoso Prêmio Nobel.

No caso do Prêmio Ig Nobel, as categorias nas quais se premiam os inventores são: engenharia, física, economia, medicina, literatura, paz, psicologia, pesquisa interdisciplinar, biolgia, odontologia e química.

Por exemplo, o Prêmio Ig Nobel de Psicologia de 1995 foi para uma equipe de japoneses da Universidade de Keio, a qual descobriu uma maneira de fazer com que os **pombos** distingam um quadro de Picasso de um quadro de Monet.

Até parece que é uma descoberta particularmente relevante para os museus com buracos no teto, ou com janelas que possibilitem a entrada de pombos...

Também em 1995, no campo da Física, os premiados foram dois pesquisadores da Universidade Norwich, na Inglaterra, com um estudo sobre os efeitos do conteúdo de água no comportamento de compactação de flocos de cereais matinais.

Parece que essa é uma "constatação" valiosa para as crianças sujeitas a dieta militar imposta pelas mães em comer de manhã, obrigatoriamente, os sucrilhos, mas não para os adultos que se libertaram e não obtiveram grandes benefícios.

O Ig Nobel foi criado pela revista de humor *AIR*, abreviação em inglês de "anais de pesquisa improvável", para ser de fato uma paródia da ciência "séria", segundo os seus criadores "séria demais para não rirmos dela" e agora o evento virou um grande acontecimento.

Assim em outubro de 2003, a cerimônia de entrega lotou o Teatro Sanders, da Universidade Harvard.

Valias delegações "exóticas" estiveram presentes, como a Associação das Pessoas com Pontuação Normal em Testes de Inteligência, a União pelo Aumento da Entropia, o Museu das Feias-Artes, o fundador da Associação das Pessoas Mortas, o indiano Lal Bihari, ganhador do Ig Nobel da Paz etc.

O editor da *AIR*, e fundador da Ig Nobel, o químico Marc Abrahams explica: "O prêmio foi concebido para fazer as pessoas rirem primeiro.

E pensarem depois.

Nem toda Ig-ciência é ruim, nem sempre é ciência.

Por exemplo os ganhadores do Ig Nobel da Medicina foram Eleonor Maguire, David Gadian, Ingrid Jonhsrude, Catriona Good, John Ashburner, Richard Frackowiak e Christopher Frish, da Universidade de Londres por apresentar evidências de que o cérebro dos turistas de Londres é maior que o dos outros moradores da cidade e foi antes publicado na revista PNAS da Academia Nacional de Ciências dos EUA."

Caso o estimado(a)leitor(a) quiser conhecer os detalhes dos outros ganhadores como por exemplo quem ganhou o Ig Nobel de Engenharia com um trabalho sobre a Lei de Murphy ou de Psicologia sobre as personalidades extraordinariamente simples dos políticos deve entrar no *site* www.improbable.com.

Claro que o ambiente descontraído é essencial para o surgimento de inovações, porém isto não quer dizer que devamos gastar muito tempo com projetos bizarros como os mostrados na Figura 7.5.

No excelente livro da *Resource of Creative and Inventive Activities*, da National Inventive Thinking Association (NITA), compilado por Elizabeth Rowland e Leonard Molotsky, dentre as muitas coisas interessantes estão os princípios que identificam o inventor e que são os seguintes:

1. Inventores demonstram coragem e estão abertos para tudo.

2. Inventores observam de forma habilidosa e profunda.

3. Inventores adquirem muitas informações e as usam de maneira criativa.

4. Inventores sabem gerar e analisar todas as possibilidades.

5. Inventores sabem como ouvir a sua "voz interna".

6. Inventores estão sempre envolvidos com a melhoria contínua.

a) **Polimartelo** – A rotação rápida deste martelo de oito cabeças faz com que profissionais que utilizam a ferramenta ganhem um tempo considerável.

b) **Mesa de balanço** – Para os cruzeiros marítimos. Esta mesa acompanha todos os movimentos da embarcação.

c) **Mesa para *tête-à-tête*** – Devido à sua forma propositalmente elaborada, permite aos convidados ficarem bem próximos uns dos outros.

Figura 7.5 – Idéias notáveis, surgidas alguns anos atrás, que porém não "emplacaram".

Para contrabalançar os inúmeros produtos "frustrados" aí vão algumas idéias que já "emplacaram", ou melhor, viraram inovações efetivamente!!!

Na realidade, parece que nesse caso os seus criadores foram discípulos do professor Robert Sutton, que leciona na Universidade de Stanford e é o autor do livro *Weird Ideas That Work: 11½ Innovations (Idéias Estranhas que Funcionam: 11 Práticas e Meia para Promover, Gerenciar e Sustentar a Inovação)*.

Enfatiza Robert Sutton: "As pessoas precisam convencer as outras do provável sucesso de uma idéia ou de um projeto novo que têm e que pode alavancar o progresso da organização.

Nessas ocasiões os funcionários de uma companhia deviam ignorar se o chefe acha que a idéia apresentada é 'maluca'.

E mesmo porque, quando uma idéia parecer um tanto quanto ridícula para um colega de trabalho que seja considerado competente, isto não é motivo suficiente para desistir dela.

Assim, sempre quando se lança um produto ou serviço, ou ainda se cria um novo processo de trabalho, é necessário fazer uma lavagem cerebral tanto nos criativos que **não participaram** da sua elaboração como em todos os outros empregados.

Empregados e empregadores não devem, claro, esquecer totalmente o modelo de administração tradicional, mas devem 'engavetá-lo' por alguns períodos quando for necessário abrir espaço para a criatividade nas empresas.

Isto muitas vezes pode até ser uma saída espetacular para as empresas em tempos de incerteza e de turbulência.

Nessa hora, atritos nas equipes e discussões que de repente levem à elaboração de um projeto 'maluco' podem fazer muita diferença."

Eis aí os 12 conselhos principais de Robert Sutton, para se ter a possibilidade de criar projetos "malucos".

1- Se decidir fazer algo que vai dar errado, convença a si mesmo e a todos os outros de que vai dar certo.

2- Sucesso e fracasso merecem prêmios; a apatia requer punição.

3- Evite, enrole e chateie os clientes, os críticos e qualquer um que só fale em dinheiro.

4- Pense em fazer coisas ridículas e nada práticas e faça-as no seu trabalho.

5- Encontre pessoas felizes e faça-as brigar.

6- Pense em todas as glórias do seu passado e esqueça-as.

7- Use as entrevistas de seleção para captar novas idéias, não para examinar candidatos.

8- Ignore quem já solucionou problema idêntico ao que você está enfrentando.

9- Estimule as pessoas a ignorar e desafiar chefes e colegas de trabalho.

10- Contrate gente que demora a aprender a cultura da empresa.

11- Contrate gente que o deixe pouco à vontade, até gente de que você não goste.

12- Contrate gente de que você (provavelmente) não precise.

À primeira vista, muitos podem duvidar da eficácia dos conselhos de Robert Sutton (até o 12° conselho, parecem meios-conselhos...) porém dá para **achar** que algumas das soluções criativas descritas a seguir baseiam-se nos mesmos.

1ª Idéia - A perda de bananas diminui em 25% graças a um cabide!!!

Aqui parece que a invenção se baseou no conselho n° 4, pois todos os que lidam com bananas tinham o problema de que havia uma grande perda, e os culpados eram os consumidores porque, ao examinar as frutas as danificavam, pois as seguravam para escolher o que queriam.

A ruptura de paradigma nesse caso foi a de fazer com que o comprador escolhesse bananas com os olhos e não com as mãos!!!

E aí Carlos Alberto Fava, da Fava Bananas Climatizadas, inventou um cabide no qual as bananas passaram a ser expostas.

Figura 7.6 – Este cabide diminuiu em muito a perda nos supermercados, ou seja, caiu de 25% para 2%.

Carlos Alberto Fava esclarece: "Os novos 'cabides' permitem armazenar até 200 quilos de bananas sem prejuízo.

Meu projeto deu tão certo que hoje muitas pessoas já copiaram a idéia, e até estou brigando com alguns indivíduos na Justiça."

2ª Idéia – Loja de artigos de qualidade por R$ 1,99!!!

Aqui talvez se procurou seguir o conselho nº 8, em que alguém solucionou o problema de vender produtos mas não por um preço muito baixo, e esperando ter lucro!!!

É claro que não adianta vender porcaria, pois ninguém compra, e o pior é que muitas dessa lojas ainda têm a coragem de colocar tabuletas com os dizeres "a partir de R$ 0,99"

Evidentemente que para se garantir e poder vender com um preço tão baixo o segredo sem dúvida é **vender muito**.

A idéia, entretanto, já deu certo em tantos lugares, que na Expo Center Norte, em

São Paulo, em outubro de 2001 houve uma *Feira 1,99 Brasil,* na qual foram gastos quase R$ 40 milhões por aproximadamente 20 mil visitantes em quatro dias, dando um gasto médio de R$ 2.000,00 por pessoa.

Fantástico, não é?!?

3ª Idéia – Banco de Idéias da Globo.

Seguramente o canal de televisão Globo segue à risca o conselho n°6 para manter-se sempre com algum diferencial em relação às emissoras concorrentes.

Foi Ary Nogueira, o responsável pela divisão de Recursos Artísticos da Globo, que desenvolveu um Banco de Idéias, no qual estão armazenadas sugestões de obras, personagens, atores e novos quadros, a fim de atender à procura de seus criadores para inúmeras atrações.

Aliás, esse departamento cuida também da compra de direitos por títulos externos.

Ary Nogueira explica: " O Banco de Idéias é como se fosse uma enciclopédia viva.

Já tenho um catálogo de 800 títulos e 9 mil atores cadastrados, incluindo os contratados.

Tenho gente destacada para ler tudo o que sai das editoras, e se tiver 'cheiro' televisivo é incluído no Banco de Idéias.

Na minha sala, elencos são constituídos, atores são "reservados", textos são debatidos e escolhidos.

Novos programas são viabilizados.

O movimento dentro dela lembra um pouco o do mercado financeiro, com várias consultas por minuto.

Na realidade, não defino elencos, mas dou um grande suporte para os seus diretores saírem com soluções criativas."

4ª Idéia – O *spaghetti* de piscina aumenta o entretenimento aquático.

Talvez Adriano Sabino, num primeiro momento, nunca quisesse ficar apático (conselho n° 2) e por isso alcançou um grande sucesso com o seu *spaghetti* de piscina.

Ele teve a idéia do *spaghetti* velejando, e aí construiu o produto de espuma de polietileno, material usado para encher os espaços vazios de um barco.

"É impossível governar um país que tem 400 marcas de queijo!!!"

Recentemente o próprio Adriano Sabino comentou: "Percebi que a espuma boiava e tive a idéia de fazer dela um produto de entretenimento aquático.

Em 1995, registrei meu pedido de patente no Instituto Nacional de Propriedade Industrial (INPI), e já em 2000 a minha empresa The Toy Tower (com 50 funcionários), apesar de vender o produto por um preço muito baixo, teve um faturamento próximo de US$ 3 milhões.

Tenho atualmente mais de 7 mil pontos de venda entre bancas de jornal, padarias, lojas de produtos aquáticos e lojas de brinquedos.

Não vale a pena exportar porque nossos produtos são feitos com espuma; são leves, mas ocupam muito espaço e os custos de transporte seriam altos.

Mas a empresa The Toy Tower tem acordos com três empresas norte-americanas, uma argentina e uma alemã – esta distribui os produtos na Europa –, e assim recebemos um significativo montante em *royalties*.

Já tenho 40 patentes nacionais e nove internacionais."

5ª Idéia – Entrega incrementada.

O dono de uma famosa pizzaria de Londrina, no Estado do Paraná, ao perceber que seus pedidos de pizzas pronta-entrega estavam caindo, resolveu inovar e utilizou a criatividade.

Assim, o dono da pizzaria uniformizou os moto-entregadores de pizzas com vestimentas do Batman, Zorro, Homem-Aranha e outros personagens.

O cliente, ao escolher a pizza, além do sabor, **diz qual o personagem para a entrega**.

As vendas com este novo "ingrediente" na entrega cresceram, e pode-se dizer que a pizzaria começou a faturar alto...

Aliás, as crianças não pediam pizzas de outro lugar, e virou moda enviar pizza por meio de certos personagens, ou seja, para fazer uma brincadeira com o marido no trabalho, no dia do aniversário da namorada, etc.

6ª Idéia – Novo uso do banheiro.

Recentemente foi descoberto um novo uso para banheiros de bares e restaurantes: servir para a veiculação de campanhas dirigidas.

Um empresário de Nova York criou um aparelho que libera amostras grátis de perfume para quem quiser, ao contrário do que acontece com as páginas impressas, nas quais você apenas sente a fragrância anunciada.

Isto, em alguns casos, obriga você a colocar a revista a três metros de distância e a abrir todas as janelas...

O novo aparelhinho realmente oferece um bom *test drive* do perfume: basta apertar um botão e uma pequena dose é espargida sobre o cliente.

7ª Idéia – Viajando com o passageiro de boa aparência.

Uma excelente parceria foi firmada entre a Bic e a Itapemirim.

O jornal de bordo da Viação Itapemirim começou a trazer encartado um aparelho de barbear Bic Multibarba.

Acompanha-o um texto desejando ao passageiro boa viagem e dizendo: "Que você chegue ao seu destino com uma cara muito boa."

A seguir, descrevem-se as vantagens do aparelho.

A amostra grátis fez muito sucesso, justamente por ser um presente inesperado e **chegar ao possível futuro cliente quando ele mais precisa do produto**.

8ª Idéia – Fósforos ganhando de isqueiros.

A Lion Match Co., uma fábrica de fósforos localizada na África do Sul e com mais de um século de existência, ficou em perigo quando os isqueiros invadiram o mercado sul-africano, logo que terminou o bloqueio econômico imposto ao país durante o regime do *apartheid*.

A direção da empresa utilizou uma estratégia no mínimo estranha e ao mesmo tempo original.

Ciente de que durante algumas décadas milhares de pessoas haviam perdido contato com amigos e familiares, a organização ofereceu aos compradores dos seus fósforos um cupom, no qual eles deveriam escrever uma curta mensagem às pessoas que desejassem encontrar.

Aí, a Lion Match Co. pegou esses recadinhos e imprimiu nas embalagens dos fósforos, que foram distribuídos e vendidos em 30 mil pontos.

Para despertar um interesse maior, a empresa fez uma campanha nos jornais, em *outdoors*, em rádios, etc., com o tema **"Reencontre um amigo"**.

Através desse meio, mais de 2.000 pessoas conseguiram localizar parentes e amigos.

Após os quatro meses de promoção, as vendas dos fósforos Lion cresceram mais de 40%!!!

Eis aí uma idéia que deu certo, pelo menos naquela época.

9ª Idéia – Fromasarc complica a venda do Boursin.

A competição entre os produtores de queijo na França é terrivelmente acirrada, o que levou inclusive o general Charles de Gaulle a desabafar:

"É impossível governar um país que tem 400 marcas de queijo!!!"

Os consumidores franceses felizmente (para alguns produtores...) compram o produto por impulso, sem maior fidelidade a esta ou aquela marca.

A disputa dos fabricantes pelo espaço e pela exposição das embalagens nas prateleiras dos supermercados (Bon Marché, Carrefour, etc.) é uma luta cotidiana.

Foi por isso que o fabricante do queijo Fromasarc teve uma idéia e partiu para a sua implementação radical: mudou o nome do produto para *Tartar Or*, criou uma embalagem nova com rótulo dourado, contratou uma agência e deflagrou uma intensa promoção, na qual premiavam-se os compradores com um lingote de ouro no valor de US$ 25 mil, além de distribuir moedas de ouro valendo cada uma US$ 85.

Nas embalagens aparecia um número que habilitava o consumidor a telefonar e concorrer ao sorteio dos prêmios.

Essa ação da Fromasarc gerou em poucos meses mais de 300.000 telefonemas e empurrou o principal concorrente – Boursin – para o fundo das prateleiras...

Como se vê, guerra é guerra, porém com a criatividade se podem ganhar muitas batalhas...

10ª - Saída criativa num país de cães!!!

Uma das saídas mais comuns que os estudantes norte-americanos encontraram para poderem se sustentar era a de trabalhar como *baby-sitter* (tomar conta de crianças) cobrando até US$ 10 por hora. Porém, agora surgiu um negócio melhor para os estudantes: **ser babá de cachorro.**

Passear uma hora com o animal pelas ruas de Nova York rende os mesmos US$ 10 por hora, sendo que o *dog-sitter* tem a vantagem de poder se distrair, ver as vitrines, manter a forma física, não trocar fraldas e não ouvir choro (Figura 7.7).

É verdade que, conforme for o cachorro, talvez a profissão traga alguns problemas se o cão quiser morder qualquer um que passe na rua. Aparentemente injustos, esses preços são reflexos da demanda que está mais ou menos empatada, pois estimava-se que em 2001, nos EUA, havia 63 milhões de crianças menores de 14 anos e 61 milhões de cães.

Nos grandes parques temáticos norte-americanos (Disney, Universal, MGM, etc.) existem locais especiais para os cães ficarem, enquanto os donos se distraem...

Se isto parece pouco, em Louisville, no Estado de Kentucky, já existe um hotel exótico só para cães, que tem até uma suíte presidencial com TV, vídeo e luz de candelabros (para o dono se distrair enquanto se despede do cão...).

Num outro quarto há um átrio com tucanos voando entre bananeiras e palmeiras para distrair os cães. Nos EUA, a "loucura" chegou a um limite tal que alguns cirurgiões veterinários revelaram que muitos dos donos dos seus "clientes" con-

Figura 7.7 – Estes belos cães merecem alguém para cuidar deles, não é?

fessam de forma sigilosa que preferem a morte do marido ou da mulher à do animal de estimação!?!?!?

Apesar de estar comprovado que os cães fazem bem para a pressão alta, reduzem o estresse, e desta forma ajudam o bom funcionamento do coração dos seus donos, não se justifica de forma alguma gostar de um animal mais do que de um ser humano!!!

11ª Idéia – Vodca Absolut.

Como muitas outras histórias, a da vodca Absolut começou no século XV.

Nessa época, na Suécia já existia uma indústria doméstica de destilação de vodca, com centenas de empreendedores mantendo em segredo os seus processos de produção da bebida e repassando esse conhecimento **apenas** aos familiares e aos amigos mais próximos, para que pudessem preparar esse verdadeiro "remédio salvador" que possibilitava agüentar os terríveis invernos suecos.

Embora inicialmente a vodca sueca fosse um produto não refinado, mesmo assim continha as duas matérias primas mais importantes: a **puríssima água sueca** e o **rico trigo sueco**.

Sua criação, sem dúvida, era através de uma ciência imprecisa, e os produtores domésticos não possuíam equipamentos e *know-how* (conhecimento) para remover todas as impurezas, que são inclusive um resultado natural de um processo de destilação.

Pulemos alguns séculos até chegarmos a 1879, quando o inventor e industrial Lars Olsson Smith mudou esse cenário com a criação de um novo método de destilação chamado **retificação**, usado até hoje.

Nesse método, uma série de colunas de destilação separava os diferentes conjuntos de impurezas, permitindo praticamente a remoção de quase todas que aparecessem durante o processo de produção da vodca.

Ele chamou o seu produto de *Absolut rent brünvin,* que é a expressão para **"vodca absolutamente pura"**.

Durante os 100 anos seguintes, a vodca Absolut foi continuamente melhorada na sua produção, apesar de que cada uma das suas garrafas continuasse a ser destilada na pequena cidade de Ähus, no sudeste da Suécia.

Ähus é um porto bem pitoresco no mar Báltico, tendo uma população próxima de 11.000 pessoas.

No final da década de 70 do século XX, ficou bastante claro que se a destilaria tivesse que sobreviver, a vodca Absolut deveria tornar-se um **produto de exportação** com um volume de vendas que justificasse a manutenção da empresa funcionando!!!

Ressalte-se que na Suécia, desde o início do século XX, o governo controlava a produção e a distribuição de bebidas alcoólicas, incluindo-se aí a vodca Absolut.

Os donos da marca, da empresa Vin & Sprit de Estocolmo, sabiam que a maneira de deixar a vodca Absolut viva era **entrar no mercado norte-americano**.

Na década de 70, os EUA consumiam 60% da vodca vendida no mercado mundial, algo como quarenta milhões de caixas (cada caixa contém 12 garrafas de 750 mililitros cada uma, ou seja, um total de 9 litros).

Contudo, produzia-se cerca de 99% da vodca consumida nos EUA neste próprio país, e o seu preço não era elevado.

A "sabedoria popular" era de que todas as "vodcas eram parecidas" devido à facilidade de sua produção, dos poucos ingredientes que compunham o produto e da não-necessidade do seu envelhecimento como ocorria com o *whisky* escocês.

Também, em razão do fato de que a maioria dos "bebedores" misturava a sua vodca com sucos de laranja ou tomate, com água tônica ou fazendo outras misturas, não se preocupando muito com a qualidade intrínseca da vodca, e raciocinando da seguinte maneira: **quanto mais barata a vodca, melhor!!!**

O 1% remanescente da vodca importada pelo mercado norte-americano era praticamente dominado pela vodca russa Stolichnaya.

Isto se devia a uma "interessante" relação entre a Pepsi Cola Company e o governo soviético, que permitiu em 1968 a entrada da empresa norte-americana, e que pagava as vendas da Pepsi Cola na antiga União Soviética com a "melhor vodca" do mundo, a soviética Stolichnaya.

O consumidor norte-americano pagava por ela cerca de US$10, ou seja, mais do que o dobro do que gastava com as marcas domésticas.

A Stolichnaya, entretanto, a despeito de seu preço, atraiu muitos americanos pois passava-lhes melhor a autenticidade do tempo dos czares, da revolução soviética, das reuniões dos comunistas, etc., do que as vodcas nacionais com nomes russos como Smirnoff, Romanoff, Nikolai, etc.

O pequeno mercado de vodca importada foi se diversificando com a entrada, alguns anos depois, da vodca da Finlândia, cujo sucesso era modesto pois o país era confundido pelo menos geograficamente com a Rússia, não vendendo mais do que 15.000 caixas por ano.

Também começou a ser vendida já na década de 70 a vodca Wyborowa da Polônia, e surgiram algumas outras marcas de outros países do leste da Europa.

Malgrado esse cenário pouco animador, a Vin & Sprit em 1978 estava pronta para testar a sua entrada no mercado norte-americano.

E conseguiu isto quando fez um acordo com Al Singer, o carismático presidente da pequena importadora de bebidas alcoólicas de Nova York denominada Carillon Importers, que contratou a agência de divulgação TBWA Chiat/Day, a qual elaborou uma das mais criativas campanhas de divulgação, com o que a vodca Absolut em 1992 chegou ao *Hall of Fame (Saguão da Fama)* junto com outras duas marcas famosas: a Coca-Cola e a Nike.

A TBWA "bolou" uma campanha para a vodca Absolut totalmente diferente, que se tornou um *case* de propaganda.

Nesse sentido, usou tudo o que foi possível para granjear a simpatia do público, desde acusações à Rússia (nessa época União Soviética) pelo seu ataque ao Afeganistão, ou a derrubada do jato comercial da Coréia do Sul, salientando que a Absolut era feita na Suécia e não em Moscou.

Buscou ainda atrair os religiosos radicais, os amantes da natureza, os fanáticos pela qualidade, e assim por diante.

E aí, sem dúvida, está a verdadeira "lição" para todos aqueles que querem se inspirar e entender o que é criatividade, bastando para tanto ler, analisar e se espantar com as centenas de idéias que foram utilizadas pelo pessoal da TBWA para provar a assertiva de que se você tem um bom produto, com o *marketing* adequado, poderá sempre torná-lo um sucesso mundial.

12ª – Jacuzzi, uma bem-sucedida obra hidráulica doméstica.

Na década de 60 do século XX, os norte-americanos começaram a ficar obcecados com a saúde e a sua condição física.

Roy Jacuzzi, um engenheiro formado na Universidade de Berkeley, foi designado nessa época diretor de Pesquisa e Desenvolvimento da empresa Jacuzzi, fundada no início do século XX por sete irmãos italianos Jacuzzi, a saber Candido, Gelindo,

Giussepe, Franco, Valeriano, Giacondo e Rachel, que no início faziam principalmente bombas a fim de captar e deslocar água para uso agrícola.

Ele acreditou que poderia combinar a grande experiência da companhia Jacuzzi com bombas hidráulicas, e o florescente interesse das pessoas pela sua saúde, higiene e a sua forma física.

Além do que, ele pensou o seguinte: "Não existe maneira melhor de relaxar depois de um dia duro de trabalho do que submergir em uma banheira com água quente e cheia de espuma bem cheirosa..."

Em 1968, Roy Jacuzzi encarregou os engenheiros de sua organização para desenvolver o protótipo de uma banheira de hidromassagem, inicialmente para uma pessoa só (!?!?!), que ele denominou de *banheira romana*.

Este foi o primeiro modelo, que inclusive não tinha a bomba portátil dentro da própria banheira.

O produto foi apresentado em várias feiras com o argumento principal de que a partir de agora **toda pessoa poderia desfrutar de um banho com hidromassagem dentro da sua própria casa!!!**

Essa idéia agradou aos vendedores e Roy Jacuzzi recebeu inúmeros pedidos, acabando assim com as suas dúvidas sobre a viabilidade da fabricação das banheiras de hidromassagem.

Depois do modelo *banheira romana* seguiu-se o modelo *Adonis*, já para duas pessoas, que apareceu em 1970.

Muitas dessas banheiras eram feitas com madeira de sequóia e cedro, e não se deterioravam mesmo ficando na parte externa da casa.

Aí a Jacuzzi alcançou muita publicidade à medida que ia conseguindo desenvolver e aperfeiçoar suas banheiras, e com os meios de comunicação começando a falar da última moda na Califórnia: **os banhos públicos em "enormes" Jacuzzis**.

Tomar banho nu em grandes banheiras com água quente converteu-se em uma atitude socialmente demandada...

Uma cena típica de um elegante restaurante em São Francisco, na Califórnia, normalmente significava levar uma garrafa de Chardonnay e ir ao jardim tomar banho em uma grande banheira Jacuzzi comunitária.

Os canais de televisão e o cinema começaram a reproduzir cenas de **reuniões de banho dentro das banheiras!?!?!?**

CAP. 7 - Entendendo a Necessidade da Inovação

À medida que o nome da empresa Jacuzzi se convertia em sinônimo de banhos de hidromassagem, isto fez com que a organização diversificasse os modelos das suas banheiras privadas e das suas banheiras públicas, oferecendo uma enorme variedade de cores, tamanhos e formas com diversos sistemas quanto à potência dos motores.

A empresa também introduziu os mais variados produtos e dispositivos para massagear partes específicas do corpo, como os pés, o pescoço, os rins, etc.

A proliferação dos clubes esportivos (e aqui no Brasil, dos motéis...) e da medicina esportiva também contribuiu muito para popularizar toda a linha de produtos Jacuzzi, já que mais pessoas começaram a deliciar-se e a aproveitar mais os benefícios das banheiras de hidromassagem como uma terapia para curar-se de lesões e feridas.

As inovações recentes da Jacuzzi incluem uma série de sistemas de ducha que se caracterizam por ter diferentes tipos de jatos ou jorros de água dirigidos sobre o corpo humano com fins terapêuticos, bem como as mais variadas "cabeças" de duchas giratórias.

Aqueles suficientemente afortunados que têm condição de experimentar uma ducha sob pressão pela **primeira vez**, comumente "sorriem" muito devido ao prazer que lhes produz o impacto de tantos jatos de água em todas as partes do corpo.

Hoje os médicos respaldam efetivamente o resultado dos benefícios desses jatos de água sobre o corpo humano, prescrevendo que é uma boa terapia para distensões, músculos cansados, estresse, etc.

Atualmente a Jacuzzi domina o mercado mundial, e Roy Jacuzzi é proprietário de mais de 250 patentes de inovações no projeto e tecnologia de banheiras de hidromassagem.

A empresa tomou todas as medidas legais para proteger a marca registrada de forma que não se converta em um **uso genérico** para as banheiras de hidromassagem em geral.

Porém a Jacuzzi não pretende parar aí, e tanto os seus usuários atuais como os futuros podem esperar que nesta primeira década do século XXI surgirão dezenas de novos produtos relacionados com a água levando o nome Jacuzzi, e que vão melhorar mais ainda a qualidade de vida das pessoas.

Imaginem se algum rei ou magnata do final do século XIX poderia ter todo esse prazer que consegue ter um simples mortal (que tenha emprego...) no início do século XXI, ao passar algum tempo numa banheira de hidromassagem Jacuzzi!!!

13ª Idéia – O clipe Gem, sucesso de criatividade e de simplicidade.

O ortopedista Gary Michelson alguns anos atrás ficou irritado com o **clipe de papel!!!**

Para o doutor G. Michelson, o *design* original do clipe, ou seja, oval dentro de outro oval, é **falho**!!!

Ele possui crédito por várias invenções na medicina e há uns três anos projetou e patenteou o seu próprio clipe de papel com um formato quadrado.

Disse G. Michelson: "O meu clipe não exige habilidades motoras especiais para usá-lo.

Ele não escorrega da sua mão e não gira, e as suas extremidades não amassam ou rasgam o papel."

O ortopedista G. Michelson uniu-se assim a um grupo extremamente seleto de inventores, os quais tentaram redesenhar um dos acessórios **mais simples e úteis** que o gênio criativo do homem produziu.

Desde a sua invenção há exatamente 100 anos pelo norueguês Johan Vaaler, várias centenas de inventores procuraram patentear novos clipes de papel em todos os formatos concebíveis – quadrado, redondo, oval, triangular, em forma de gota e em ponta de flecha.

Mas o *design* Gem, ou seja, oval dentro de outro oval, como o clipe comum é conhecido desde que foi fabricado pela primeira vez pela hoje já desaparecida empresa britânica Gem Ltd., é um dos acessórios fundamentais de escritórios e parece que continuará sendo útil nas primeiras décadas do século XXI.

Ele é, de longe, o clipe de papel mais vendido (Figura 7.8), representando a maior parte dos **50 bilhões de clipes** vendidos anualmente.

Por incrível que pareça, apesar da concorrência, o clipe Gem ainda não está correndo nenhum risco!!!

A sua longa sobrevivência no mercado é atribuída principal-

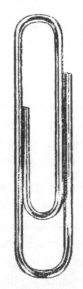

Figura 7.8 – O clássico clipe Gem.

mente às suas curvas graciosas que **"fazem eco com a concepção das pessoas sobre o que é bonito e elegante"**.

Os conservadores, como o vice-presidente Desmond La Place, do ACCO World Corp., empresa fabricante de clipes de papel e de outros produtos para escritórios, diz:

"O Gem funciona muito bem.

Por que esses inventores estão tentando complicar uma coisa tão simples?"

Na realidade, Desmond La Place não está totalmente certo, pois o clipe Gem apresenta as suas falhas...

Assim, quando você pega um clipe Gem para colocar no papel, tem 50% de chance de pegá-lo do lado errado (já que as duas extremidades são iguais).

É preciso então virá-lo ao contrário, o que constitui uma perda de tempo...

Assim, não foi por acaso que o engenheiro mecânico Charles Link – aposentado em 1970 e ex-projetista de peças meteorológicas e de varredores de rua motorizados – trabalhou durante muitos anos no seu "tempo livre" para apresentar um novo *design* de um clipe para solucionar o problema do "desperdício de tempo" quando se pega o mesmo do lado errado!?!?

Em 1991, ele inclusive recebeu a patente para o seu clipe de "filamentos sem fim", um clipe retangular com braços sobrepostos no centro, para poder ser encaixado no papel pelas suas extremidades.

Gary Michelson, o ortopedista, também destaca que o *design* do seu clipe é melhor do que o do Gem, porque se uma pessoa tentar colocar um clipe Gem em uma quantidade muito grande de papéis, o clipe pode saltar com uma força considerável, proporcionando, desta forma, uma ameaça real para o usuário, que pode ter os seus olhos atingidos!!!

O clipe de G. Michelson possui a extremidade superior reta (Figura 7.9), a qual se dobra em dois braços perpendiculares, separados por uma polegada de distância, (2,54 centímetros) que se dobram novamente em direção à extremidade superior em um ângulo de 45 graus.

Já que tem uma extremidade superior maior que

Figura 7.9 – O clipe de Michelson.

a do clipe Gem, ele proporciona uma maior "elasticidade", podendo prender um volume bem maior de papéis (até 30 folhas) em comparação com o clipe Gem, que só consegue prender entre 5 e 10 folhas sem que os seus braços percam a resistência.

Todavia, os inventores acham mais fácil dobrar um pedaço de arame do que dobrar os fabricantes...

Charles Link escreveu para vários fabricantes de clipes de papel, isto em 1995 quando tinha 86 anos, incluindo alguns de Taiwan, para que comprassem os direitos para a produção do seu clipe (Figura 7.10), porém eles não se interessaram...

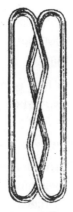

Figura 7.10 – O clipe de Link.

Suzy Chung Hirzel foi outra inventora que investiu algo em torno de US$ 35 mil do próprio bolso para fabricar um pequeno volume dos "seus clipes", os quais podiam prender **dois blocos de papel ao mesmo tempo**.

Ela, em 1992, deixou de ser pianista e fabricou 50 mil dos seus clipes para alguns distribuidores a fim de que testassem a reação dos usuários, mas **também não teve sucesso**.

O **custo** é hoje uma das principais razões para que os fabricantes não apostem em um clipe eventualmente até com *design* melhor.

Em primeiro lugar, deve-se destacar que o mercado mundial para clipes não é muito grande.

O norte-americano, que é o maior, não ultrapassa US$ 40 milhões.

Dessa maneira, qualquer novo *design* do clipe seria vendido em um volume pequeno, e a sua produção teria um custo de até cinco vezes o custo para a produção do clipe Gem.

O fato é que o clipe Gem é tão bem aceito no mercado que um fabricante médio terá de pensar duas vezes antes de ser pioneiro em um novo produto numa área como esta.

Ainda assim, de tempo em tempo surgem novos inventores que não estão convencidos disso.

E é deste modo realmente que deve ser, em especial com os jovens estudantes das faculdades, mormente com os do curso de Desenho Industrial da FAAP.

A expressão **impossível** de ser melhorado deve ser substituída por **possível**, rompendo alguns paradigmas; afinal de contas, **existem incontáveis formas (não experimentadas até agora) para se dar um aspecto novo a um pedaço de arame**.

Um fato estimulante neste sentido é a leitura do livro do professor Petroski, *Evolution of Useful Things (Evolução dos Utensílios)*, no qual ele conta algumas das formas inventadas para o clipe e estima que elas já ultrapassaram várias centenas.

Ele informa que as tentativas para dobrar um pedaço de arame começaram logo depois que o clipe Gem chegou ao mercado, quando em 1902 Alfred Shedlock, de Jersey City, Nova Jersey, patenteou o seu clipe largo e anguloso.

Em 1905, Joshua Hale, de Providence, Estado de Rhode Island nos EUA, patenteou o seu clipe de formato circular.

Após isto, veio o "clipe-coruja", retangular, com "dois olhos" redondos no seu centro.

Ainda em 1905, Cornelius Brosnan, de Springfield, Massachusetts, recebeu a patente do seu clipe com *design* de ponta de flecha.

O clipe em forma de V foi patenteado nos anos 30.

Não é por acaso que um colecionador de Nova York, Harry Spiller, possui mais de 500 clipes diferentes na sua coleção e diz: "O meu *design* favorito é o de uma borboleta, produzida pela primeira vez em 1907."

Apesar de serem menos comuns que o clipe Gem, as diferentes variedades de clipes infiltraram-se em muitas gavetas, e a grande empresa de produtos para escritório, a Noesting Inc., possui no seu catálogo sete tipos de clipe, incluindo o clipe *nifty* (elegante, com *design* arredondado), o "clipe-anel", o "clipe universal" (retangular) e o "clipe-coruja".

Eles custam duas a três vezes mais que o clipe Gem e são vendidos em quantidades muito pequenas quando comparadas com o clipe clássico.

Uma das razões da sobrevivência do clipe Gem em relação a todos esses novos *designs* não tem nada a ver com a sua função de prender papéis.

Numa recente pesquisa feita pelo Lioyds Bank entre os seus funcionários sobre como usavam os clipes de papel, descobriu-se que apenas 20% dos mesmos eram usados de fato para prender papel.

O restante era torcido ou quebrado pelas pessoas durante conversas ao telefone ou desentortados para serem usados na limpeza de cachimbos, unhas ou ouvidos (!?!?).

Aliás, os grandes fabricantes de clipes sabem também que a maior parte dos clipes não é usada para prender papéis, sendo que realmente uma parcela representativa dos mesmos, hoje em dia é torcida pelas pessoas no sentido de aliviar o seu estresse ou então reforçar a estrutura dos óculos...

É por isso que o clipe de plástico também não está dando tão certo, apesar de ter várias vantagens sobre o de metal, como por exemplo não enferrujar.

Limpar as unhas parece que faz parte do *charme* do clipe Gem.

O fato é que o *design* do clipe Gem é tão bom que qualquer um pode mudar o seu formato com facilidade, o que já não acontece com os outros clipes.

Realmente o clipe Gem tem um formato que nem é longo demais nem é largo demais.

É simplesmente perfeito, servindo mesmo como um extraordinário exemplo para se conceituar o que vem a ser criatividade do ser humano.

Efetivamente, nada é mais simples do que propor a um estudante que formule dezenas de idéias sobre as diferentes maneiras de se poder usar um clipe, e aos do curso de Desenho Industrial, que inventem (ou expliquem) centenas de novos formatos para um novo clipe!!!

7.6

IDÉIAS PRESTATIVAS, BIZARRAS, EXCÊNTRICAS, DIVERTIDAS, CONTRADITÓRIAS, PROIBIDAS, DO ANO EM QUE SE LANÇOU ESTE LIVRO...

Inicialmente convém ressaltar que em particular no Brasil as empresas estão começando a remunerar os seus empregados pelas boas idéias, e muitas já estão apostando na criatividade, gastando mais do que com os programas de qualidade no início da década de 90 do século XX, impelidas pelo *slogan*: **Não existe nada no mundo tão perfeito que não possa ser melhorado!**

Nessa linha de pensamento, pode ser citado o Programa de Geração de Idéias que a Volkswagen lançou em outubro de 2001, e que nos primeiros dois anos gerou uma economia para a empresa superior a R$ 8 milhões, fazendo com que, por exemplo, o seu empregado Isael Claudino, mecânico de manutenção na fábrica de Taubaté, recebesse R$ 33 mil por uma proposta solucionadora de desperdício.

A idéia do mecânico proporcionou benefícios ambientais e econômicos, pois reduziu o consumo de água em 500 metros cúbicos por dia, possibilitando uma economia de R$ 705 mil e melhorando significativamente as condições ambientais da área da pintura.

A empresa sueca de rolamentos SFK, instalada há muito tempo no Brasil, também tem seu programa de captação de idéias, e o seu operário Gilberto Aparecido da Silva, cujo apelido é Pavão, ganhou R$ 25 mil por uma das suas idéias.

Ele, que trabalha há mais de 15 anos na empresa, decidiu acabar com o problema de uma máquina que ficava pelo menos duas horas por dia em manutenção com transtornos na calha de alimentação.

Com isso, o prejuízo chegava a mais de R$ 40 mil por mês, além de irritar os funcionários da SFK que eram obrigados a lidar com o equipamento.

Conta Gilberto Aparecido da Silva: "Está claro que é a máquina que tem de trabalhar, porém o que estava ocorrendo é que a gente acabava trabalhando muito mais que ela.

Aí debrucei-me sobre a prancheta e desenhei uma nova calha, que permitiu eliminar o problema em uma das máquinas.

Daí para a frente usou-se a mesma idéia para as outras máquinas, e o problema das freqüentes paradas foi sanado."

Poe certo que idéias como a do Pavão e tantas outras não surgem do acaso, e é essencial que nas empresas exista um programa formal de incentivo a propostas criativas visando à melhoria da qualidade, redução de custos, melhor desempenho dos processos e equipamentos, etc., ou seja, deve-se ter uma gestão ativa voltada para a melhoria e a inovação.

Comumente esse programa possui três estágios.

O primeiro é o da **caixinha de sugestões**, que recebe até "dicas" anônimas, sendo já um tanto quanto ultrapassado...

O segundo estágio pode se denominar **plano de idéias**, no qual se recebem centenas de idéias, contudo poucas delas são implementadas.

O terceiro e mais avançado estágio é o que se chama de gestão da inovação, que deveria ser uma da prioridades de toda organização que pretende se manter no mercado no século XXI.

Nele realmente existem ferramentas que permitem à empresa comprometer-se com a implantação das idéias provenientes dos seus empregados. Isso será abordado com detalhes no 4º volume.

Por enquanto, sem saber exatamente de onde vieram, vamos ressaltar algumas idéias extravagantes ou curiosas já implantadas (ou para serem), que sem dúvida perturbam aqueles que estão na zona de acomodação.

1ª Idéia – *Kama Sutra* no celular.

Pois é, os ensinamentos do *Kama Sutra* estão agora ao alcance de um toque, ou seja, no celular.

A Oi, operadora da Telemar, foi a primeira no Brasil a apresentar para os seus assinantes 40 imagens animadas das posições do famoso manual indiano do prazer, por meio do seu serviço de mensagens multimídia (*multimedia message service – MMS*).

Claro que o intuito da empresa é que essa sua idéia de divulgar os conhecimentos do nobre indiano Mallanaga Vatsyayana, que escreveu o livro alguns séculos antes da era de Cristo, seja de muito agrado para os seus usuários.

Para enriquecer seu conhecimento sobre o caminho hindu para a busca do prazer e da elevação espiritual do homem, o cliente naturalmente deve pagar uma "taxa módica" por mensagem multimídia recebida, aliás para efetivar isto deve ter um aparelho adequado (!?!?).

Além das imagens inspiradas no livro, o serviço da Oi também disponibiliza o grau de dificuldade para realizar cada posição.

→ **Isso que é realmente medir a dificuldade da qualidade da criatividade, não é?**

Naturalmente, devido ao grau de erotismo das cenas, o serviço só deveria ser acessado por maiores de 18 anos, e a operadora faz este alerta assim que o cliente solicita o MMS, entretanto não há como controlar o acesso...

O interesse da Oi em lançar a novidade originou-se dos resultados obtidos no mercado europeu (isto é que se chama de originalidade aplicada, não é?).

Naquele continente, o acesso às imagens do livro pelo celular, em 2003, transformou-se numa verdadeira febre, e tudo faz crer que o mesmo deverá ocorrer no nosso País.

Na verdade se a resposta do mercado brasileiro for positiva, a operadora não terá nenhuma dificuldade em elevar a variedade de posições a serem disponibilizadas para os assinantes.

Não se deve esquecer que *kama* significa em hindu: amor, prazer, satisfação, sendo um dos sustentáculos da religião hindu.

No livro *Kama Sutra* são descritas mais de 100 maneiras de se fazer amor (e o pior é que muitos até hoje pensam que só existe uma...).

Segundo especialistas na religião hindu, a variedade e quantidade das posições foi originada da vida de luxo e excesso de tempo livre da nobreza indiana da época, que por isso se dedicou ao aperfeiçoamento de habilidades sociais, artísticas e sexuais – aperfeiçoamento este mostrado em detalhes no *Kama Sutra*.

Todo indivíduo que pretende ser criativo deveria pelo menos colaborar com o descobrimento de uma nova maneira, diferente em algo do que já existe no *Kama Sutra*...

2ª Idéia – Galinha 051.

Sabe-se que uma galinha caipira põe em média 80 ovos durante o seu ciclo de vida.

Essa quantidade, considerada pequena perante o desenvolvimento do setor de avicultura, desestimula os produtores para continuar mantendo a venda de ovos caipiras nos grandes centros, e é por isto que o produto chega a custar muitas vezes o dobro (ou mais) do valor dos ovos de granja.

Estatísticas do setor mostram que o Brasil tem cerca de 70 milhões de galinhas poedeiras, que responderam pela oferta de 16,5 bilhões de ovos em 2003.

Naturalmente não estão aí computados os números referentes às galinhas de fundo de quintal, até porque ante o agronegócio brasileiro, essas estatísticas são desprezíveis.

Porém, a chamada galinha caipira mereceu a atenção dos pesquisadores brasileiros, não apenas porque representa um notável patrimônio genético, mas também porque sua criação está ao alcance da maioria das pessoas.

Não é necessário mais que um metro quadrado de espaço para criar duas galinhas que vivem comendo capim e vegetais em geral, insetos, minhocas, e até restos de comida de uma residência, desde que sejam desengordurados.

Milhares de experimentos têm sido feitos para tornar a galinha uma excelente "fábrica de proteínas".

Assim ficou famoso o caso dos franceses que tentaram criar a galinha pelada.

Eles acreditaram que sem ter de produzir penas, a ave teria mais energia para produzir carne ou ovos.

Realmente as galinhas nasceram sem penas, mas desenvolveram uma proteção corporal, ou seja, espessa crosta de pele e gordura, muito mais gastadora de energia que a cobertura de penas.

É inegável que os técnicos, valendo-se da inesgotável criatividade humana, já ganharam muitas batalhas.

Tanto a galinha poedeira quanto o frango de corte têm hoje um nível de eficiência na produção protéica de muitas dezenas de vezes em relação ao que se tinha, digamos, 50 anos atrás.

É indiscutível que se ganhou em quantidade, porém seguramente se perdeu em sabor...

Muito se reclama sobre a volta daquele frango de carne amarela ou do ovo de gema quase laranja que, quando frito, era ornado por um indiscutível "bordado marrom"!!!

Dessa forma, os caminhos até os prazeres da gastronomia, e mesmo a melhor oferta de proteína passam no Brasil pela preservação da variedade caipira.

E não é que os inovadores pesquisadores da Empresa Brasileira de Pesquisa Agropecuária (EMBRAPA) de Concórdia, no Estado de Santa Catarina, em 2003 conseguiram desenvolver geneticamente, após vários cruzamentos, uma "nova" galinha caipira que eles batizaram de "galinha 051", a qual pode botar **três vezes mais ovos** que a galinha comum.

Extraordinário, mas já temos uma nova boa idéia, vale dizer, a galinha 051, que durante o seu ciclo de vida põe (ou porá) de 280 a 300 ovos, mantidas as condições "desfavoráveis" de criação, isto é, as galinhas soltas, ciscando nos terrenos e sem iluminação.

Não se pode esquecer que as galinhas de granja têm diariamente 17 horas de luz artificial, o que favorece a produção pois elas vivem o tempo todo às claras...

Melhorada geneticamente, a galinha 051 reúne as qualidade das melhores poedeiras com resistência das galinhas caipiras.

Com essa nova galinha, a EMBRAPA espera contribuir significativamente para o aumento do consumo de ovos no País.

Em 2003, por exemplo, foi de 85 ovos a média de consumo de um brasileiro por ano, muito baixa ante os 304 ovos consumidos por ano por cada habitante dos EUA.

Para os pesquisadores da EMBRAPA, caso o consumo triplicasse no Brasil, muitos brasileiros superariam a desnutrição – uma grande colaboração para o programa Fome Zero – e milhares de produtores seriam beneficiados com o aumento da produção.

A vantagem da galinha 051 (foram comercializadas mais de 100 mil poedeiras em 2003) é que em breve ela estará disseminada por todo o País.

Isto irá contribuir sensivelmente para ampliar a oferta de ovos caipiras no mercado, estimulando o seu consumo: a preço menor, principalmente se a produção aumentar na proporção esperada.

3ª Idéia – Luva tradutora de sinais.

O engenheiro de computação, o mexicano José Hernández-Rebollar criou um sistema capaz de traduzir línguas de sinais em palavras faladas ou escritas.

Ele é o criador da luva eletrônica *Accele Glove,* sendo que este foi o tema do seu doutorado.

Conta o pesquisador: "A minha primeira aplicação não era a ASL (sigla em inglês da 'língua americana dos sinais'), mas sim a capacidade de traduzir gestos em comandos dentro de ambientes de computação gráfica ou realidade virtual.

Entretanto língua de sinais tinha uma série de vantagens do ponto de vista acadêmico, porque já contava com uma correspondência definida entre os gestos e as palavras.

Além disso, podíamos entrar em contato com as pessoas que a usam normalmente e ver o que funcionava e o que podia ser melhorado."

Foi com a ajuda de 17 pessoas que conheciam a ASL (desde principiantes a usuários fluentes) que o engenheiro fez o teste final do projeto.

Os sensores espalhados pela luva registram dados sobre a movimentação dos dedos no espaço e traduzem essa informação em palavras escritas numa tela ou "faladas" por um sintetizador de voz, com um intervalo de 12 milésimos de segundo entre cada gesto e a cada palavra.

Complementa José Hernández-Rebollar: "A minha luva eletrônica funciona com a exatidão de 95%.

O sistema permite tanto o uso do 'alfabeto dos dedos', em que o usuário vai formando palavras letra por letra, quanto o da própria ASL, cujos gestos exprimem conceitos completos.

O repertório atual, com 200 palavras, ainda é pequeno, porém não será complicado ampliá-lo.

Por sorte, existem princípios comuns, como o componente espacial e o movimento das mãos junto ao corpo.

Tenho porém dois grandes desafios.

Um deles é como decifrar alguns movimentos especialmente complicados; por exemplo, no sinal para porcentagem (%) a pessoa desenha os dois zeros e a barrinha no ar, o que atrapalha muito a interpretação.

O outro é o de desenvolver uma versão que possa ser usada nas duas mãos, dando mais potencial expressivo ao sistema.

O conjunto de sensores na segunda mão precisa ser a cópia exata da primeira, e o principal problema técnico é a orientação dos gestos entre uma mão e outra.

Quero destacar que o meu trabalho não tem nada a ver com o possível uso militar de aparelhos similares pela Marinha dos EUA em comunicação silenciosa.

Não gostaria de forma alguma de estar envolvido numa coisa bélica, pois sou totalmente pacifista.

Sei de outras pessoas trabalhando em coisas parecidas, mas não estou ligado de maneira nenhuma a tais projetos.

O que posso adiantar é que está a caminho uma versão turca, pois um amigo meu de faculdade era turco e hoje voltou a Istambul.

Estou trabalhando numa versão espanhola da luva, e a partir dela não será muito complicado para se chegar a um modelo em português."

4ª Idéia – Taxa sobre gases animais.

Em setembro de 2003, fazendeiros bloquearam as ruas de Wellington, capital da Nova Zelândia, em protesto aos planos do governo de impor o primeiro imposto sobre flatulência animal.

A taxa já foi apelidada de "imposto traseiro", e seria usada para custear pesquisas sobre formas de reduzir os 38 milhões de toneladas de metano emitidos a cada ano pelos rebanhos de ovelhas, gado e veados do país.

Quatrocentos fazendeiros protestaram diante da sede do Parlamento bloqueando-o com dezenas de tratores, e um parlamentar de oposição que apoiava o movimento chegou a conduzir uma vaca, chamada *Energia*, pela escadaria do prédio.

Tom Lambie, presidente dos Fazendeiros Federados, argumentou: "Os fazendeiros na Nova Zelândia não contam com qualquer subsídio e estão completamente desprotegidos num mercado globalizado profundamente distorcido.

A imposição dessa desnecessária taxa é mais um gasto que nós não devemos assumir.."

A incrível adesão contra a taxa – que custará em média a cada fazendeiro o equivalente a R$520 por ano – reuniu 65 mil assinaturas, mais do que metade de todos os criadores da Nova Zelândia.

Apesar de a taxa estar sendo chamada também de "a taxa dos gases", mais de 90% do metano emitido pelos rebanhos vem do arroto dos animais e não da flatulência, o que pode sugerir no futuro alguém ter a idéia de taxar o arroto animal...

Seja como for, os gases liberados pelos 32 milhões de ovelhas, pelos 10,5 milhões de bois e vacas e pelos 2,1 milhões de veados da Nova Zelândia contribuem com 61% das emissões de gases de efeito estufa – bem mais que a indústria automotiva ou que a geração de eletricidade a partir da energia térmica.

Quem deu a idéia para o governo neozelandês fundamentou-se bem, para assim ter recursos que permitam acelerar as pesquisas sobre como diminuir as emissões de gás dos rebanhos antes de 2008, quando o Protocolo de Kyoto entrar em vigor.

Como se pode depreender, logo, logo essa idéia acabará chegando a algum parlamentar brasileiro com toda a certeza!!!

5ª Idéia – Padaria para cães e outras facilidades para os animais de estimação.

O que leva uma pessoa a perder noites de sono ao lado do seu bichinho, sofrendo com ele, e a gastar fortunas para mantê-lo vivo e bem cuidado?

Amor, respondem os donos!!!

Doenças e morte são o grande pavor dos donos de bichinhos de estimação, em sua grande maioria cães e gatos no caso do Brasil.

Eles não se conformam quando eles morrem, esquecendo que a média de vida dos cães maiores é de 9 anos e dos pequenos, de 13 anos.

O amor que os donos sentem por eles é em muitos casos igual ao que têm pelos filhos, pois entre outras coisas eles lhes dão muita alegria percebida pela festa que fazem após um dia de trabalho, como se não os vissem há anos...

Essas histórias de amor entre seres humanos e seus *pets* (bichos de estimação) fez com que desaparecesse o tempo em que "minha vida de cachorro" era roteiro de um filme triste.

Hoje, cães e gatos vão para creches enquanto seus donos trabalham; usam roupas, ganham brinquedos e todo tipo de mimo, perdem peso em *spas*, andam de táxi, são assistidos em clínicas e hospitais sofisticados.

Não existe crise no comércio de alimentos, produtos e serviços para *pets*.

Ao contrário, é um mercado em expansão.

Por exemplo, segundo a Associação Nacional dos Fabricantes de Alimentos para Animais (ANFAL), em 2003 a indústria produziu 2,1 mil toneladas e faturou U$ 687 milhões.

É por isso que se tornou referência o rápido crescimento em São Paulo da empresa COBASI, agora chamada o *shopping* do seu animal, que nas suas lojas tem mais de 20 mil itens voltados a bichinhos de estimação.

Em São Paulo já existem hospitais abertos 24 horas, para tratamento de animais como é o caso do Pet Life Centro de Bem-Estar Animal no Morumbi, com opção de tratamentos alternativos, como acupuntura, florais e homeopatia.

Ele tem creche, hotel, *pet shop* com banho e tosa e um centro de adestramento em obediência, do básico ao avançado.

Hoje em dia, *pet* que se preza toma até banho de ofurô em tinas de água quente com pétalas de rosas, faz hidroginástica e tem *book* montado por fotógrafos que registram as imagens na própria casa.

Se ficam agressivos ou deprimidos, os cães têm hora marcada com psicólogos.

E para agradá-los, nada como passar em São Paulo, na *Dog Bakery*, a primeira padaria para cães e gatos do Brasil, que produz 16 sabores de biscoitos (entre eles, atum, carne, frango, mel e hortelã, para o hálito), além de bolos, tortas e salgados sem sal, açúcar ou gordura.

Aliás, os sucessos de venda são o quibe e o *pane* canino.

Portanto, se você quer inovar, basta apreciar o que torna um proprietário feliz porque o seu *pet* está feliz.

Haja inovação e espaço para os empreendedores, não é?

6ª Idéia – Vinho com rótulo de Adolf Hitler.

A produtora de vinhos Lunardelli, localizada em Udine, lançou em 2003 vários tipos de vinho em garrafas especialmente criadas tendo rótulos que mostram Adolf Hitler.

Deve-se recordar que em épocas anteriores a Lunardelli comercializou seu vinho em garrafas especiais com rótulos de Che Guevara, Churchill, Marx, Stálin, Mussolini, etc.

Porém, o próprio governo da Alemanha formalizou um protesto para o governo italiano contra a comercialização de vinhos da Lunardelli com rótulos que mostram o ditador Adolf Hitler e outros dirigentes nazistas, como Hermann Goering, o segundo homem na hierarquia do Partido Nazista, e Heinrich Himmler, chefe da SS (a tropa de elite hitlerista) e um dos principais comandantes do genocídio dos judeus na Europa durante a 2ª Guerra Mundial, entre outros.

Ao entrar no *site* da empresa tem-se a explicação de que esta produção foi feita a título da série histórica para celebrar personagens da Itália e do mundo.

O diretor da Lunardelli, Roberto Castelli, expôs: "As garrafas de Hitler trazem realmente as frases *Sieg Heil* (uma saudação nazista) e *Ein Volk, ein Reich, ein Führer* (um povo, um império, um líder) justamente para atingir o mercado alemão.

Todavia isso já foi feito com outros líderes mundiais, sem nenhum problema..."

A venda de produtos com imagens que remetem ao nazismo é atualmente proibida na Alemanha, o que não é um obstáculo final pois, as garrafas da Lunardelli são vendidas pela Internet, com o que ela dribla o impedimento...

Na Itália a venda é legal, pois todos os processos de entidades judaicas movidos contra a empresa foram arquivados, visto que a justiça italiana considerou que os rótulos não exaltam Hitler.

Bem, aí está uma idéia que desagradou a muitos, porém mesmo assim as garrafas se tornaram um sucesso de *marketing* e a Lunardelli, com o auxílio do *e-commerce* (comércio eletrônico), conseguiu com que muita gente, principalmente na Bavária, tomasse o seu vinho com o rótulo de Hitler a contragosto, inclusive a ministra alemã da Justiça, Brigitte Zypries, que considerou os rótulos de extremo "mau gosto".

7ª Idéia – Ônibus de luxo conquistam os passageiros de avião.

Como o preço do bilhete aéreo está proibitivo para alguns brasileiros, algumas empresas de ônibus que oferecem transporte rodoviário entre cidades difíceis (ou não) de serem alcançadas por transporte aéreo flexível estão oferecendo serviços extremamente inovadores.

Tudo começa pela sala de espera, que faz lembrar muito a de um aeroporto, com ar condicionado e poltronas estofadas, cafezinho antes do embarque, monitores de TV e as sorridentes recepcionistas que dão boas-vindas aos passageiros.

Os ônibus utilizados são do tipo *Double Deck*, com dois andares (pelo menos estes são os veículos da Empresa Viação 1001).

A parte inferior é dedicada à primeira classe, com direito a cobertores e travesseiros, para aqueles que preferem dormir durante a viagem.

Por isso, é composta por apenas seis poltronas leito.

No segundo piso funciona a classe executiva, com 40 poltronas-semileito.

Um outro serviço é o de TV, e os ônibus chegam a ter até três monitores que transmitem programas comprados da Rede Globo.

Porém, o que mais atrai os passageiros são os preços, de 5 a 8 vezes mais baratos que uma passagem aérea. Por exemplo, para o trecho mais demandado que é aquele entre São Paulo e Rio de Janeiro, no qual se gasta cerca de 5 horas de ônibus (sem se considerar a possibilidade de congestionamentos)contra os 45 minutos do avião (sem se considerar o tempo que se leva até o aeroporto e os atrasos muito comuns devido a problemas de tempo e congestionamento do tráfego aéreo), o custo do ônibus é pelo menos 6 vezes menor.

8ª Idéia – Um novo Sete de Setembro.

Em 2003, pela primeira vez a estratégia de comunicação do governo federal foi no sentido de exaltar os símbolos e datas nacionais, como forma de estimular o patriotismo na população.

Assim, o presidente Luiz Inácio Lula da Silva assinou no início de setembro de 2003 um decreto determinando que todos os estabelecimentos de ensino do

País façam o hasteamento solene da bandeira nacional pelo menos uma vez por semana.

Também se buscou transformar o Sete de Setembro numa festa popular.

Entre as "atrações" dessa comemoração em Brasília estiveram os heróis dos Jogos Pan-Americanos de Santo Domingo, e com eles o tenista medalha de ouro Fernando Meligeni, além de *shows* de pára-quedistas e acrobacias aéreas.

E realmente essa idéia criativa tirou um pouco do excessivo enfoque na parada militar, e o desfile em Brasília em 2003 atraiu mais de 50 mil pessoas, muito mais do que nos anos anteriores, tendo dessa vez o presidente da República dispensado o Rolls Royce e desfilado em carro aberto, para depois cumprimentar a população.

Gastou-se também muito pouco com essa festa (dizem os organizadores que foi menos de R$ 1 milhão).

Com isso, parece que foi atendida uma das solicitações do presidente Luiz Inácio Lula da Silva, que alguns dias antes de 7 de setembro, ao participar na Petrobrás de um ato de adesão ao programa Fome Zero, disse: "Nós temos que fazer como faz uma dona-de-casa ou um casal quando no final do mês recebe menos do que precisava, às vezes menos do que merecia, e com aquele dinheiro decide fazer a sua família sobreviver. Nós temos pouco, por isso temos de colocar nossa criatividade acima dos recursos."

Pois é, as comemorações do nosso Dia da Independência ainda não têm atraído maciçamente a população, como ocorre por exemplo no 14 de julho na França, ou na noite de 15 para 16 de setembro no México, mas sem dúvida foi uma excelente idéia introduzir no desfile algo que o povo aprecia e que o entusiasma no momento.

7.7

SUECOS E SUAS MARAVILHOSAS INVENÇÕES.

Vamos fazer aqui um relato específico de um povo muito inventivo e de alguns dos seus criativos inventores, que deveria servir de exemplo para os brasileiros!!! Dentre outros, são seus inventos: a máquina de contar e distribuir dinheiro, o que possibilitou o surgimento do caixa eletrônico; o congelamento dos alimentos em nitrogênio líquido, responsável pela verdadeira explosão no estilo de conservação da comida; as caixas de leite e outros líquidos, que aposentaram definitivamente os saquinhos plásticos e os litros de vidro; os monitores de tela plana usados em computadores e em televisores; o sistema centígrado de medir temperaturas, maçarico, fogão a querosene, diamantes sintéticos, etc.

Todas essas invenções e muitas outras, que fazem parte do nosso dia-a-dia, são alguns dos motivos **por que os suecos se orgulham de ser suecos** (sem esquecer que eles também fabricam a vodca Absolut).

Aliás, nos campos da medicina e da saúde eles também não fazem feio: o anestésico local *xilocaína* (mais de um milhão de injeções do mesmo são aplicadas por dia no mundo todo), a nutrição intravenosa, o marcapasso, o implante dentário com base de titânio, o ultra-som e a diálise também foram inventados pelos súditos de Carl Gustaf e seus antepassados.

O orgulho de ser sueco é tanto que o Swedish Institute mantém uma página na Internet com a relação das invenções e descobertas feitas por eles: www.si.se/eng/esverige/inventio.html.

Quem entrar nesse endereço perceberá uma lista bem extensa e diversificada, que começa pelo produto bélico mais lembrado que é a dinamite, inventada por Alfred Nobel, que depois estabeleceu os famosos prêmios que levam o seu nome.

Os suecos gabam-se pelo fato de Carl Wilhelm Scheele ter descoberto muitos elementos químicos, e de que outros inventores levaram ao surgimento da máquina de ordenha, da caldeira de vapor a alta pressão, do mancal de rolamentos, da medida de comprimento de ondas, etc., com o que aumentaram significativamente as contribuições suecas para a humanidade.

O zíper foi inventado por um norte-americano, porém foi o sueco Gideon Sundbäck que conseguiu apresentar um modelo que funcionasse, isto ainda em 1900.

Empresas multinacionais importantíssimas são suecas.

Uma delas é a Ericsson, sendo que Lars Magnus Ericsson, um dos donos e fundadores da mesma, era inicialmente um vendedor de telefones.

Ele desenvolveu os equipamentos, projetou a mesa comutadora e montou redes de telefones.

Ainda em 1890, a Ericsson já abria subsidiárias no exterior quando pouco se falava de globalização.

Hoje, a empresa que leva o seu nome é a maior em capitalização na bolsa em seu país.

Uma parceria entre a Ericsson, a Swedish Telecom (atual Telia) e a Ellementel desenvolveu o sistema AXE, de comutação telefônica digital controlada por computador.

O sistema foi vendido para 113 países.

Evidentemente o caso da Ericsson não é isolado.

Muitas das invenções deram origem ou impulso decisivo a empresas suecas que hoje se sobressaem no mundo todo.

Assim, um sueco liderou uma equipe da Asea (hoje Asea Brown Boveri – ABB), que desenvolveu a transmissão de corrente elétrica direta de alta voltagem, testada pela primeira vez em 1954.

O uso de tristores para facilitar a transferência de potência de tração sem derrapagem foi desenvolvido por Tore Nordin, na ABB em 1960, e isto deu origem a uma locomotiva que se tornou um dos produtos mais exportados pela Suécia.

Anteriormente, a Asea já tinha tido um grande impulso com o sistema de eletricidade trifásico, inventado por Jonas Wenström.

Deve-se salientar que muitas das invenções suecas também só obtiveram sucesso quando foram adquiridas por empresas de outros países.

É o caso, por exemplo, dos monitores de tela plana, viabilizados depois da descoberta dos cristais líquidos ferro-elétrico pelo sueco Sven Torbjörn Lagerwall.

Em 1985, a Canon comprou a licença para a fabricação dos monitores de tela plana de alta resolução de imagem, e só em 1994 eles entraram em produção em massa.

Atualmente, o mercado para esses monitores supera US$ 11 bilhões e está crescendo cada vez mais, pois essas telas já estão sendo usadas em televisores.

O sueco Johan Petter Johansson é o responsável por 118 invenções, tendo por exemplo projetado e patenteado a chave de boca ajustável, sendo que para produzi-la ele fundou a empresa que se chama Sandvik Bahco, que já fabricou mais de 105 milhões dessas chaves.

Mas a contribuição dos suecos para transformar e melhorar o mundo, no entanto, não se limita a **produtos notáveis**.

Eles inovaram muito com o estabelecimento do primeiro jardim botânico do mundo, em Upssala, por iniciativa de Olof Rudbeck (Já que é tão frio e complicado para manter as plantas vivas durante o ano todo), ele que também descobriu o sistema linfático humano.

O sistema de classificação de plantas, animais e minerais se deve a Carl von Linné, conhecido como Linnaeus, que ainda contribuiu decisivamente para o desenvolvimento do método de indução científica, ao insistir nas provas empíricas para o estudo da botânica e da medicina.

A estatística populacional pode-se dizer que teve a sua origem em 1686, com a determinação do presidente da Real Academia de Ciências, Pehr Wilhelm Wargentin, de que a Igreja da Suécia mantivesse registros de nascimentos, mortes e de pessoas que se mudassem das paróquias.

Jöns Jacob Berzelius elaborou a tabela de pesos atômicos, tendo também descoberto os elementos selênio, silício e tório.

Bem, a conclusão é uma só: **a humanidade deve muito da sua evolução a centenas de suecos criativos (e é claro que a milhares de outros gênios de outros países em muitas gerações...)!**

Algumas coisas podem ser percebidas a partir dessa história de sucesso dos suecos, a saber:

1) Uma idéia não se transforma em inovação até que ela seja amplamente adotada e incorporada na vida diária das pessoas.

2) As boas idéias surgem quando pessoas com perspectivas ou pontos de vista diferentes trabalham juntas para solucionar um problema.

3) A criatividade irrompe a partir de uma mente inquisitiva e principalmente quando se está "aborrecido" e se quer desafiar o *statu quo*, o que os criativos suecos fizeram muitas vezes como, por exemplo, ter um jardim botânico num país que a maior parte do tempo tem temperatura bem fria.

4) A criatividade tem muito a ver com a vontade de assumir riscos, e isto os suecos têm no seu sangue desde o tempo dos *vikings*.

5) Você deve estar sempre aberto para aprender com o inesperado, e assim, se estiver próximo de uma descoberta, reconhecerá isto e agirá no sentido de viabilizá-la.

6) As inovações não precisam ser só de coisas complexas.

7) A inovação requer uma crença fundamental de que as pessoas são importantes e que qualquer uma delas pode ter uma idéia brilhante. A Suécia talvez seja um dos países mais democráticos do mundo e no qual todos têm direito a perguntar e a contestar ou apresentar as suas sugestões.

8) A criatividade surge devido ao fato de que o ser humano acredita que nunca está totalmente seguro, absolutamente convencido ou no controle total.

A Suécia, mais que a maioria de outros países, sabe que deve lutar muito pela sua sobrevivência, principalmente no tocante à crescente demanda de energia, e por isto sempre inventou coisas novas!!!

Que exemplo fantástico para nós brasileiros, que acreditamos e realmente somos muito criativos, mas infelizmente não temos tantas conquistas como as já obtidas pelos suecos...

7.8

CONSTRUINDO A FÁBRICA DE INOVAÇÕES.

Os professores Andrew Hargadon e Robert I. Sutton escreveram na revista *Harvard Business Review* (maio-junho 2000) o interessante artigo *Building Innovation Factory,* mostrando que a empresa que tiver mais e melhores idéias irá se destacar cada vez mais no século XXI.

O fato importante que eles perceberam do que é apresentado pelos "criáticos", após cinco anos de pesquisa é que o melhor dos "criáticos", ou seja, dos inovadores pode ser sistematizado no que se refere ao teste das suas novas idéias, e que existe um sistema (ou no mínimo um esquema) que pode ser aplicado praticamente em qualquer tipo de organização para incrementar a inovação, sendo que não é tão difícil fazer aparecer os "gênios das empresas".

Em primeiro lugar é vital destacar que os inovadores **não são gênios solitários.**

Eles são pessoas que podem tomar uma idéia que é obvia em um certo contexto e aplicá-la de maneira não tão óbvia para um contexto diferente.

A boa notícia é que muitas empresas já aprenderam como **sistematizar esse processo**.

Inicialmente deve-se entender que os inovadores sistematicamente usam as velhas idéias como matéria prima, procurando um novo uso para as mesmas.

Pode-se chamar esta estratégia de **corretagem do conhecimento** (*knowledge brokering*), e as empresas que fazem isto servem como intermediárias ou corretoras entre conjuntos de idéias outrora totalmente desconectadas.

Esse, por exemplo, deve ter sido o caso do surgimento do grampeador da Swingline, que afinal de contas se fundamentou numa idéia bem antiga.

Eternamente iguais, desde que surgiram os pioneiros no final do século XIX, não há nada mais deselegante e sisudo sobre uma mesa de trabalho que o **visual dos grampeadores**.

É engano, porém, pensar que essa é uma sina inexorável desses utensílios tão prestativos à ordem em um escritório: serem compostos por suas pesadonas e longas hastes horizontais de metal que, por mais que se sofistiquem no acabamento, não podem ter formato ou peso diferente.

Ao contrário, eles podem ser verdadeiros exemplos de charme e leveza, entreter seus usuários ao revelar o preciso mecanismo que possibilita prender duas ou mais folhas de papel a partir de um leve movimento de pressão manual, e até mesmo trocar o horizontal pelo vertical.

Mais que isso: podem ser legítimos representantes da noção de **fluidez** no *design* moderno.

Aliás, a fluidez aconteceu, por exemplo, na exibição do Museu Nacional de *Design* Cooper-hewitt realizada em Nova York no final de setembro de 2000, nos modelos de grampeadores Worx e Contura desenvolvidos pela tradicional fábrica de material de escritório nova-iorquina de Queens, a Swingline (Figura 7.11).

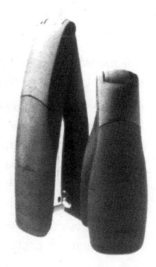

Figura 7.11 –
Os grampeadores de *design* moderno da Swingline.

A bem da verdade, eles representam uma verdadeira revolução em marcha!!!

O denominador comum entre os objetos exibidos revelou-se na arte de fundir estrutura e superfície no projeto, com a fluidez da última tomando o lugar da rigidez da primeira.

O diretor de estratégia do estúdio germano-americano Frogdesign, Steven S. Holt, reconhecido como um visionário do mundo do *design,* assim se manifestou a respeito dos dois grampeadores: "Os novos modelos de grampeadores fizeram a prerrogativa da escolha chegar à mesa dos escritórios.

Eles possuem o mais avançado e o mais aceitável dos *designs*.

O mais importante é que foi feito algo que funciona do jeito que as pessoas querem usá-lo."

Bem, tanto o Contura concebido em 1998, quanto o Worx de 1999 são graciosos, coloridos e "joviais", e além disso tudo mudou-se o prumo dos grampeadores pois eles ficam de pé!!!

Com isso, são mais fáceis de serem apanhados pelo usuário.

São leves, têm uma forma escultural que elimina o jeito sempre pontiagudo de seus antecessores, e acomodam os dedos que os pressionam.

Consomem menos esforço do usuário em cada perfuração.

São transparentes, de modo que se pode assistir ao mecanismo que permite grampear os papéis em funcionamento.

Só resta saber agora se serão um sucesso comercial, não é?

É aí que está o primeiro passo sugerido por A. Hargadon e R. I. Sutton para se construir uma fábrica de inovação: **saber capturar as boas idéias.**

Nesse sentido, é muito importante ter na empresa o apoio dos **corretores de conhecimento,** que são pessoas que permitem difundir a boa idéia. Também precisam existir as **empresas corretoras** (ou difusoras) que vão divulgá-la (por exemplo, os novos grampeadores da Swingline) para múltiplos mercados e indústrias no mundo todo.

A verdade é que os corretores do conhecimento conseguem captar mais idéias para as vantagens de um dado produto quando fazem um trabalho focado nos problemas específicos.

O segundo passo é o de manter as idéias novas vivas.

Este passo é crucial porque as idéias não podem ser usadas se elas forem esquecidas.

Os psicólogos cognitivos têm evidenciado que o maior obstáculo para a solução dos problemas freqüentemente é a ignorância, ou seja, as pessoas não conseguem ter à sua disposição a informação necessária no momento certo, mesmo que a tenham aprendido...

Manter a memória organizacional não é uma tarefa simples, até porque existe atualmente uma grande rotatividade e muitas pessoas saem das empresas.

Além disso, a separação geográfica, as disputas políticas, a competição interna e sistemas inadequados de incentivo podem impedir a difusão das boas idéias.

Portanto, para que permaneçam úteis, as boas idéias precisam ser passadas para os outros, e os corretores do conhecimento efetivos podem manter as idéias vivas difundindo a informação sobre **quem sabe o quê** dentro da organização.

Assim, desde que se queira construir uma fábrica de inovação dentro de uma organização, é necessário que se tenha uma boa **equipe de corretores do conhecimento** que pertença à empresa, além de atuarem como coletores de conhecimento alheio!!!

O terceiro passo para se construir a fábrica de inovação, já comentado, é o de **procurar imaginar sempre novos usos para as idéias antigas**.

É este o comportamento que se deve incutir em todos os empregados de uma organização, pois a história tem comprovado que a maioria das inovações tem surgido de idéias antigas aplicadas em novos contextos.

Um exemplo bastante interessante de como se deve insistir numa velha idéia para novos contextos é do *Corian* da Du Pont.

Tudo começou no início da década de 70 do século XX, quando cientistas da Du Pont mergulharam pela primeira vez uma espátula num reservatório contendo acrílico metacrilato de metila, e o mineral natural alumina e concluíram que **haviam inventado um material utilíssimo**.

Enrijecida, a mistura virava uma placa sólida e homogênea que, com um pigmento branco e polimento, passava por um **belo mármore sintético**.

Batizado de *Corian*, o produto foi lançado pela Du Pont como uma alternativa sofisticada, e cara, para a velha fórmica.

O novo material virou moda no mercado de construção residencial de alto padrão.

Não tardaria em se transformar numa das marcas campeãs de vendas da Du Pont.

Só que não deixava de ser plástico!!!

Porém os partidários da pedra de verdade menosprezavam o produto.

No início dos anos 90 do século XX, as vendas do *Corian* definhavam. A DuPont esteve perto de desovar a marca em 1992, quando trocou seu braço de acrílico pela divisão de náilon da Imperial Chemical Industries PLC.

Quem evitou a "perda" foi Edgar Woolord, então o "cabeça" da Du Pont.

Entre as iniciativas para revigorar a marca estava mostrar a flexibilidade, ou seja, um novo uso do *Corian*.

Daí o surgimento de brindes como canetas-tinteiro e quebra-cabeças feitos do material.

Uma outra iniciativa foi a de promover a mostra do Museu de Arte Contemporânea de Chicago, na qual foram expostas muitas esculturas abstratas de mais de 2 metros de altura feitas de *Corian*.

Aliás, no museu de Chicago, o arquiteto italiano Ettore Sottsass usou o *Corian* em painéis, paredes iluminadas, pilastras e colunas.

A Du Pont patrocinou a mostra *Exercices in Another Material* (Exercícios com Outro Material) e convidou muita gente para uma conferência de Ettore Sottsass para salientar as várias alternativas de uso do seu produto *Corian*.

E a partir daí, para tirar o *Corian* da cozinha, começou a ficar um pouco mais fácil...

O material, por seu turno, deixou de ser exclusividade do mercado de alto padrão, e o resultado é que o faturamento anual do *Corian* está crescendo em cerca de 15% ao ano.

Hoje, porém, o *Corian* vem causando furor longe das cozinhas e dos banheiros.

A Du Pont investiu pesado para revigorar um dos seus produtos mais famosos.

Agora o *Corian* começa a ser encarado por *designers* e artesãos como um produto sintético capaz de ser esculpido, polido, tingido e moldado para assumir quase toda forma imaginável.

Embora o grosso das vendas continue a vir do revestimento de superfícies, o *Corian* começa a dar as caras em lugares inusitados.

É o caso da famosa estação nova-iorquina Grand Central, onde o público pode descansar em cadeiras de *Corian* verde e vermelho moldadas à semelhança de uma confortável poltrona.

Segundo o *designer* David Rockwell, por ser durável e fácil de limpar, o *Corian* será perfeito para a mobília da movimentada estação.

Que excelente relato de evolução de novas aplicações para uma velha invenção, não é?

Freqüentemente as novas aplicações são obviamente simples, porém é necessário para ver aquilo que até os "cegos enxergam", quando as pessoas se acostumam a perceber analogias em tudo, como é o caso de um grupo de engenheiros de processo, que a partir de um produto médico para limpar feridas com um fluxo de solução salina, desenvolveu um sistema especial de lavagem de máquinas.

As velhas idéias podem se tornar soluções poderosas se a empresa possuir **corretores do conhecimento habilidosos** que consigam perceber analogias para a aplicação das mesmas em outros contextos.

Existe nos EUA uma empresa chamada Design Continuum que foi contratada alguns anos atrás pela Reebok para desenhar um produto que pudesse competir com a tecnologia *Nike Air*.

O pessoal da Design Continuum perguntou à alta administração da Reebok se estava bem desenvolver um tênis (calçado) que desse mais estabilidade, bem como se ajustasse melhor ao pé.

Aprovada a idéia pela alta administração, os *designers* desenvolveram o *Reebok Pump* com um dispositivo para inflar o tênis, o que permitia o seu ajuste melhor, e criaram assim um produto novo que conseguiu competir um certo tempo como a linha *Nike Air*.

E assim chega-se à quarta etapa, qual seja: **a de colocar os conceitos promissores para serem testados.**

Na realidade, isto foi feito, por exemplo, antes de se lançar o *Reebok Pump* no mercado.

É um procedimento indispensável que um novo produto – ou uma nova prática de trabalho – antes de ser colocado no mercado (em uso) seja testado (a), e se for aprovado (a), aí é colocado(a) à disposição de todos.

Expressar **rapidamente** uma idéia criativa no serviço **real**, em um produto, em um processo ou no modelo de gestão é a etapa final, que é a implementadora do **ciclo de corretagem.**

Por **real** deve-se entender concreto o suficiente para ser testado, e por **rapidamente**, o mais cedo possível em alguma atividade que os novos eventuais erros ou falhas possam ser notados e as devidas correções executadas.

Os corretores do conhecimento precisam difundir na empresa uma cultura que seja contrária à submissão às regras, isto é, que se pode fazer algo de várias formas.

Um exemplo bem simples disto é o livro escrito pelos físicos Thomas Fink e Yong Mao, *The 85 Ways to Tie a Tie: The Science and Aesthetics of Tie Knot*, no qual eles descrevem 85 maneiras diferentes de se dar um nó de uma gravata.

Desde que a peça de vestuário gravata surgiu como tal no século XIX, somente quatro variações de nós são reconhecidos pelos tratados de elegância.

E agora T. Fink e Y. Mao "rebentam" com esse velho paradigma e apresentam 85 maneiras para as voltas que se pode dar numa gravata.

A indústria e a tecnologia multiplicaram os estilos e as texturas e, no entanto, convém admitir que a maioria de nós ao praticar o ato de ciência social de todas as manhãs, quando fazemos o nó da gravata, **o temos feito da mesma forma há muitos anos!!!**

Pensando certamente nisso é que os dois graduados cientistas ingleses T. Fink e Y. Mao resolveram dar mais opções para cada um dos nós.

Eles pertencem àquela geração insurgente dos anos 60 que prometia, além de fazer a revolução, prescrever o torturante emblema do patriarcalismo burguês, ou seja, eliminar o uso da gravata.

Porém as gravatas resistiram!!!

O máximo que a geração da década de 60 do século XX conseguiu nesse quesito foi implantar horríveis modelitos *op*, *pop* e psicodélicos, que tinham o dom de ofuscar os circunstantes a muitos quilômetros de distância.

Mas hoje em dia, graças à dupla pesquisadora e à teoria das combinações, o entediado cidadão a caminho do espelho matutino está habilitado a percorrer um **portfólio de 85 nós!!!**

A pequena cartilha elaborada por T. Fink e Y. Mao é facilmente manuseável e minuciosamente ilustrada.

Não se deve esquecer porém que uma gravata normal tem entre l,35m e l,50m de comprimento e 9 centímetros de largura.

As características habituais dos tecidos usados para se confeccionar uma gravata, como seda, algodão, náilon, *jacquard* ou poliéster limitaram as possibilidades de se fazer o nó a 10 movimentos.

Mas no livro de T. Fink e Y. Mao se apresenta, por exemplo, a forma nº 79, marca registrada do artista plástico suíço Balthus, que no fundo é um emaranhado tão denso que dá a impressão de que a vítima, perdão, o usuário, tem uma bolota presa à garganta.

Os autores T. Fink e Y. Mao aceitam a improvisação, porém impõem o limite de que toda e qualquer tentativa deveria respeitar a simetria e o equilíbrio.

Simetria neste caso é a arte de descrever com a ponta da gravata tanto movimentos à esquerda quanto à direita, o que, de cara, eliminaria o nó denominado simples (um dos quatro clássicos), o qual costumava acompanhar gravatas magrelinhas que tiveram o seu apogeu nos duvidosos anos 60 de século XX, pois é o tipo do nó que descai para um lado ou para outro.

Equilíbrio, explicam os dois pesquisadores, consiste em enquadrar uma solução que fique firme e mantenha, independentemente da espessura do tecido, o formato do nó.

Se ainda assim, acatado o duplo critério, 85 nós são possíveis, nem por isto eles recomendam todos.

Em parte, para que ninguém perca tempo à frente do espelho em contorções.

Além disso, testadas experimentalmente as tais 85 possibilidades, só resultaram "esteticamente recomendáveis" aos olhos de T. Fink e Y. Mao **13 delas**.

E aí o que era **rigor da ciência** passou a ser uma **questão de bom gosto**.

Quem quiser ter uma fábrica de inovação na sua empresa precisa ter empregados, principalmente no nível gerencial, que venham ao trabalho com nós de gravata acompanhando algumas das 13 maneiras apontadas por T. Fink e Y. Mao e que queiram se esforçar para inventar o seu próprio, **talvez o nº86!!!**

Naturalmente os viabilizadores (os "corretores") do conhecimento não são os únicos homens nos negócios que usam protótipos, simulações, modelos e programas-piloto para testar e refinar as idéias.

A grande diferença deles em relação aos outros pesquisadores é que eles são os que mais rapidamente conseguem capturar e gerar novas idéias e transformá-las em realizações.

Os corretores (ou viabilizadores) precisam ser bons na **avaliação** e no **teste das idéias,** sabendo julgar e perceber o seu mérito e não permitindo que a política ou outros procedimentos os influenciem negativamente.

A atitude comum dos corretores em relação às idéias comumente deve ser: "elas chegam fácil e vão embora de forma fácil também"!!!

Para eles, se uma idéia parece resolver algum problema vigente, então procuram trabalhá-la até que ela se torne um novo produto ou serviço.

Mas se uma idéia lhes parecer que não vai funcionar, a abandonam sem relutar e imediatamente começam a procura de uma outra.

Os corretores (ou viabilizadores) eficazes são aqueles que raramente perdem tempo tentando fazer algo funcionar (ou dar certo) em vista das evidências que de fato não funcionará, pois são especialistas em qualidade da criatividade...

O seu foco está sempre em achar as melhores idéias para resolver os problemas, e não soluções que os possam tornar famosos !!!

Pode-se definir melhor essa atitude como sendo: **"aceitamos que não foi inventado aqui"**.

Em outras palavras, eles estão sempre prontos a trazer algo ou alguém de fora para ajudá-los a resolver os problemas de suas empresas, e também para testar as suas idéias e as já apresentadas na própria organização.

A síndrome de **não usar** o que não foi inventado aqui é encarada pelos corretores do conhecimento como um comportamento ineficiente, arrogante e que pode ser fatal para a inovação.

Os corretores, assim que percebem um conceito promissor, imediatamente constituem uma equipe de desenvolvimento para poder testá-lo.

Testar sempre um **protótipo** deve ser a forma de vida em toda empresa que quer **ser uma fábrica de inovação!!!**

Ao se colocar um conceito em teste não se auxilia apenas a determinar se o mesmo tem valor comercial.

O processo de teste ensina aos corretores lições que eles podem usar mais tarde, mesmo que uma idéia possa ser um completo fiasco.

Os corretores do conhecimento geralmente **não esquecem seus fracassos,** e isto serve para evitar falhas semelhantes no futuro.

Além disso, eles se beneficiam com as falhas, pois esta é a melhor maneira de aprender por que uma idéia fracassou, mas ao mesmo tempo isto pode ser uma excelente idéia para resolver outros tipos de problemas.

Como se pode notar, a "receita" de A. Hargadon e R. I. Sutton para se ter dentro de uma empresa uma fábrica de inovação fundamenta-se na presença de um grupo de **corretores** (divulgadores e viabilizadores) **do conhecimento,** o qual tem "facilidade" de:

1 - **capturar** as boas idéias;

2- **manter** as idéias vivas;

3 - **imaginar** novos usos para idéias antigas;

4 - **testar** os conceitos promissores.

As empresas podem promover a corretagem (difusão) do conhecimento no trabalho de várias formas.

Algumas buscam se inspirar em outras que já tiveram muito sucesso na construção de suas fábricas de inovação, como a Hewlett-Packard, a 3M, a Du Pont, etc., e constituem de maneira formal vários grupos de consultores internos **dedicados à corretagem do conhecimento**.

Para constituir um setor como esse as empresas precisam identificar dentro delas os funcionários que possuem informações importantes, que um número significativo de outros empregados não possui.

Essas pessoas não precisam ser os maiores especialistas do mundo, mas apenas possuírem conhecimento que se os outros grupos de pessoas tivessem os auxiliaria a melhor executar o seu trabalho, e provavelmente a desenvolver aperfeiçoamentos e sugerir idéias de melhoria.

É claro que no início do seu trabalho esses consultores internos, corretores do conhecimento, precisarão se esforçar muito para "vender" aos outros todas as suas idéias e as suas valiosas informações, até porque muitos funcionários numa empresa não têm nenhum tipo de motivação para fazer parte de uma **"fábrica de inovação"**.

Em outras organizações, a alta administração pode não querer a difusão do conhecimento de forma plena, usando grupos de corretagem do conhecimento constituídos pelos próprios funcionários.

A alternativa que a empresa pode achar mais efetiva é a de contratar pessoas que já lidaram com os problemas que a companhia está enfrentando agora, ou no mínimo que souberam solucionar problemas análogos.

Contratar pessoas especializadas pode ser uma forma eficiente de **importar "soluções frescas"**.

Existem ainda aquelas empresas que só ocasionalmente contratam um corretor de conhecimento externo, ou até não prestam a devida atenção a isso.

Essas organizações sem dúvida nenhuma estão correndo um sério risco no que se refere à sua sobrevivência no século XXI, pois estarão solapando a aptidão organizacional de aprender ou de avaliar as novas idéias por si mesma.

Contratar um corretor de conhecimento externo só é uma jogada inteligente quando a organização precisa de idéias num campo que lhe é **totalmente não-familiar!!!**

Mas a mais importante lição que todos os líderes empresariais precisam tirar do artigo *Construindo a Fábrica de Inovação* é que eles precisam encarar a inovação de outra forma, bem como mudar toda a cultura existente na organização no que se refere à mesma.

A inovação pode ser desenvolvida e sustentada em qualquer tipo de companhia (ou instituição), desde que sejam dadas as oportunidades, as condições e as premiações para as pessoas que apresentarem boas idéias (se não forem transgredidas as leis), venham elas de fontes internas ou externas.

A imagem do gênio solitário apresentando continuamente idéias maravilhosas como se viessem do nada, é sem dúvida romântica ou então enganadora.

Inovação e criatividade são bem menos misteriosas do que implica essa descrição do gênio solitário.

Inovação e criatividade no século XXI têm tudo a ver com o fato de se tomar as idéias já existentes e aplicá-las a novas situações.

E isso funcionará muito bem em toda empresa que tiver a atitude correta em relação aos seus empregados e possuir as conexões corretas com o mundo, particularmente com o que fazem os seus competidores.

Mais do que isso, se ela não tiver a sua **fábrica de inovação**, de nada adiantará saber o que os seus competidores fazem bem, pois não terá condições de criar algo melhor ainda!!!

7.9
*NEURO*FITNESS Nº 7

1. Trace quatro caminhos que liguem formas iguais (Figura 7.12). Os trajetos não podem se cruzar ou sair do limite do quadrado.

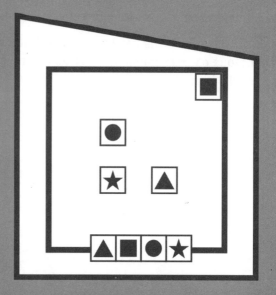

Figura 7.12.

2. Como fazer dois cortes na Figura 7.13 para obter um quadrado perfeito?

3. Qual dos desenhos quadrados (Figura 7.14) pode ser esticado até obter a forma circular?

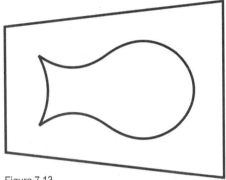

Figura 7.13.

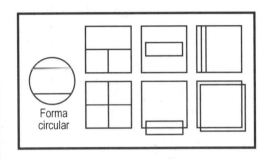

Figura 7.14.

4. Você é capaz de sair do labirinto da Figura 7.15, ou seja, sair da "estrela" ① e chegar à estrela ②, seguindo sempre o sentido indicado pelas setas e passando alternadamente uma vez por uma estrela e depois por um hexágono, sem jamais passar duas vezes por um mesmo símbolo?

Boa sorte, ou melhor, bom escape!!!

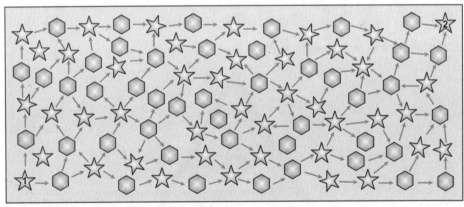

Figura 7.15

5. O notável documento – o bule de Leonardo – foi descoberto sob uma *trattoria* em Bolonha e mostra que Leonardo da Vinci ocasionalmente pensava numa boa xícara de chá enquanto inventava bicicletas e máquinas voadoras. Você pode descobrir para que lado deve girar cada manivela, A e B (veja a Figura 7.16) para entregar o chá ao homem da Renascença?

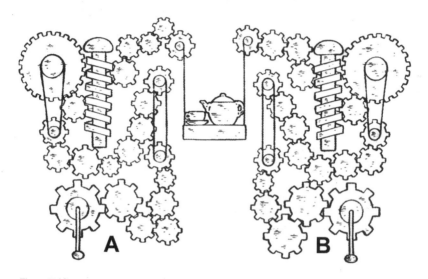

Figura 7.16.

6. Olhe o triângulo da Figura 7.17. Como você descreveria a posição do círculo? Está mais perto do topo ou da base do triângulo?

Pois é, nem sempre ver é crer!?!?

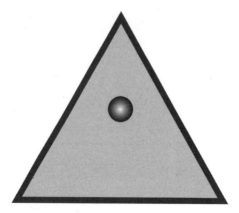

Figura 7.17.

7. a) 2 + 2 é igual a 2 x 2. Agora encontre três números inteiros diferentes cuja soma seja igual ao produto desses números.

b) Qual é o menor número inteiro que é igual a sete vezes a soma de seus algarismos?

c) Ache o menor número inteiro que é igual a duas vezes a soma de seus algarismos.

d) Meu dobro excede minha metade em duas unidades. Quem sou eu?

e) Se eu tivesse uma maçã e meia a mais, eu teria uma vez e meia o que tenho. Quantas maçãs eu tenho?

f) Um peixe pesa duas toneladas mais a metade de seu peso. Quanto ele pesa?

Observação: Na realidade, para resolver todos esses probleminhas é necessário usar um pouco de álgebra elementar.

8. Marina, Rubens e José estavam praticando arco-e-flecha na floresta. Cada um disparou seis flechas e marcou 142 pontos. Os dois primeiros disparos de Rubens somaram 44 pontos. O primeiro disparo de Marina somou 6 pontos. Qual deles acertou na mosca (100 pontos)?
Os pontos de acerto das 18 flechas estão marcados na Figura 7.18.

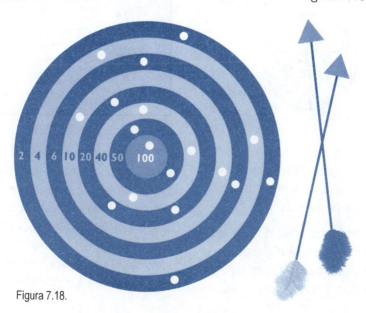

Figura 7.18.

CAP. 7 - Entendendo a Necessidade da Inovação

9. Qual o número que está faltando no conjunto de números abaixo que segue uma lei de formação?

a)
```
16   13   17   1
28   27   19   4
44   29   23   9
66   35   29   16
72   49   ?    25
```

b) Preencha a lacuna no círculo inferior (Figura 7.19) que segue uma lei de formação estabelecida nos outros dois círculos.

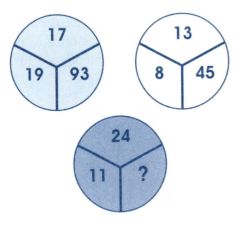

Figura 7.19.

10. Vamos homenagear o capítulo 7, falando um pouco mais da importância do número 7.

O número sete, mais do que qualquer outro, era na Antigüidade focalizado pela preferência dos sacerdotes e dos sábios: sete eram os altares, sete as velas, sete os animais levados ao sacrifício, sete os salmos penitenciais.

Para os muçulmanos, a existência dos **sete céus** não é mera fantasia ou simples expressão poética.

É um **dogma**, isto é, deve-se apresentar aos olhos do crente com todas as características de perfeita realidade.

Usa-se, na linguagem usual, a expressão "sétimo céu" ou "subir ao sétimo céu" para indicar o máximo de felicidade, a realização de um ideal, ou ainda o atingimento de uma condição invejável.

É verdade também que "pintar o sete" na linguagem popular significa fazer estrepolias ou travessuras.

Veja que linda propriedade apresentam "alguns" 7...

```
    77              77
   x77             x77
   ─────           ─────
    49       ou     7
   49 49            ─────
   49              777
   ─────           ─────
   5929            847x7=5929
```

Bem, agora que o(a) leitor(a) já ficou estimulado com o número 7 (e deveria depois também conhecer um pouco mais da história dos outros números, como o 1, 2, 3, 4, 5, 11, 13, etc.), seria capaz de dizer qual é a importância dele para o catolicismo, para o mundo e principalmente para a qualidade?

8.1 – A era do cérebro na qual os medianos não vão se destacar.

O novo milênio está introduzindo uma nova era da ciência da administração.

Enquanto no passado as pessoas dispunham de bastante tempo, entretanto de pouca informação e difícil acesso à mesma, hoje por incrível que pareça estamos também na era do acesso fácil a uma enorme quantidade de informações, porém existe uma falta crônica de tempo!!!

Na nova era a mudança é cada vez mais rápida, com o caos e a incerteza sendo partes integrantes de nossas vidas.

Devemos no século XXI aprender a viver em harmonia com a mudança, o caos e a incerteza.

Estamos hoje de fato na **era do cérebro**: a era de descobrir os meios de utilizar mais o potencial humano de criatividade e inovação, de aprender a nos adaptar ao caos e à incerteza, e de utilizar nossa mente para estabelecer um senso de propósito e de significado em nossas vidas pessoal e profissional.

De fato, o próprio processo criativo transita do caos para a ordem.

A EMPRESA CRIATIVA

capítulo 8

Quando estamos num **estado de caos**, nossas percepções são difusas e divergentes; expandimos a busca em muitas direções e suscitamos novas perguntas, fragmentamos as partes e as examinamos separadas umas das outras, procurando olhar a partir de vários ângulos diferentes (ou pontos de vista) e vemos quadros conflitantes que não se encaixam entre si.

Quando estamos num **estado de ordem**, nossas percepções tornam-se aguçadas e convergentes; concentramos nosso foco na direção que parece conter a resposta, a partir de uma plataforma que permita ver um panorama com uma visão desobstruída, no qual se encaixam todas as peças do quebra-cabeça.

O caos pode ser deliberado ou emergente.

Quando é emergente, é inesperado e pode requerer uma ação não-prevista na forma de improvisação.

O modelo de caos emergente suscita habilidades para a resolução de problemas conforme eles vão surgindo.

Já o caos deliberado promove a criação intencional do caos desde cedo, ao levantar questões que poderão surgir mais tarde, ao se concentrar na procura e na identificação de problemas em potencial antes que ocorram, para que possam ser eliminados, mitigados ou resolvidos com preparação prévia adequada.

Isto significa que apesar de estar na era do computador e da Internet, o ser humano deve concentrar mais ênfase na percepção, ou seja, na capacidade de adquirir conhecimento por meio dos sentidos da visão, audição, olfato, paladar e tato.

As habilidades lógicas do cérebro vêm evoluindo há mais de dois milhões de anos, enquanto as sensoriais e motoras têm evoluído ao longo de várias centenas de milhões de anos.

As habilidades lógicas podem ser desempenhadas com muito maior eficiência pelo computador, uma vez que as regras são conhecidas, porém as de percepção são difíceis para o microcomputador imitar.

Pense na rapidez com que cada um de nós consegue identificar uma pessoa conhecida.

É bem difícil compreender como isto ocorre, e muito mais difícil elaborar um programa para que um robô computadorizado consiga ter todas essas habilidades humanas.

Todos nós reconhecemos pessoas mesmo após termos passado alguns anos sem vê-las, e conseguimos isto apesar de importantes mudanças físicas, tais como a perda completa do cabelo, um ganho de peso significativo ou o surgimento de um "novo" nariz.

Essa capacidade humana de adquirir e interpretar informações mediante nossos sentidos é realmente espantosa.

A nova era exige que cada um de nós faça um uso cada vez mais eficaz de nossos poderes perceptivos no tocante ao aprendizado e em particular à criatividade, para ter mais habilidade na resolução de problemas.

Além disso, é imprescindível o enriquecimento da aquisição, bem como o significado potencial das informações canalizadas por nossos sentidos.

Sem dúvida, as máquinas que surgiram no decorrer da Revolução Industrial ampliaram os músculos e ocasionaram um redirecionamento focal do trabalho manual para o cerebral.

O microcomputador de nossa era da informação está aumentando o nosso tempo livre, pois ao executar inúmeras operações lógicas nos permite concentrar a nossa atenção mais para o uso da percepção humana.

O foco do aprendizado do planejamento e da resolução de problemas deveria estar sempre voltado no aumento da percepção.

Mais amplitude e profundidade em nossos modos de olhar e ver têm evidentemente o potencial de melhorar a qualidade e incrementar a quantidade de nossas idéias, pensamentos e atos.

As características de pensamento têm origem no mesmo grupo de habilidades das características da criatividade.

As pessoas que estão abertas a novas informações entendem perspectivas múltiplas, usam uma variedade de interpretações e incorporam o contexto como um atributo positivo.

Estas pessoas são ao mesmo tempo criativas e pensantes.

O professor Moshe F. Rubinstein e a professora Iris R. Firstenberg, no seu livro *A Empresa Pensante – Traga o Futuro para o Presente e Transforme Idéias Criativas em Soluções*, explicam muito bem que na era do cérebro teremos as empresas pensantes, que naturalmente precisam de funcionários criativos e pensantes, dizendo: "Organização provém da palavra 'organismo', que significa um ser vital, vivo.

Uma empresa sintonizada com as idéias e o compromisso de seu pessoal é um organismo.

A empresa pensante floresce com base num comportamento de dedicação e compromisso proveniente de percepções compartilhadas, objetivos comuns, comprometimento com a realização dos objetivos da empresa e uma incansável busca de aperfeiçoamento.

Essa empresa pensante contrabalança caos e ordem com uma elevada tolerância aos erros, considerados como uma oportunidade de aprender e desenvolver novas variedades de respostas.

Na empresa pensante, não só a mão direita sabe o que a esquerda faz, como

tem esse conhecimento sem ter de supervisionar constantemente os atos da mão esquerda. Na empresa pensante, os erros são transmitidos por toda parte, e para realmente livrar as pessoas de suas percepções negativas dos erros, eles deveriam ser comemorados.

É claro que ninguém levanta de manhã e pensa nas muitas maneiras de poder estragar o seu dia.

Contudo, é surpreendente ver quantas de nossas mais importantes inovações resultaram de um plano que deu errado, ou seja, são produtos de erros.

Se essas aberrações tivessem sido ocultadas, poderíamos estar sem vacinas, blocos de *post-it* ou aspartame, só para citar algumas."

Bem, fica evidente que no século XXI as empresas procurarão ser pensantes e necessitarão que os seus empregados desenvolvam pensamentos criativos, o que exige um processo muito diferente do pensamento racional.

O pensamento racional procura confirmar e o criativo, inventar.

Tanto o pensamento racional como o criativo são necessários para o desempenho integral do ser humano.

A criatividade tem tudo a ver com a interpretação de novos conhecimentos e novas tendências, ou então com a integração de segmentos separados de conhecimentos e diferentes tendências num todo coeso.

Identificar aplicações comerciais ou descobrir novas formas de disseminar informações são também outros tipos de criatividade.

Na era do cérebro as empresas pensantes precisarão, sem dúvida, de funcionários criativos que possuam os seguintes atributos:

- ✔ Têm grande capacidade para pensamento abstrato.
- ✔ Podem assimilar opostos.
- ✔ Têm grande tolerância à complexidade.
- ✔ Respeitam os fatos e procuram dar a eles uma interpretação e um significado dentro de um contexto maior.
- ✔ Toleram a incerteza, a ambigüidade e o conflito.
- ✔ Gostam de aventura.
- ✔ Apreciam a surpresa do não-planejado.
- ✔ Têm confiança em si mesmos e naquilo que estão fazendo, independentemente do resultado.
- ✔ Gostam de ver os resultados de seus esforços.

Apesar de não ser fácil ter muitos funcionários (veja Figura 8.1) com esse perfil, é para esse contingente que deve estar voltada toda empresa que quiser ter sucesso na era do cérebro.

Figura 8.1 – Todos devem estar cientes de que estamos na era do cérebro!!!

Kjell A. Nordström, PhD, fundador do prestigioso *Advanced Management Program* (AMP), que atrai a elite dos líderes escandinavos, e Jonas Ridderstrale, que dirige hoje o AMP no seu revigorante e diferente livro *Funky Business – Talento Movimenta Capitais*, mostram claramente que o **cérebro** vence a **força** e que as pessoas são a fonte de vantagem competitiva de qualquer empresa, o que já não é nenhuma novidade.

Porém eles vão bem além de se ter uma empresa pensante.

Para eles, no século XXI podemos ter a certeza de uma coisa: **os medianos nunca irão se destacar e vencer!?!**

Para ter sucesso no século XXI devemos parar de ser tão normais!!!

Se nos portarmos como todos os outros, veremos as mesmas coisas, chegaremos às mesmas idéias e desenvolveremos produtos ou serviços idênticos.

Quando muito, a produção normal nos levará a resultados normais.

Em um mundo em que o vencedor leva tudo, ser normal é igual a nada (**normal = nada**).

Mas, se estivermos dispostos a assumir um pequeno risco, a quebrar uma regra ínfima, a desrespeitar umas poucas normas, há pelo menos uma possibilidade teórica de que chegaremos a algo diferente, ou seja, de realmente conseguir estabelecer um nicho, criar um monopólio de curto prazo e ganhar um pouco de dinheiro.

Nunca vivemos num espaço econômico tão amplo.

Durante os últimos 40 anos, o comércio internacional aumentou 1.500%.

Não é de admirar também que nesse período as tarifas médias tenham diminuído de 50% para menos de 5%.

Claro que isso ainda não se aplica plenamente ao Brasil, comandado agora pelo presidente Luiz Inácio Lula da Silva...

Viajamos pelo mundo e pelos sete mares, pois é isto que nos permite a globalização e a era digital.

Temos canais globais via satélite, revistas, programas de TV, filmes, músicas que são sucessos internacionais, etc.

A vila global – contemplada por Marshall McLuhan na década de 60 – tornou-se realidade.

O capitalismo está se alastrando, basta ver o que acontece no Leste Europeu e na antiga União Soviética.

Há mais de 20 nações novas na Europa, como Bielo-Rússia, Ucrânia, Geórgia, etc.

Elas ainda são pobres, mas querem a vida ocidental o mais rápido possível.

Por isso, têm exportado loucamente.

Exportam polpa e produtos de papel.

Exportam *software*!?!?

Exportam produtos químicos.

De fato, exportam tudo o que têm.

São países frios – congelados –, e ainda assim exportam carvão e gás.

São os nossos novos concorrentes.

Agora, mais de três bilhões de pessoas estão mudando de hábitos (principalmente na Ásia...).

Vêm do subcontinente indiano (um bilhão de pessoas), da China (l,35 bilhão), da antiga União Soviética (230 milhões), da Polônia (57 milhões), do Paquistão (190 milhões), da Indonésia (170 milhões), etc.

Essas pessoas todas estão no processo de construir vidas e sociedades similares àquelas do Ocidente.

Gostariam de ter o mesmo conforto, posse material e um pouco da decadência ocidental...

Elas atingirão seus objetivos.

É simplesmente uma questão de tempo.

Na Índia, 230 milhões de pessoas já têm o mesmo padrão de vida que o europeu médio (em termos da paridade do poder de compra).

CAP. 8 - A Empresa Criativa

Nesse momento, em Bangalore, 160.000 engenheiros da área de tecnologia da informação estão trabalhando.

Bangalore agora é a segunda maior cidade do mundo em desenvolvimento de *software*.

De fato, mais de 22% das empresas citadas pela revista *Fortune 500* estão instaladas lá.

As multinacionais não estão na Índia para fins beneficentes.

Pense em quanto esses engenheiros indianos ganham!

Sabe-se que é qualquer coisa em torno de 500 a 1.000 dólares por mês.

Assim, por que você contrataria alguém da Suécia, da Alemanha, da França, ou dos EUA, quando os engenheiros indianos trabalham por tão pouco, e a qualidade do seu trabalho é idêntica àquela encontrada em nossas sociedades supostamente avançadas?

A concorrência por especialistas de Bangalore e de outros locais é tamanha que algumas das universidades norte-americanas de mais prestígio – incluindo Stanford, Berkeley e UCLA – já operam um sistema de cotas para limitar o número de estudantes não-americanos.

A verdade mais pura é que, concorrendo apenas em notas, muitos estudantes norte-americanos não teriam muita possibilidade, comparados a seus colegas asiáticos.

As realidades econômicas nos novos tempos indicam que todos competem entre si.

Todos nós estamos em concorrência global.

Os indivíduos estão em concorrência global.

Estamos vivendo em um mundo *funky* e de *funky business*.

Funk significa medo, susto, pânico pavor, etc., e realmente estamos num mundo intimidante no qual sobreviver nos negócios é cada vez mais assustador e complicado.

O *funky business* exige uma empresa pensante em busca constante pela diferenciação, e na selvagem economia de mercado existente está cada vez mais difícil diferenciar-se.

Ser diferente entretanto é fundamental!

É por isso que as empresas dependem tanto de pessoas que possam ter idéia singulares.

O problema é que a exclusividade e diferença muitas vezes são a preservação de pessoas que, comparadas ao cidadão corporativo comum, parecem um pouco estranhas, para não dizer esquisitas.

Estas são as verdadeiras empreendedoras, pessoas preparadas para desafiar o *statu quo*, para ver o mundo com olhos totalmente abertos, para quebrar as regras, ignorar regulamentos e questionar as normas.

Elas estão preparadas para assumir riscos, riscos pessoais.

A questão deve ser se estamos dispostos a assumir riscos.

Você e sua empresa assumiriam riscos em buscas de monopólios temporários?

Evidentemente, há apenas uma resposta porque não há mais escolha.

A normalidade é o caminho para se chegar a lugar nenhum!!!

Se só estamos dispostos a nos comportar como todos os outros, ver as mesmas coisas, viver as mesmas situações, contratar pessoas parecidas, chegar a idéias parecidas e desenvolver produtos ou serviços idênticos, morreremos afogados no mar da normalidade. E a **Normal S. A.** está falida!!!

O *funky business* requer a inovação organizacional, e isto significa criar condições que permitam um fluxo constante de criatividade e não produzir em série apenas outro produto ou serviço.

O *funky business* (negócio aterrorizador) coloca o gerenciamento e a liderança no centro do palco.

> O futuro pertence aos forasteiros atrevidos — aqueles que ousam assumir riscos, violar regras e fazer coisas novas.
> O futuro pertence àqueles que agarram a oportunidade de criá-lo.

Estamos na era do tempo e do talento, em que vendemos **tempo** e **talento**, exploramos tempo e talento, contratamos tempo e talento, emprestamos tempo e talento.

O recurso mais fundamental usa sapatos e vai embora às 6 horas da tarde quase todos os dias...

Como resultado, o gerenciamento e a liderança são chaves para a vantagem competitiva.

A empresa *funky*, talvez por isso mesmo, dá mais poder aos seus funcionários.

Não se deve porém esquecer que atualmente **poder** reside no controle do **mais escasso dos recursos: a inteligência humana.**

Quanto mais singulares somos – melhor nos sairemos.

Em oposição aos recursos físicos, o conhecimento aumenta com o uso e é transportável – você pode levá-lo consigo quando sair!!!

A empresa *funky* é como jogo de loteria.

Se você participar, terá 99% de possibilidades de perder, mas por outro lado, se não participar, as suas possibilidades de perder serão de **100%**, ou seja, é a **certeza**!!!

Para ter sucesso é preciso tentar aquele único 1%.

O futuro pertence aos **forasteiros atrevidos** – aqueles que ousam assumir riscos, violar regras e fazer coisas novas.

O futuro pertence àqueles que agarram a oportunidade de criá-lo.

Então, se estamos de fato vivendo em um sociedade do excedente, em uma economia emocional, à beira do capitalismo livre de atritos, o que podemos fazer?

Bem, a resposta é muito simples.

Nossa única possibilidade de sobreviver e de prosperar neste mundo louco é nos destacarmos na exploração do último tabu.

As pessoas esperam coisas boas.

Elas se acostumaram a dar valor ao dinheiro.

E conseguem fazer isto praticamente em todas as empresas do mundo; não só nas grandes.

Logo, ser grande não é suficientemente bom.

A satisfação do cliente não basta.

Para ter sucesso temos de **surpreender as pessoas.**

Temos de atraí-las e viciá-las.

A atenção é tudo.

Ao focalizar apenas os aspectos essenciais da empresa arriscamos a nos tornar irrelevantes.

E, pode acreditar, caro(a) leitor(a) a irrelevância é um problema bem maior que a ineficiência.

A única coisa que é mais difícil do que aprender a explorar o último tabu da **emoção** e da **imaginação** é aprender a prosperar sem elas.

Por isso, funcionários e empresas do mundo, **mostrem a sua cara, ou vocês ficarão de fora.**

A prioridade no século XXI é **ser criativo!!!**

ESPANTANDO-SE CRIATIVAMENTE

Paul Birch, consultor em tempo integral da poderosa empresa British Airways, e Brian Clegg, jornalista especializado em computação, escreveram o "pequeno grande" livro *Criatividade nos Negócios*, no qual, de maneira muito simples e clara, explicam como a criatividade pode impulsionar os negócios.

Citam no seu livro o precioso conceito de Arthur Koestler, um dos pioneiros no campo da criatividade, para quem existem três domínios bem distintos de criatividade, que são: o **humor**, a **descoberta** e a **arte**, caracterizados respectivamente como **ha, ha!, aha!** e **aaahhh!**

HA, HA!

Infelizmente, muitas pessoas ainda não dão a devida importância ao humor quando se discute criatividade.

Entretanto, não se deve esquecer que o humor funciona como base numa reassociação de idéias familiares.

Assim, as sessões de B, ou de livre associação de idéias, desenvolvem-se muito quando os participantes deixam de lado suas restrições normais e olham os assuntos sob uma óptica ou um ângulo novo, ou ainda com um enfoque mais divertido.

AHA!

Esta é a exclamação que surge ao se processar um pensamento criativo, ou seja, ao se "brindar" a inspiração que nos possibilita enxergar algo de uma nova perspectiva, surgindo daí desde um produto ou serviço melhorado ou até uma nova invenção.

O símbolo do **Aha!** é a lâmpada acesa na cabeça do (a) criático (a).

Este tipo de criatividade é associado à solução de problemas, no qual um problema é qualquer distância entre **como as coisas são** e **como você** [criático (a)] **quer que elas sejam.**

A solução **Aha!** elimina esse intervalo de um só golpe.

AAAHHH!

Esta é a área da criatividade artística com os muitos suspiros que se dão em frente a uma pintura, a uma escultura, a roupa exibida por uma modelo, ou diante do esboço de uma futura propaganda...

Um projeto criativo pode resultar a partir do trabalho de pessoas querendo ler ou usar um produto que, caso contrário, seria aborrecido e sem inspiração.

A criatividade do domínio **Aaahhh!** aumenta com o uso, que aumenta a sua eficácia.

A criatividade é um recurso muito sério e que precisa ser gerenciado.

A criatividade abrange a habilidade para a descoberta de soluções ou de novas opções (a criatividade do **Aah!!!**), a habilidade para a geração artística, da mágica e da magia (a criatividade do **Aaahh!!!**) e a habilidade para a realização da saga incluindo-se aí o humor astuto e a narrativa brilhante (a criatividade do **Ha!Ha!Ha!**).

A criatividade é, portanto, uma capacidade humana para gerar soluções de novas alternativas engenhosas, ou para gerar êxtase ou, ainda, para gerar entretenimento.

Figura 8.2 – Toda pessoa pode ser criativa!!!

CAP. 8 - A Empresa Criativa

Sendo uma habilidade, é passível de ser aprendida desenvolvida e aperfeiçoada e por isto nós chamamos essa disciplina de **Criática**.

Podendo ser ensinada, deve ser gerenciada!!!

Existem alguns princípios fundamentais ligados à criatividade, tais como:

1) A criatividade é uma característica que difere de indivíduo para indivíduo apenas em grau.

Todo ser humano é naturalmente criativo e o grau em que a criatividade se desenvolve e emana de cada um depende muito do ambiente no qual ele vive.

Embora crenças e valores, além de traços de personalidade, como: persistência, curiosidade, autoconfiança, propensão a correr riscos, etc., sejam determinantes poderosos do comportamento humano, influindo decisivamente na maneira como cada indivíduo expressa as suas potencialidades criativas, as características do ambiente têm uma influência enorme na criatividade.

2) A criatividade pode ser expressa em uma ampla variedade de áreas.

A criatividade se expressa através de infinitas formas e não apenas no trabalho de um artista ou do cientista (veja a Figura 8.3).

Ela permeia as mais variadas atividades humanas, manifestando-se em distintas esferas, níveis e contextos.

É natural, obviamente, que em algumas áreas, ou setores, níveis mais elevados de criatividade são necessários como, por exemplo, para controlar as finanças de um país.

Figura 8.3 – O inglês Norman Messenger "escreveu" o livro *65 Mil Rostos Malucos*. Ele conseguiu isso a partir da combinação de dois rostos femininos e seis masculinos, misturando testas, olhos, narizes, bocas e queixos e criando os tipos mais hilários. Assim parece até ser fácil ser uma pessoa criativa, não é?

Por outro lado, mesmo atividades que se caracterizam pela criatividade podem incluir tarefas rotineiras que impõem o seguimento de certas regras.

Assim, nas atividades empresarial e de pesquisa, digamos, existem momentos para a criação e outros para se obedecer quase cegamente aos procedimentos e às normas estabelecidas.

Diante do enorme e complexo número de desafios que as organizações enfrentam no mercado competitivo globalizado, a criatividade é um recurso imprescindível e, na maioria dos casos, ainda muito escasso.

3) As habilidades criativas da pessoa influenciam a maneira como a mesma atua no ambiente de trabalho.

Sabe-se que quando os seres humanos se percebem como criativos eles valorizam a inovação e a mudança, estão mais predispostos a correr riscos e a experimentar coisas novas, apresentam habilidades interpessoais de tolerância e cooperação e por isto mesmo **fazem diferença no seu ambiente de trabalho.**

Especialmente se nesse ambiente houver espaço para a expressão de idéias novas e valores culturais fortes de apoio à criatividade.

Aí então efetivamente aquelas pessoas que se destacam por um perfil criativo farão a diferença.

4) As habilidades criativas podem ser desenvolvidas através de intervenções deliberadas sob a forma de treinamento ou instrução.

Embora uma das idéias mais comuns sobre a criatividade seja a sua concepção como sendo um dom presente apenas em alguns indivíduos privilegiados, "inacessível" à aprendizagem, o que se sabe hoje é que a capacidade de criar pode ser expandida a partir do domínio de técnicas e do fortalecimento de atitudes, comportamentos, valores, crenças e atributos pessoais que predispõem cada pessoa a pensar de maneira independente, flexível e imaginativa.

O desenvolvimento pleno destas habilidades requer, também, além de treinamento e instrução, uma compreensão profunda da pessoa em si mesma: suas necessidades, competências, idéias, metas e bloqueios que dificultam tirar maior proveito de seu potencial para criar, e que necessitam ser desfeitos para possibilitar um melhor fluxo de novas idéias.

Como diz Faiga Ostrower:

"... o homem cria não apenas porque quer, ou por que gosta, e sim porque precisa: ele só pode crescer, enquanto ser humano, coerentemente, ordenando, dando forma, criando."

5) Criatividade não é algo que ocorre por acaso. Ela pode ser deliberadamente empregada, gerenciada, monitorada com vistas a alcançar as metas individuais e da empresa.

Ainda que não se tenha um controle completo de toda a dinâmica do processo de criação, existem estratégias, recursos e práticas que possibilitam à pessoa conhecer, despertar e fortalecer o seu poder criativo.

De forma similar, a organização pode deliberadamente promover uma política de incentivo à criatividade e cultivar um ambiente propício à sua expressão.

É preciso invocar a criatividade na empresa numa tentativa de lançar novas idéias para conquistar o mercado.

Cientes dessa necessidade, grandes, pequenas e microempresas estão correndo cada vez mais atrás de treinamentos e cursos sobre o tema, que acendam a luz para invenções formidáveis, seja na forma de produto, vendas ou promoção.

Existem técnicas próprias para a geração de idéias e criação, que demonstram que o processo criativo em si segue algumas etapas que devem ser respeitadas.

É necessário, por exemplo, isolar-se até conseguir amadurecer uma nova idéia, pois falar com alguém pode até contaminar o nosso pensamento...

Essa fase inicial deve ser ousada, de devaneio, até que se consiga dar uma forma, mentalmente, a um projeto novo.

Depois, é necessário avaliar a proposta e lapidá-la, nunca com o espírito de eliminar, porém com o objetivo de melhorar.

O criativo carnavalesco Joãozinho Trinta lembra que:

> *"A criatividade é resultado de uma intuição e os brasileiros levam vantagem sobre os outros povos nesse ponto. Nosso povo é altamente intuitivo."*

Efetivamente todo processo criativo deve ter a etapa de devaneio, porém não se pode esquecer nunca a fase da avaliação, quando inclusive se deve pensar nas reações alheias à idéia que se quer concretizar.

Para criar novas oportunidades de negócios, é necessário fazer três listas: **dos objetivos, dos recursos disponíveis e das circunstâncias externas.**

Depois, é preciso combinar aleatoriamente essas variáveis para ver o que pode surgir de interessante.

Deve-se investir na criatividade porque é a essência que possibilita a cadeia dos processos de descobrir, discernir, inventar e inovar, indispensável para que qualquer organização prospere.

A criatividade evoluiu muito desde os tempos de Alex Osborn, e os seus conceitos tornaram-se modernamente populares devido a trabalhos como os de Edward de Bono, que colocou a criatividade à disposição de praticamente todo o mundo, pois os seus livros estão traduzidos em muitas línguas, nos quais apresenta uma ampla e bem-testada gama de técnicas e conjuntos de ferramentas para desenvolver a capacidade criativa.

Contudo, as metodologias para o desenvolvimento do poder criativo de nada adiantam se não existir na empresa uma gestão da criatividade competente e um ambiente propício para a gestação, surgimento, seleção e implementação de idéias.

É preciso invocar a criatividade na empresa numa tentativa de lançar novas idéias para conquistar o mercado.

Que ambiente é este?

Bem, certamente não se trata de um ambiente que tenta negar as características intrínsecas do ser humano de se associar com semelhantes, conquistar e defender territórios e, de alguma maneira, manter hierarquias.

Trata-se, na verdade, de um ambiente equilibrado, alegre e descontraído, um tanto mágico, suficientemente flexível e adequadamente ordenado e disciplinado.

Investir na **criatividade participativa** é permitir que não só a **criatividade da experiência** se manifeste, como também a **criatividade da inocência**.

É ter gestores que compartilhem o poder e promovam o *empowerment* (autonomia e/ou delegação), planejando e autorizando a liberdade para tentar e errar, e instituindo a confiança, o respeito e a admiração.

6) Não basta que uma pessoa passe por um treinamento ou receba instrução para que desenvolva e expresse de forma mais plena o seu potencial criador. É também necessário construir um ambiente que valorize, que cultive a criatividade.

Entre os fatores do ambiente que têm influência na criatividade (como já foi dito nos capítulos anteriores) salientam-se a **cultura** e o **clima** de organização.

Caracterizam a **cultura**, as crenças, os pressupostos, os valores cultivados e comunicados através de normas, as expectativas com relação a comportamentos desejados e considerados apropriados, além dos ritmos típicos da organização.

Tais crenças e valores refletem-se nas políticas, práticas, procedimentos, afetando e modelando o comportamento do indivíduo no seu ambiente de trabalho.

O **clima** é uma das manifestações da cultura.

São percepções compartilhadas pelos membros da empresa sobre as características do seu ambiente de trabalho e de suas políticas, práticas e procedimentos.

Desenvolver uma cultura de apoio à criatividade não é uma tarefa simples, requerendo muitas vezes um longo e penoso processo de mudança, especialmente no caso de organizações com uma estrutura rígida e com uma longa história de sucesso no seu percurso.

Identificar as práticas na organização que tendem a inibir a maior parte das expressões de criatividade, e desbloquear os obstáculos institucionais que impedem o fluxo natural das idéias criativas constituem um **enorme desafio**.

Para muitas organizações é, por exemplo, **mais difícil mudar uma cultura já existente do que criar uma nova**.

A dificuldade de mudança é de tal ordem que algumas empresas têm optado por instituir novas sucursais com características de uma cultura de apoio à criatividade do que promover as transformações nas suas instalações de origem.

7) Características de um ambiente de trabalho que promove a criatividade.

Para se construir um ambiente que maximize as oportunidades para a expressão da criatividade é indispensável introduzir na empresa fortes valores culturais que estimulem e apóiem a criatividade (veja a Figura 8.4).

Figura 8.4 – O ambiente na empresa deve permitir que os seus funcionários lhe apresentem os produtos sem medo de recriminação, e até com uma certa possibilidade de se lançar os mesmos no mercado. Ai vão alguns que parece não foram lançados ainda (e não são *chindogu*...)

Entre as várias características que este apoio deve significar, é preciso ter na organização que quer ganhar com a criatividade:

- ✔ valorização do ser humano;
- ✔ confiança na capacidade e competência individuais;
- ✔ ambiente de trabalho marcado pela harmonia, onde cada um se sinta responsável pela promoção de um bom clima de trabalho;
- ✔ suporte institucional à implementação de novas idéias;
- ✔ previsão de incentivos e prêmios às novas idéias e à produção criativa;
- ✔ possibilidades amplas de treinamento e desenvolvimento de novas habilidades, inclusive de ordem interpessoal;
- ✔ congruência entre as demandas da organização e as condições necessárias para alcançá-las;
- ✔ atividades que ofereçam desafios e oportunidades de atuação criativa.

A especialista em criatividade Eunice M. L. Soriano de Alencar ressalta também que:

"A criatividade floresce mais quando o indivíduo realiza tarefas mobilizado mais pelo prazer e satisfação do que pela obrigação e dever.

O que tem sido observado em muitas empresas é a tendência de ignorar o potencial para a competência, responsabilidade e produtividade, estimulando-se mais a dependência e a passividade do que a iniciativa e a criatividade.

Embora uma preparação sólida não seja uma garantia para a criatividade, é indubitável que quanto maior a bagagem de conhecimento e experiência, maiores são as possibilidades de se produzirem idéias que sejam inovadoras e de valor."

Andy Law, uma especialista da área da comunicação, no seu livro *Empresa Criativa* explica de forma brilhante o que devem fazer as organizações na era do cérebro.

Ele, no seu livro divide o desenvolvimento do trabalho em quatro idades.

+ **Agrária:** do ano 700 a 1699.
+ **Industrial:** de 1700 a 1939.
+ **Comunicação:** de 1940 a 2000.
+ **Criativa: agora e possivelmente para sempre!!!**

Enquanto um trabalho duro, regimes rigorosos e locais de trabalho tipificam principalmente as duas primeiras, a **fase criativa** beneficia-se do pensamento livre, da flexibilidade, da imaginação, da satisfação e do orgulho pelo trabalho realizado.

Explicando um pouco melhor, deve-se ressaltar em relação a essas idades que:

+ **Idade Agrária:** para as pessoas comuns, a vida antes da invenção da máquina a vapor, em 1750, parecia mais simples (sem horários de *rush*, sem o tique-taque dos relógios, sem acordos de classe, sem gigantescas corporações agroquímicas oferecendo alimentos transgênicos preocupantes), porém nessa época a vida em si era bem mais dura devido às muitas doenças, aos poucos direitos humanos, a nada de oportunidades iguais, às péssimas condições sanitárias e a uma quantidade notável de crimes hediondos.

Trabalho e vida eram uma coisa só, e a maioria das pessoas provavelmente vivia muito perto, se não em cima do lugar onde trabalhava o dia inteiro, até não haver mais luz.

Todos eram governados pelas horas do dia e comiam o que cultivassem ou o que conseguissem permutar com facilidade.

+ **Idade Industrial:** a revolução industrial iniciou em 1709, quando Abraham Darby introduziu a fundição a coque em sua siderurgia em Coalbrooke, e daí para a frente surgiu um surto de inovações, como por exemplo: o primeiro motor movido a vapor, desenvolvido por Thomas Newcomen em 1712; a semente plantada mecanicamente por Jethro Tull em 1730, o que acabou com o trabalho duro e sujo dos campos; e a *spinning jenny* (tipo antigo de máquina de fiar), criada por James Hargreaves em 1763.

Em 1771, Richard Arkwright fundou a primeira fábrica de fiar algodão, e então apareceram conceitos como "divisão do trabalho", "mecanização" e "produção em massa".

Em 1821, a população de Londres chegou a um milhão de habitantes, e já em 1888 a grande Londres estava batendo os 5 milhões, ao mesmo tempo que, do outro lado do oceano, Nova York estava se aproximando de um milhão de habitantes, começando aí a aparecer os primeiros engarrafamentos de trânsito, claro que em muito menor proporção que os de agora nas metrópoles...

✦ **Idade da Comunicação**: a vida pós-idade industrial recebeu vários nomes, como revolução tecnológica e era da informação, porém talvez a melhor denominação seja **idade da comunicação**, pois nela se podem incluir inovações como televisão, telefonia, computadores e Internet, que tanto influenciaram as pessoas nestes últimos 60 anos.

Apesar de os telefones existirem desde 1876, e os televisores desde 1928, essa foi a era mais claramente dominada por eles.

Os prognósticos de Marshall Mc Luhan de que a mídia eletrônica se tornaria um "meio de extensão do homem" **concretizaram-se totalmente!!!**

Nunca estivemos tão ligados uns aos outros.

Os computadores não computam, **comungam.**

Os televisores falam conosco e agora respondem aos nossos pedidos via tecnologia digital interativa.

O telefone, a televisão, o computador e a Internet realmente mudaram a nossa vida profissional e particular.

Assim os telefones, com o desenvolvimento da tecnologia móvel, estão cada vez mais presentes em nossa vida; os televisores simplesmente nos informam muito mais (*CNN, Bloomberg, Sky News, Globo News,* etc.); os computadores simplesmente eliminaram o trabalho maçante do dia-a-dia, e a Internet nos possibilita hoje fazer vários tipos de compras e de negócios sem sairmos de casa.

Essas inovações mudaram significativamente a maneira de nos comunicarmos, mas será que alteraram do mesmo modo a nossa forma de trabalho?

Acreditamos que não!!!

Na verdade, quase todas as facetas do trabalho moderno imitam o passado. Haja vista que a maioria dos escritórios atuais lembra ainda quartéis-generais da idade industrial...

✦ **Idade Criativa**: foi John Kao quem classificou a atual era de **idade criativa**, buscando definir a nova forma de como podemos e devemos todos trabalhar e viver.

Para John Kao, a idade criativa começou precisamente em meados de 1992, quando o valor de mercado da Microsoft superou o da General Motors.

Desse momento em diante, de fato os mercados mundiais começariam a ser menos guiados pelas manufaturas e mais pelos serviços.

Estamos vivendo numa economia de serviços, e o componente mais importante desta economia é o ser humano, porque são as pessoas que fazem ou quebram os elementos vitais na corrente de acordos de prestação de serviços.

Nós, humanos, somos "máquinas incríveis", porém Tony Buzan, o mundialmente renomado e respeitado autor de livros sobre cérebro, criatividade e aprendizado, estimou que os homens usam **muito menos que 1%** dos bilhões de células cerebrais que possuem!?!?

Mesmo assim o cérebro humano em si não perde eficiência à medida que envelhecemos.

Na verdade, aos **80 anos** o cérebro é **tão capaz** quanto aos **18**, desde que não tenha sido afetado por alguma doença.

Dessa forma, os seres humanos se valorizam, enquanto a maioria das máquinas (e seguramente os computadores) perdem o seu valor rapidamente (!?!?) e se tomam obsoletos (em não mais de três anos).

Numa economia de serviços nosso maior bem são os seres humanos.

Nosso capital humano vale mais que a propriedade, os recursos fixos ou os acordos contratuais.

O capital humano é valioso não só porque afeta a qualidade dos serviços, mas porque pode se adaptar, se desenvolver e melhorar os serviços mediante inventividade, iniciativa e capacidade empreendedora.

Entretanto, o mundo dos negócios não conseguiu aprender a tratar o seu capital humano de forma adequada.

Porém, com um pouco de tempo e gestores determinados no mundo todo, será possível libertar a criatividade e a flexibilidade, acrescentando valor real aos negócios de todos.

Para alcançar isso, o mundo dos negócios precisa parar de se mirar no velho modelo industrial, piramidal e burocrático, em que o **"chefe sempre está certo"**.

Se você libertar o poder de imaginação de seus funcionários, será forçado a aceitar que idéias brilhantes podem surgir em qualquer lugar, e que **existem gênios de todas as idades!!!**

A criatividade fornece soluções para todos os problemas complexos do local de trabalho.

O pensamento criativo é uma força positiva e catalisadora que usa a imaginação para turbinar os negócios.

Nas empresas deveriam ser analisadas todas as ocasiões em que a criatividade possa ser refinada em nossa rotina de trabalho.

Convém para tanto eliminar o controle central, as rotinas repetitivas que se tornam hábitos – o cinismo, a ganância, o medo, o ego –, todas essas coisas que acabam afastando a criatividade do negócio.

Se Tony Buzan estiver certo e se realmente usamos apenas 1% dos bilhões de células do cérebro, seria lógico querermos aumentar essa capacidade para 2% pelo menos, não é?

Isto é óbvio, além de que todas as pessoas querem que as suas células do cérebro trabalhem mais unidas, e assim seguramente as empresas que as empregam se tornariam mais competitivas.

Numa organização, para realmente promover uma revolução criativa, deve-se estimular nos funcionários um comportamento segundo o qual eles estejam seguindo continuamente as seguintes premissas ou princípios:

1) Perguntar a si mesmo o que deseja da vida.

2) Perguntar o que realmente importa para si.

3) Doar todas as suas roupas antigas para alguma instituição de caridade e vestir daí para a frente o que está de acordo com a sua nova "cara criativa".

4) Conversar com as pessoas (mesmo com aquelas de que não gosta) sobre os itens 1 e 2.

5) Abrir mão de vez em quando de algo que você precisa muito para trabalhar (mesa, carro da empresa, computador, etc.) só para ver até que ponto funciona a sua criatividade para resolver essa situação.

6) Confiar em todos que conhecer!?! Honrar também todos os acordos que fizer.

7) Programar ou passar corriqueiramente por uma experiência em grupo fora do trabalho (férias, evento esportivo, discussão de melhorias no seu prédio, etc.).

8) Refazer o seu plano de negócios para alinhar todas as maneiras enumeradas anteriormente com os seus clientes.

9) Desenhar uma linha no chão na entrada do seu escritório e convidar todos a cruzá-la para entrar num admirável mundo novo!!!

10) Dividir tudo o que você faz e tem, de maneira justa, com todos os que cruzarem a linha!!!

A criatividade numa empresa não deve ser nem geográfica (o solo criativo), nem exclusiva.

É necessário, portanto, que todos exerçam o seu direito de contribuir para o processo criativo, e como todos têm a mesma quantidade de ações, não permitir que a arte criativa fique aprisionada no coração e na carteira de uns poucos escolhidos.

Só assim se ouvirá muitos ha! ha! ou aha! aha! ou ainda, aaahhh! aaahhh! na sua empresa ou na qual trabalha.

A CRIATIVIDADE NA EMPRESA.

No mundo atual, em que a competitividade começou a se nivelar à capacidade das empresas, é imprescindível passar do **pensamento unicamente reativo** para o pensamento ativo, descobrindo novas e melhores formas de fazer as coisas. E, para isso, é necessário **ter criatividade.**

A abordagem de Edward de Bono é excelente, tanto para executivos como para empresários, e a eficácia das técnicas expostas reafirma que o **pensamento criativo** é uma habilidade a mais, que pode e deve ser desenvolvida, pois, sem dúvida, é o melhor caminho e também o mais econômico para proporcionar valor adicional aos recursos já existentes em qualquer empresa.

A criatividade dentro de uma empresa é algo que não só pode como deve ser desenvolvida, pois as organizações bem-sucedidas do futuro serão aquelas que já começaram a pensar de **forma diferente.**

Muitos perceberam que o futuro requer um pensamento sério e criativo e que as empresas vencedoras no mundo serão aquelas que derem prioridade total à criatividade.

Edward de Bono, o mais famoso especialista em criatividade do mundo, é o criador entre outras coisas do **pensamento lateral** (já comentado no 1º volume) que tem sido aplicado com grande sucesso em empresas enormes como:

British Airways da Inglaterra, as empresas norte-americanas Citibank, Du Pont, Exxon, Ford, General Foods, General Motors, IBM, Kodak, Procter & Gamble, Prudential, 3M; e NTT (Japão), Ericsson (Suécia), Ciba-Geigy (Suíça), Total (França), Heineken e Shell (Holanda), Montedison (Itália), Kuwait Oil Company (Kuwait), BHP (Austrália), Petronas (Malásia) e Vitro Fama (México).

Figura 8.5 : Edward de Bono, o guru da criatividade.

Hoje em dia, executivos de todas as partes do mundo apreciam o valor das idéias criativas e reconhecem que esta nova "lógica" modificou seu estilo de pensamento, proporcionando-lhes resultados extraordinariamente positivos.

São deles as seguintes opiniões:

William Bradford, presidente e CEO da North American Life:

"Quando se reúnem as habilidades de pensamento descritas por Edward de Bono, com as melhores práticas de qualidade total, o resultado é uma combinação vencedora no mercado atual."

CAP. 8 - A Empresa Criativa

John Naisbitt, autor de *Megatendências 2000*:

"O que Edward de Bono ensina funciona tanto com jovens quanto com executivos de primeiro escalão."

John Sculley, antigo *chairman* da Apple Computer Inc.:

"Sou um admirador do dr. Edward de Bono, pois ele faz com que se entenda que vivemos em uma economia da informação, onde temos de conviver com o que as nossas mentes produzem."

George Gallup, *chairman* da The Gallup Organization:

"O que o dr. Edward de Bono faz é ensinar às pessoas uma nova forma de pensar, que é uma das coisas mais importantes do mundo atual."

No mundo digital e na economia digital tornou-se imperioso que todos procurem continuamente novas idéias e mudanças para suas empresas, e neste sentido é muito importante o conceito de pensamento lateral do dr. Edward de Bono.

O pensamento lateral já foi definido como a exploração de múltiplas possibilidades e abordagens, em vez de se aceitar um ponto de vista único. Este pensamento considera uma série de técnicas sistemáticas, utilizadas para modificar os conceitos e as percepções, e também para gerar novas alternativas. Essas técnicas são extremamente convenientes quando a rotina-padrão e a análise tradicional não servem mais, e são também muito úteis para melhorar procedimentos que "aparentemente" não podem mais ser melhorados.

Uma condição fundamental para o pensamento lateral é a conscientização da fluidez da percepção e da possibilidade de se ter múltiplas percepções, e de que todas elas são valiosas.

Uma vez concluído o processo de busca de novas idéias e percepções, é o momento de voltar à lógica tradicional para estruturar as idéias e torná-las possíveis e de valor comprovado.

O pensamento lateral se aplica à resolução de problemas, ao aperfeiçoamento, ao aproveitamento do valor e da oportunidade e à ação com visão de futuro; além disso, é um sistema de trabalho extremamente motivador.

Na concepção de Edward de Bono:

"Quando as pessoas chegam a compreender a natureza, a lógica e a importância do pensamento criativo, passam a lhe dar a atenção que merece...

É imprescindível que as pessoas enxerguem e entendam que a criatividade tem uma base lógica.

Ela não é um presente mágico ou simplesmente um lampejo de 'loucura imaginativa' durante uma sessão de *B*.

É necessário que toda pessoa desenvolva o seu próprio sistema de informações, permitindo-lhe inclusive viajar mentalmente em padrões assimétricos, ou então estabelecer pontos de vista que estejam quebrando os paradigmas existentes.

Só aí é que se pode utilizar as ferramentas criativas, como a provocação que nos permite desenvolver novos padrões (lembre também do que foi exposto no Capítulo 6).

Essas ferramentas podem ser aprendidas por qualquer pessoa para serem usadas nos momentos adequados.

A criatividade hoje deve ser aplicada na redução de custos, no enxugamento de postos de trabalho (*downsizing*), para a melhoria da qualidade, para o aumento da produtividade etc.

Na economia digital duas coisas continuam tendo muita importância: **preço** e **valor**.

Aliás, em qualquer discussão sobre produtos ou serviços o que no final faz a diferença tem ligação com preço e valor.

Alguns até definem simbolicamente o **valor** da seguinte forma:

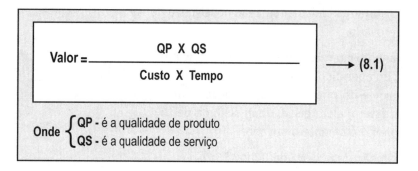

Naturalmente quanto menor for o custo (preço) isto faz com que qualquer pessoa dê mais valor ao produto que adquire ou ao serviço que lhe é prestado (se bem que não é assim que funciona a aquisição de artigos de luxo...).

Se ela estiver na condição de cliente, é claro que quer tudo no menor tempo e com a maior qualidade, tanto do produto como do serviço.

As empresas de pouca criatividade têm procurado desenvolver-se em países onde se pode pagar pouco pelo trabalho, pela matéria-prima e pelas instalações.

Porém as empresas visionárias não pensam só no preço e buscam aumentar o valor através da criatividade, fabricando produtos ou oferecendo serviços cada vez mais inovadores, e podendo executar as tarefas no menor tempo possível.

Assim, valor é obtido por meio da criatividade, e esta é a explicação lógica por que a criatividade tomou-se a principal preocupação da alta administração das organizações na década de 90 do século XX.

E não estou me referindo ao enfoque antigo dado à criatividade, como se toda ela estivesse contida na execução de um *B* para se resolver algum problema ou conflito, mas sim à aplicação de um método formal de aprendizado, no qual os empregados de uma empresa adquirem aptidões para desenvolver soluções criativas.

Só é possível melhorar continuamente a qualidade através da criatividade!!!

A ênfase na solução de problemas e na eliminação de falhas faz com que seja cada vez mais necessário um pensamento criativo que permita romper paradigmas, solucionando-se os problemas e acabando com as falhas."

John Kao, um guru norte-americano de origem oriental, assegura:

"A criatividade é um dos componentes diferenciadores de uma empresa."

São as seguintes as "obrigações" que uma empresa deve seguir para poder tornar-se criativa:

l) Acreditar que todo mundo na empresa é criativo.

Efetivamente criatividade não é um dom divino.

Ao contrário, é uma técnica passível de ser aplicada, praticada e desenvolvida.

Ser criativo exige que se consiga olhar o que já foi visto por um ângulo ainda não utilizado.

Todas as pessoas são potencialmente criativas.

O que ocorre é que existem pessoas mais ou menos focadas nisso.

2) Toda idéia nova deve ser bem-vinda e merece ser ouvida e analisada.

Deixar a porta aberta para o diálogo em todos os níveis dentro de uma organização não é uma coisa tão fácil, entretanto é recompensador.

É óbvio que, das centenas de sugestões que se escuta ou se recebe, apenas uma meia dúzia tem valor e pode eventualmente ser posta na prática, tornando-se uma idéia de sucesso.

É claro que sem garimpar ninguém consegue achar ouro...

3) A criatividade deve ser parte da função de todo funcionário.

A criatividade não é particularmente um departamento ou uma função, apesar de que em agências de propaganda, por exemplo, a criatividade até seja uma área específica.

Na verdade, o componente criativo deve ser parte de todo e qualquer processo operacional.

E foi-se também o tempo em que especificamente o publicitário tinha de ser só criativo.

Aliás, como fator de garantia à vaga, a **criatividade** se tornou no setor de propaganda mais um ponto importante no currículo do profissional.

4) Evitar o prejulgamento, considerando-o um pecado mortal.

Infelizmente todos nós temos idéias preconcebidas, opiniões pessoais e nossas próprias referências.

No entanto, ao ouvir uma idéia alheia, precisamos calar a crítica que existe em nós e deixar a idéia nos olhar de frente por alguns minutos pelo menos.

Essa não é uma tarefa fácil, porém o novo só é visível para quem se permitir ser surpreendido e conseguir flexibilizar sua visão de mundo.

5) A criatividade é um equilíbrio entre arte e disciplina.

Ter uma grande idéia é uma grande coisa.

Ter grandes idéias constantemente é outra coisa.

Ser criativo consistentemente é o que faz a grande diferença.

Afinal, acertar uma vez pode ser sorte, contudo funcionários que conseguem acertar regularmente significa ter a sorte de estar trabalhando numa empresa que estimula a criatividade!!!

6) A criatividade traduz-se por estar aberto às mais variadas influências.

Hoje em dia o volume de informação que nos chega ou nos circunda é muito superior à nossa capacidade individual de absorvê-la.

No entanto, os *insights* (discernimentos) estão todos democraticamente à nossa volta.

Uma sugestão é a empresa – mesmo que não atue diretamente no reino da Internet – contratar alguém (ou um grupo de pessoas) para ficar o tempo todo surfando na rede.

É como se a empresa abrisse uma janela para o mundo todos os dias, trazendo as novidades e mantendo a cultura da organização (pelo menos da diretoria) sob o manto da atualidade.

7) A experimentação deve ser estimulada e apoiada.

O lema da alta administração de uma empresa deve ser sempre: ter com pessoas que se deve "segurar" é melhor do que trabalhar com gente que continuamente se deve "empurrar".

A iniciativa é o caminho para se chegar a novas idéias e comumente o processo de ter novas realizações envolve **tentativa** e **erro**.

No entanto, quase todas as pessoas dentro de uma organização têm medo de errar, e a pior conseqüência deste medo é que se transforme em medo de tentar.

Para que isto não aconteça, as pessoas que trabalham numa empresa precisam sentir que existe espaço para a experimentação, e que as operações em que elas estiveram envolvidas não vão afetá-las quanto à sua permanência no emprego em caso de uma falha ou insucesso.

8) Errar ao tentar criar é nobre, mas errar ao procurar implementar não é aceitável.

Realmente inovar é uma virtude, porém implementar de forma ineficiente é desleixo.

É preciso cercar-se de todas as condições para que, uma vez criada uma estratégia ou um produto, a execução seja impecável.

De boas intenções o inferno está cheio...

9) Para se alcançar um resultado criativo deve existir um bom equilíbrio entre a intuição e a informação.

O próprio John Kao enfatiza: "Infelizmente em muitas empresas se utiliza de maneira equivocada a pesquisa de comunicação para substituir em 100% a intuição.

Já vi várias vezes excelentes idéias serem destruídas porque a pesquisa sobre elas foi lida ao pé da letra."

As pesquisas e outras ferramentas de avaliação constituem apenas uma visão sobre a idéia e jamais poderão constituir a decisão no lugar daqueles que a encomendaram.

É preciso, então, valer-se dos fatos, porém jamais prescindir de ler nas entrelinhas deles.

10) A criatividade pode ser gerenciada.

O componente mais importante nesse gerenciamento chama-se **"foco"**.

Lamentavelmente o mundo padece muito mais de falta de foco do que de criatividade.

Apontar a mente para a direção certa é, portanto, tão importante quanto apertar o gatilho do processo.

Toda idéia deve responder a uma necessidade muito clara.

Isto deve ter ocorrido a alguém quando sugeriu que para quebrar o recorde em salto em altura os atletas começassem a saltar de costas, ou então ao Leônidas da Silva, que quando inventou a "bicicleta", provavelmente de forma intuitiva, atendeu a uma necessidade, ou seja, como se poderia mandar a bola para o fundo da rede se um jogador estivesse de costas para o gol.

Um excelente exemplo de empresa criativa brasileira é a do Metrô de São Paulo.

Aliás, o Metrô de São Paulo entrou em 1994 nos recordes do *Guinness Book* como o metrô que mais transporta passageiros por quilômetro de linha (2,3 milhões de passageiros/dia nos seus 43,6 km de extensão). Na Companhia do Metropolitano de São Paulo todos entendem que a tecnologia é a ferramenta ideal para atuar de modo global e específico na qualidade de serviço.

E a criatividade está sempre em saber escolher a tecnologia adequada (supervisão, condução e proteção realizadas automaticamente nos trens, alta velocidade comercial, operação centralizada, grande capacidade de transporte etc.).

Fica fácil dessa forma entender a resposta para a pergunta básica: Por quê o Metrô de São Paulo deu certo?

E a resposta enfática é esta: deu certo por causa da sua **criatividade**.

- Criatividade na sua **concepção**.
- Criatividade no seu **planejamento**.
- Criatividade na sua **construção**.
- Criatividade na sua **tecnologia**.
- Criatividade no seu **contato com a população**.
- Criatividade na sua **operação**.
- Criatividade na sua **expansão**.
- Criatividade na sua **renovação**.
- E, principalmente, **a criatividade** dos metroviários.

O Metrô de São Paulo também deu certo porque soube contornar com criatividade as dificuldades que surgiram no seu caminho e está cada vez mais pujante no século XXI.

Conseguiu sempre resolver os seus problemas com falta de recursos, com as ingerências políticas, com os segmentos conservadores tanto internos quanto externos, e principalmente soube conviver com seu próprio sucesso, jamais se acomodando!!!

Nunca os argumentos a favor do transporte público foram tão sólidos como hoje, e podemos afirmar que a população paulistana ama o Metrô de São Paulo!!!

CAP. 8 - A Empresa Criativa

8.4 CRIATIVIDADE, INOVAÇÃO E QUALIDADE.

Tem gente que não entende ainda o porquê da necessidade de se desenvolver o pensamento criativo no sentido de se atingir a qualidade.

Aliás, tem muita gente para quem o pensamento criativo e a gestão da qualidade não podem se misturar, não combinam, são coisas conflitantes.

Bem, de uma certa forma, a gestão da qualidade se apóia na aplicação da estatística, usando métodos analíticos e se fundamentando em algumas ciências.

Já quando se fala de criatividade intrinsecamente, está-se referindo a idéias às vezes meio malucas, ou no mínimo não-tradicionais vindas do céu...

Seguramente, dentro desse contexto a gestão da qualidade e o pensamento criativo não têm nada em comum, não é?

Mas as duas disciplinas têm muita coisa em comum.

A gestão da qualidade está fundamentalmente voltada para o **sucesso** da empresa, e o mesmo se quer com a inovação e o pensamento criativo!!!

Está se tornando muito claro no nosso mundo de negócios, cada vez mais rápido e turbulento, que o pensamento criativo e a produção do novo, de produtos e serviços inovadores é essencial para a sobrevivência das organizações.

Embora os que defendem a gestão da qualidade e aqueles que são apologistas da importância do pensamento criativo pareçam às vezes estar em pólos opostos, seguramente eles têm os mesmos objetivos.

Na realidade existem hoje pelo menos cinco fatores que impõem a premente necessidade da criatividade e da inovação nas organizações contemporâneas.

Qual é então a resposta para a pergunta: Por que as empresas hoje em dia devem estar preocupadas com criatividade e inovação?

Aí vão as várias respostas:

a) Sem dúvida porque sem criatividade e inovação é muito difícil ter um bom desempenho financeiro a longo prazo.

b) Os clientes constantemente estão exigindo inovações.

c) Os concorrentes continuamente apresentam novidades e melhorias nos seus serviços e produtos.

d) As novas tecnologias permitem a inovação.

e) O que funcionava antes não serve mais agora!!!

Existem dois grandes obstáculos no caminho da inovação.

O primeiro é o **desafio do sucesso.**

Na realidade, isto significa que as empresas que obtêm sucesso com algum produto ou serviço relutam em mudar, e desta maneira resistem à inovação.

O sucesso não determina o fim da inovação em uma empresa, entretanto a experiência mostra que em muitas companhias o sucesso levantou grandes barreiras à inovação.

Deve-se, em especial, ter a sabedoria de buscar a inovação na hora certa, ou melhor, quando um produto ou serviço estiver um pouco antes de alcançar o ponto em que começa o seu declínio.

O segundo obstáculo é o desafio do *know-how.*

Realmente, uma vez que se entendam os fatores que estão levando à necessidade de uma inovação contínua, o grande desafio é perceber exatamente o que fazer.

É essencial também adequar a resposta à pergunta:

Por que os envolvidos com a gestão da qualidade deveriam se interessar em criatividade e inovação?

Devido aos seguintes pontos:

a) O objetivo fundamental é o sucesso organizacional.

b) Os clientes querem a inovação.

c) A máxima tradicional da gestão da qualidade é que ouvir "a voz do cliente" pode conduzir uma empresa a conclusões erradas em vista da inovação.

d) As técnicas analíticas e tradicionais da gestão da qualidade podem não ser adequadas para todas as soluções.

e) Isto trará mais satisfação e alegria ao trabalho.

A gestão da qualidade total é uma disciplina muito eclética.

Sua história está repleta de aquisições de métodos dos campos da estatística, engenharia, pesquisa operacional, desenvolvimento organizacional, pesquisa de mercado, psicologia e tantos outros.

O que não se pode, entretanto, deixar de entender, é que daqui para a frente não dá para praticar a gestão da qualidade de forma efetiva sem a teoria, as ferramentas e os métodos do pensamento criativo!!!

Mas quando as pessoas não conseguem explorar sua criatividade, isto não significa que não possuem este dom, e sim que ele está desapercebido ou não utilizado.

Todo aquele que tiver dúvidas sobre seus dons criativos deve avaliar se possui as seguintes **qualidades da criatividade**: intuição, vontade, alegria, força e compaixão.

Estas qualidades são reforçadas por quatro ferramentas, a saber: fé na própria criatividade, ausência de julgamento, observação precisa e perguntas penetrantes.

Estas ferramentas é que permitem que as pessoas lidem bem com os desafios principais nas suas vidas, que são:

- objetivo e carreira profissional;
- tempo e estresse;
- relacionamentos;

✦ equilíbrio emocional;

✦ descoberta da verdadeira prosperidade.

A criatividade não é um exercício para ser feito de vez em quando, buscando o grande momento da descoberta para gritar *wow!*

Também não é aparecer com idéias incríveis, que permitem ganhar rapidamente bilhões de reais.

Criatividade tem que ser um modo de vida.

O que se deve buscar constantemente é ter as melhores respostas (e atualizadas) para duas questões fundamentais:

→ **Quem sou?**

→ **O que é o meu trabalho?**

Ninguém pode saber **o que** e **como** criar, até entender o que é e o que **pretende** fazer da vida.

Vivemos de fato num mundo caótico e para lidar com o caos é necessário ter algum embasamento.

Este embasamento se estabelece de maneira melhor quando você sabe quem é, pois assim quando as coisas mudarem, cada um poderá conhecer os recursos que possui e o que deve ter para lidar com uma determinada situação.

A criatividade de que estamos falando é bem diferente de apenas resolver problemas.

É também distinta de uma mera apresentação de idéias, pois idéias as pessoas têm de sobra...

A questão real é: **"Que idéias você vai usar?"**

E aí você percebe que deve procurar um recurso diferente.

Convém lembrar o filósofo grego Heráclito, que dizia que não se pode entrar duas vezes num mesmo rio.

As pessoas falam que a única constante no mundo hoje é a mudança.

Contudo há uma outra variável importantíssima no mundo, que é a sua própria criatividade interna.

E ela está sempre ali para você!!!

8.5

A CRIATIVIDADE, TRABALHO EM TIMES E A QUALIDADE.

A criatividade é um dos cuidados operacionais de maior destaque (Figura 8.6) para as empresas que querem sobreviver, porquanto manter o cliente permanentemente "encantado" exige sempre um algo mais...

Figura 8.6 – O trabalho criativo em equipe é vital para a sobrevivência da empresa.

Cada vez mais são os detalhes que fazem a diferença: a personalização do atendimento e as constantes surpresas agradáveis possibilitam estabelecer um vínculo de lealdade entre o cliente e a empresa.

Assim, no contexto da qualidade, a **criatividade** não é mais uma ferramenta mas sim uma grande resposta à questão de **como encantar o cliente.**

Dessa maneira espera-se que as pessoas apresentem um comportamento mais criativo (ver Figura 8.7), o que é facilitado quando se tem trabalho em times (TT).

Nessa linha de raciocínio, fica perfeitamente visível que o TT, a qualidade e a criatividade possuem muitos elementos em comum.

A criatividade é a faculdade de, a partir do conhecimento atual, identificar nova relação, princípio ou uso para esse conhecimento.

Criatividade não é apenas um caminho para fazer melhor.

Sem criatividade não podemos (individualmente ou em time) utilizar plenamente o conhecimento.

Antes de tudo é preciso instituir um clima de "consigo(conseguimos) fazer".

Deve-se promover o mais que se possa a atitude **"posso fazer"** dentro do local de trabalho.

Todos numa empresa sofrem de um ocasional caso de estresse, de negativismo e de uma frustração global.

Quando algo semelhante estiver ocorrendo, é muito saudável pôr as coisas em um contexto que se transforme num benefício geral.

Um pouco de humor é sempre muito bom...

Porém, talvez seja muito mais interessante "encher" a empresa de **atitudes vencedoras** do tipo das que estão na lista da Tabela 8.1.

Figura 8.7 – Como o TT chega-se melhor e mais eficazmente a soluções criativas

Não consigo (conseguimos) fazer	Posso (podemos) fazer	Não consigo (conseguimos) fazer	Posso (podemos) fazer
1) Nunca fizemos isto antes.	Temos a oportunidade pela primeira vez.	17) "Canibalizaremos" nossas próprias vendas.	Faremos isto antes que os outros concorrentes o façam.
2) Isto é muito complicado.	Vamos olhar isto sob outro ângulo.	18) Não temos competência para isto.	Vamos conversar com todos os que estão envolvidos no processo.
3) Isto não é meu serviço.	Ficarei feliz em poder assumir esta responsabilidade.	19) Não podemos competir com eles.	Vamos "saltar" por cima da concorrência.
4) Isto é contrário à política da empresa.	Tudo é possível de se fazer.	20) Estamos sempre mudando de direção.	Estamos de acordo com o que querem os nossos clientes.
5) Isto não se adapta à nossa empresa.	Deveríamos analisar com menos pressa este fato.	21) Deixemos que outros atuem e lidem com este negócio.	Estamos prontos para aprender algo novo.
6) Isto nunca funcionará.	Nós experimentaremos isto.	22) Não temos nenhuma idéia nem informação sobre isto.	Aparecerão algumas alternativas para trabalhar com isto.
7) Não temos recursos suficientes.	Necessidade é a mãe da invenção.	23) Puxa! Ainda não está na hora de voltar para casa!?	Nossa! Como o tempo passa depressa aqui na empresa!
8) Não temos tempo suficiente para isto.	Reavaliaremos algumas das nossas prioridades.	24) Ninguém deve falar com os outros.	Devemos deixar todos os canais abertos.
9) Nossa empresa tem o tamanho errado para esta aventura...	Nós nos encaixamos perfeitamente neste projeto.	25) Nossos vendedores não têm capacidade para comercializar isto.	Vamos mostrar-lhes as oportunidades que terão com o novo produto/serviço.
10) Nossos clientes não comprarão este produto/serviço.	Faremos todo o possível para ensiná-los a gostar do produto/serviço.	26) Assim está bom. Para que mexer no "time"?	Existe sempre a possibilidade de se conseguir melhoria.
11) Já tentamos isto antes...	Aprenderemos com a experiência e tentaremos de novo.	27) Não temos dinheiro suficiente.	Será que não podemos cortar alguma despesa?
12) Não sei como fazer isto funcionar.	Podemos fazer com que isto funcione.	28) Não temos estrutura nem gente para isto.	Somos enxutos, flexíveis e rápidos como uma máquina!
13) É uma perda de tempo.	Vamos pensar nesta possibilidade.	29) Isto não pode ser feito.	Isto será um interessante desafio.
14) É um desperdício de dinheiro.	O investimento valerá a pena.	30) Com isto não ficará nada melhor.	Tentaremos isto mais uma vez.
15) Levará muito tempo para que seja aprovado.	Iremos fazendo enquanto a burocracia trabalha em paralelo.	31) Não temos espaço no almoxarifado para isto!!!	Alugaremos temporariamente um novo armazém como opção.
16) É uma mudança muito radical.	Deixe que façamos um teste piloto.	32) Isto nunca decolará!!!	Jamais saberemos se não tentarmos.

Tabela 8.1 – Saindo do "não dá" para "tem solução".

Devemos ressaltar que a criatividade deverá atender à premissa básica da utilidade.

A criatividade possibilita a identificação de soluções que estavam, muitas vezes, "bem debaixo do nosso nariz", e ninguém conseguia enxergar!!!

O ato criativo deve ser útil ao cliente ou ao processo de atendê-lo.

A criatividade numa empresa não visa apenas à originalidade, porém requer a obtenção de solução de problemas reais.

A criatividade apresenta-se de duas formas básicas:

Inovação: quando pela associação de dois ou mais fatores, aparentemente desconexos, chega-se a um terceiro fator que, apesar de possuir elementos comuns aos fatores anteriores, é novo em relação a esses mesmos fatores (ver Figura 8.8).

Pense, por exemplo, no gesto do jogador Bebeto embalando uma criança após ter feito um gol num jogo da Copa do Mundo, de 1994, e o uso que a Parmalat fez desse "movimento" para elaborar um filme que promovia os seus produtos.

Invenção ou descoberta: quando se percebe algo e se formaliza esta constatação, quantitativa ou qualitativamente.

Assim, toda **inovação** é uma aplicação do conhecimento, enquanto a **invenção** ou a **descoberta** é um acréscimo ao conhecimento.

Figura 8.8 – A criatividade precisa se transformar em inovação

Criar é reorganizar, recombinar, determinar novas configurações.

Este processo é bastante instável e não oferece garantias de desempenho muito claras.

O fato é que num TT pode-se obter alto grau de eficiência e eficácia para se alcançar inovações (ou ao menos aperfeiçoamentos) e às vezes (raras) até invenções!!!

A criatividade no TT depende da capacidade de eliminar os fatores inibidores da mesma.

É muito importante repetir aqui quais são os fatores que podem bloquear os pensamentos e as ações criativas de um time.

A primeira e vital observação que não se pode esquecer é que o **julgamento** e a **criação não devem ser exercidos simultaneamente!!!**

O ponto de vista prático da criatividade força um julgamento, ou seja, uma avaliação, entretanto não devemos efetuar as duas atividades ao mesmo tempo.

O julgamento prévio condicionará o raciocínio – de maneira irresistível – aos padrões já em vigor (ver Figura 8.9).

Logo, adiar ou protelar o julgamento deve ser uma diretriz geral, como já se insistiu no 1º volume.

Quando num time têm-se componentes que mostram a clara tendência de frear a geração de novas idéias, a sinergia da ação será reduzida.

Os principais comportamentos exterminadores da criatividade, que já vimos nas frases assassinas, são:

✦ **A pressão por conformar-se.**

É o que acontece quando as novas idéias são recebidas com muito temor e desconfiança.

✦ **Atitudes e ambiente excessivamente autoritários.**

Pode-se definir o clima na organização através da expressão: "Aqui na empresa (instituição de ensino) existem sempre três opiniões: a errada, a certa e a minha?!?!"

✦ **Medo do ridículo.**

Nesta condição as pessoas recusam-se correr riscos por medo da opinião dos outros funcionários (colegas).

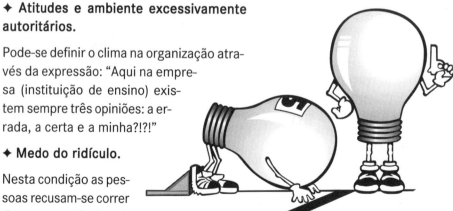

Figura 8.9 – Não submeta aquele que dá idéias ao ridículo e/ou submissão.

✦ A busca excessiva da certeza.

Só não erra quem não faz!!!

É melhor fazer alguma coisa rápido e correndo riscos do que não fazer nada e simplesmente ficar atado aos antigos procedimentos.

Todavia, as pessoas não aceitam isso e buscam cercar-se de todas as garantias, permanecendo estáticas durante muito tempo...

✦ Hostilidade contra a pessoa divergente.

Quando existe grande oposição às idéias apresentadas isto provoca irritação e não é mais percebido apenas como oposição pessoal, mas como um grande obstáculo à criatividade (ver Figura 8.10).

A idéia divergente deveria ser sempre vista como mais uma alternativa e não um motivo para agressão pessoal.

✦ Falta tempo para pensar.

Há empresas que sobrecarregam os seus funcionários de todos os níveis, de forma que

Figura 8.10 – É horrível quando tem que se seguir tudo o que diz um líder "convergente".

não lhes sobra tempo nem energia para pensar em novas soluções ou para enfrentar novos problemas (Figura 8.11).

Quem conseguir eliminar ou minimizar esses fatores poderá ter TT num Programa de Criatividade Total, em suma, poderá gerar muitas soluções criativas que significarão soluções de qualidade!!!

Figura 8.11 – É preciso ter tempo para que no TT se tenha condição de analisar bem as idéias apresentadas.

8.6

IDÉIAS QUE FIZERAM DIFERENÇA NAS EMPRESAS.

8.6.1 – EXEMPLOS DE IDÉIAS CRIATIVAS NO MUNDO DOS NEGÓCIOS.

1ª Idéia - Prédio perfumado.

Em outubro de 2000 os 13 compradores dos apartamentos de muitos milhões de dólares do edifício Loft Soho, na Crosby Street em Nova York, ao entrarem nos mesmos sentirem odores como de óleo de rosas.

Os incorporadores do luxuoso imóvel já tinham planejado estes e outros "confortos" de deixar qualquer comprador atônito, como, uma adega e uma sala de degustação para vinhos, paredes revestidas de couro, sistemas de coleta de lixo com reciclagem automática – quando decidiram que o que realmente os futuros moradores necessitavam era de um *lobby* de entrada com essência personalizada.

Nenhum outro prédio de Nova York ainda tinha isso...

Claro que isso não é nada tão agressivo como, por exemplo, o que acontece no primeiro andar da famosa loja Bloomingdale's, onde um exército de mulheres todas vestidas de capote preto inundam o ambiente com centenas de odores!?!?

A idéia de se ter um prédio perfumado foi para influenciar de forma sutil o estado de espírito de Lenny Kravitz, Liv Tyler e outros moradores endinheirados com os efeitos da aromaterapia.

E os aromas vão mudar conforme a hora do dia e a estação do ano.

O que se deseja é que quando os moradores voltarem para seus apartamentos sintam uma sensação de tranqüilidade.

Efetivamente já está comprovado que o uso de óleos aromáticos no dia-a-dia pode diminuir dores de cabeça, insônia, nervosismo, além de aumentar a concentração e melhorar o humor.

A aromaterapia, considerada por especialistas como uma espécie de medicina natural, atua nos sistemas psicológico e físico das pessoas, sendo eficaz no tratamento e na prevenção de várias doenças.

Toda a ciência dos aromas fundamenta-se nas flores, folhas, ervas, cascas de madeira e raízes.

Os aromas despertam rapidamente o olfato, que é uma fonte primária de informações.

Além dos agradáveis cheiros espalhados pela casa, as pessoas também podem submeter-se a banhos, massagens relaxantes e saunas com óleos apropriados para diminuir seus problemas.

Quem desejar estimular seu organismo poderá utilizar óleos de lavanda, menta, laranja, alecrim e limão.

Naturalmente, nada deve ser em excesso, e assim, por exemplo, o óleo de lavanda relaxa o corpo se utilizado em pequenas quantidades, mas em grandes porções estimula demais o sistema nervoso.

Todas as essências possuem mais de uma finalidade, podendo ser combinadas entre si de acordo com as necessidades da pessoa.

Vejamos: a hortelã combate as dores de cabeça e ajuda na concentração, e o *grapefruit* combate o cansaço muscular e mental.

À noite, um dos óleos indicados para o relaxamento é o *ylang-ylang*, que também é afrodisíaco.

O óleo de rosas, além de acalmar, estimula a sensualidade.

A incorporadora do edifício Loft Soho pediu ajuda da Aveda, uma gigante da aromaterapia, para criar as essências que circularão no prédio por meio do sistema de tubulação.

Foi utilizada uma tecnologia importada da Inglaterra que bombeia os óleos essenciais no ar.

Não será naturalmente um rajada, ao contrário, a penetração no ambiente é sutil, mas todo aquele que cruzar o *lobby* sentirá uma mudança no seu humor.

Os japoneses já estavam adotando essa idéia e lançam aromas por meio do ar em prédios de escritórios e hospitais.

Em vista dos resultados já obtidos no Japão, não há como ter dúvida sobre o bem-estar causado pela aromaterapia e, evidentemente, os moradores e os visitantes do Loft Soho viverão em um ambiente extremamente agradável ...

2ª Idéia – Napster.

Napster era uma empresa minúscula de San Mateo, no Estado da Califórnia, nos EUA.

Ela foi fundada em setembro de 1999 por Shawn Fanning e Sean Parker – de 19 e 20 anos respectivamente. A empresa criou um *software* que permita que usuários da *Internet* troquem arquivos de música com uma facilidade impressionante, e de **graça**.

A chegada da Napster virou pelo avesso as gravadoras.

Numa batalha judicial bastante agressiva, a Associação Americana da Indústria Fonográfica procurou impedir que o internauta conseguisse cópias de músicas sem pagar por elas.

A importância da Napster, porém, foi muito além do jogo de forças na indústria do disco.

A Napster realmente representou uma **nova idéia**, uma arquitetura diferente para a troca de informações.

Como foi destacado na época pela revista *Fortune*, "no momento ninguém é capaz de mensurar corretamente o valor dessa idéia ou seu poder de transformação".

A propósito, a mesma incerteza foi sentida quando Marc Andreessen e seus colegas da universidade de Illinois criaram o *browser* Mosaic, que mais tarde tornou-se Netscape, e que permitiu muitas facilidades para a navegação na Internet.

3ª Idéia – Consulta médica coletiva.

A doutora Ehiopia Abebe, da clínica Kaiser Permanente da cidade de Suitland, no Estado de Maryland, nos EUA, gosta de ver muitos dos seus pacientes idosos regularmente.

Então, ela marca uma consulta para todos eles uma vez por mês, **no mesmo dia e na mesma hora.**

Trata-se, pois, de uma **consulta coletiva**, a última inovação na relação mais fundamental na medicina: aquela entre médico e paciente.

Clínicas de muitas cidades dos EUA nos últimos dois anos introduziram programas nos quais até duas dúzias de pacientes compareçem mensalmente a uma sessão grupal de duas horas, em vez de contar com uma consulta individual tradicional.

Alguns médicos marcam consultas coletivas com pacientes com doenças crônicas específicas como: diabetes, artrite, hipertensão, ou queixas pediátricas e geriátricas comuns.

Parece paradoxo, no entanto diversos médicos e pacientes afirmam que as consultas coletivas recuperam a proximidade no relacionamento entre as partes, que muitos diziam ter se desgastado na era dos convênios de saúde.

A dra. E. Abebe diz que passou a conhecer seus pacientes das consultas grupais num nível não alcançado nas visitas tradicionais, porque além de falar sobre seus problemas de saúde, falam também dos seus hábitos, das suas distrações, dos seus desencontros familiares, etc.

As consultas em massa freqüentemente incluem conversas privadas entre o médico e seu paciente, enquanto outros grupos batem papo entre si.

É natural que para exames que exigem que a pessoa tire a roupa, o paciente e o médico se encontram a sós.

As visitas em massa nunca são obrigatórias, e os médicos dizem que as consultas privadas sempre estão disponíveis para problemas pessoais ou urgentes.

Na rede de clínicas Kaiser Permanente, os médicos recebem um salário fixo, e conseqüentemente a compensação pela consulta não é relevante para eles.

Mas, deve-se destacar que essa idéia tem contra si muitas contestações e distorções.

Assim, alguns convênios médicos dizem: **"Nossa filosofia essencial é que a relação médico-paciente tem de ser um-a-um."**

Por outro lado, os convênios dos EUA não desenvolveram ainda uma norma de cobrança para essas visitas coletivas e, por isto, o paciente paga o mesmo (!?!) que em uma consulta normal.

Mas a parte interessante da idéia é que as consultas coletivas solucionam o problema do acesso dos pacientes ao médico, sem exigir o aumento da equipe médica.

Sem dúvida, num país como o Brasil, onde se espera tanto para ser atendido, a solução poderia vir de uma consulta coletiva que seguramente poderia diminuir o tempo de espera de umas dez vezes!

É por isso que não se deve simplesmente criticar a consulta coletiva, mesmo que ela não atenda a todas as necessidades...

4ª Idéia – *Cittaslow***, remédio contra estresse.**

Inicialmente 32 cidades italianas se uniram num movimento destinado a preservar o modo de vida tranqüilo de seus cidadãos.

Trata-se do movimento *Cittaslow* (uma mistura de italiano e inglês que poderia ser traduzida por "cidade lenta"), que no fundo quer conservar as características que fazem das pequenas cidades do país lugares atrativos para quem busca calma e tranqüilidade, além de hospitalidade e excelente comida.

Os inimigos do grupo são os vícios trazidos pela vida moderna, presentes nas grandes cidades de todo o mundo: **poluição do ar e sonora, trânsito, falta de áreas verdes, padronização das ofertas de alimentação e, principalmente, muita pressa.**

O prefeito Paolo Saturnini, da pequena cidade toscana de Greve in Chianti, foi o idealizador e o coordenador do movimento *Cittaslow*.

Salientou o prefeito Paolo Saturnini: "O fenômeno da globalização agora no século XXI permite, entre outras coisas, a troca e a difusão de informações, mas tende a eliminar as diferenças e esconder as características peculiares de realidades distintas.

O padrão urbano norte-americano está invadindo nossas cidades, fazendo-as parecer todas iguais.

Uma *Cittaslow* deve estar engajada numa política ambiental concreta. Precisa ter parques, calçadões e ciclovias, e manter uma política de proteção à fauna e à flora.

Além disso, deve dar proteção ao comércio tradicional e a restaurantes, e lutar contar a invasão das grandes distribuidoras e franquias, principalmente do setor de alimentação.

O oposto de *Cittaslow* é uma cidade na qual o ritmo de vida e trabalho é alucinante porque há muito barulho, tráfego e poluição, sem áreas verdes e com muitos supermercados, e onde as pequenas lojas e restaurantes estão desaparecendo.

A comida e o modo de vida são iguais em todas as cidades.

No final de 2000, já temos 34 cidades nesse movimento, todas italianas, exceto Vertenglio, que é na Croácia, porém o número deverá crescer nos próximos meses e nossa intenção é promover e desenvolver o movimento em outros países da Europa.

Os **'mandamentos'** que regem o nosso movimento são os seguintes:

1- Manter políticas ambientais para preservar e desenvolver as características da região.

2- Implementar uma política de infra-estrutura para beneficiar a ocupação da terra.

3- Promover o uso de tecnologias para melhorar a qualidade ambiental e o tecido urbano.

4- Encorajar a produção e o uso de alimentos produzidos usando técnicas naturais, preservando e desenvolvendo produtos típicos.

5- Proteger produções baseadas na cultura e na tradição, que contribuam para a identificação da área.

6- Aperfeiçoar a qualidade da hospitalidade, removendo os obstáculos físicos e culturais que prejudiquem o uso dos recursos da cidade.

7- Difundir a noção, entre todos os cidadãos, de que eles vivem numa *Cittaslow*, com especial atenção para os jovens!!!

À primeira vista essas regras do movimento *Cittaslow* podem ser entendidas como uma tentativa de manter suas afiliadas paradas no tempo.

Mas acho que a intenção é extremamente a oposta.

Não queremos atrasar o relógio da história.

O que queremos é simplesmente preservar o que temos de bom e agradável do nosso passado.

Não somos contra a tecnologia.

Os novos sistemas de comunicação, como a Internet, podem ser uma ferramenta para preservar ou melhorar nossa qualidade de vida.

Um exemplo disto é o de Orvieto, uma cidade fundada sete séculos antes de Cristo e que atravessou o Império Romano, mas parece ter-se mantido intocada desde a Idade Média, conservando sacadas com flores e igrejas góticas construídas no século XIV.

Apesar de hoje as pessoas terem televisão, *videogame*, computador e telefone celular, elas preferem ficar na rua conversando com os amigos e vizinhos!!!"

Pois é, será que esse movimento *Cittaslow* não é totalmente a favor do *high touch* ("emoções em alta"), em lugar de se pensar só em *high tech* (alta tecnologia, sem humanismo)?

Seguramente que essa é a idéia principal, bastando para isto analisar o manifesto do movimento:

No começo, o homem encontrou o alimento.

Então ele buscou abrigo e proteção: habitações, vilas e cidades se espalharam.

Finalmente, veio o tempo das máquinas, e o ritmo de vida se tornou cada vez mais febril e frenético.

Hoje o homem sonha com a libertação da ansiedade que seu próprio projeto criou.

Ele procura uma forma de vida mais serena, tranqüila e reflexiva.

Ao fim do contraditório e cansativo século XX, o homem sensato propõe a salvação e modelo das cidades onde viver é fácil.

Os prefeitos e gerentes de cidades deveriam pensar bastante sobre o movimento *Cittaslow*, pois este pode ser o caminho para que muitas pessoas venham a se instalar na sua cidade e abrir negócios que preservem os velhos hábitos, principalmente no setor de alimentação!!!

5ª Idéia – Roupa reciclável.

A *ecodesigner* Águida Zanol está criando roupas e objetos a partir do lixo e de restos industriais.

Assim a tubulação de ar-condicionado que ela encontrou no lixo na cidade de Colônia, na Alemanha, serviu para que confeccionasse um vestido apresentado na cerimônia de abertura da Exposição Universal de Hannover, em 1º de junho de 2000, sendo o seu tema *Homem, Natureza e Tecnologia*.

Ela também "criou" um terno com papel de sacos de arroz para o famoso apresentador da TV alemã Thomas Gottschalk, que comandou a abertura da exposição, vista por um público estimado em 14 milhões, só na Alemanha.

Águida Zanol cria roupas e acessórios com lixo já há alguns anos e, como *designer,* está preocupada com o meio ambiente e as possíveis saídas para a miséria.

Seu plano é gerar renda para as famílias pobres com produtos feitos a partir de materiais recicláveis.

Águida Zanol descobriu o lixo no decorrer de uma crise.

Ela formou-se em arte pela Universidade Federal de Minas Gerais (onde mais tarde se tornaria professora de moda) e em *design* de Fashion Merchandising, na Pensilvânia (EUA), e voltou ao Brasil no início dos anos 90, quando descobriu que aqui não havia mercado para a alta costura.

Nessa época, sua matéria prima era o outro extremo: só fazia vestidos em tecidos caríssimos, como seda.

Foi com uma tesoura que usava para cortar seda que ela fez sua primeira peça reciclada: um *top* com pedaços de lata de óleo de cozinha.

Estragou a tesoura, porém **"descobriu a pólvora"**.

Passou a explorar tampinhas de garrafa, câmaras velhas de pneu, abridores de latas de cerveja e sacos de papel.

Com cerca de 6.200 abridores de cerveja em lata fez uma das obras preferidas pelos alemães: **um vestido de noiva** (Figura 8.12).

Os abridores, ligados por argolas de metal, viraram uma espécie de renda metálica e o vestido lembra um pouco Paco Rabane, o estilista espanhol que abusara dos metais nos anos 60 do século XX.

Diz Águida Zanol: "A diferença é que Paco Rabane usava ouro e prata e eu uso lixo.

Criar roupas e objetos é uma das partes do meu trabalho, a outra que acredito ser a mais importante é a de ensinar a criar."

Aí está uma grande idéia, aprender a ser criativo com Águida Zanol e tornar-se entre outras coisas, um *ecodesigner* !!!

Figura 8.12 - Uma modelo vestida com roupa feita por Águida Zanol com tiras de câmara de pneu e tampas de embalagens (latas e garrafas).

6ª Idéia – Perfume para cão.

Um fato está confirmado: muitas pessoas não economizam quando se trata de agradar seus animais de estimação.

Foi pensando nessas pessoas que dois jovens franceses, Etienne de Swart e Laurent Jugeau, ambos amantes de cães, resolveram criar perfume para cachorro, **para que os animais não fiquem mais com aquele cheirinho de... cachorro.**

A novidade não será, entretanto, encontrada nas lojas de artigos para animais de estimação.

Os criadores do perfume para cães têm em mente um público muito específico para a sua criação e produção: mulheres com poder aquisitivo, acostumadas a comprar perfumes Chanel ou de qualquer outra marca famosa.

Tanto assim que a fragrância para cachorros foi comercializada (pelo menos no início...) somente nas lojas mais chiques do planeta, como a Saks na Fifth Avenue, de Nova York ,ou a Printemps, de Paris.

Aliás, o *slogan* da campanha publicitária não deixou por menos:

"O primeiro perfume criado para narizes mais sensíveis", ou seja, a intenção óbvia é falar somente com o público feminino acostumado a luxos e artigos caros.

O perfume chama-se *Oh My Dog!*

Evidentemente a fragrância é unissex, custava no lançamento U$ 38 no mercado norte-americano e realmente estava sendo vendida junto com os demais perfumes.

Será que isso vai pegar?

8.6.2 – ALGUNS EXEMPLOS DE EMPRESAS INERENTEMENTE CRIATIVAS E INOVADORAS.

1º Exemplo – Os estúdios Walt Disney.

Como contam os seus muitos biógrafos, Walt Disney fez uma viagem à Europa algum tempo depois de haver começado, com o irmão Roy, a produzir desenhos de curta-metragem estrelados por Mickey e seus amigos.

Lá, Walt Disney observou que um certo cinema de Paris estava exibindo um programa de sucesso que consistia em seis ou sete desenhos animados de Mickey Mouse mostrados em seqüência, sem um longa-metragem principal.

Porém, Walt Disney queria mais do que simplesmente apresentar desenhos de curta duração em seqüência.

Ele queria fazer um filme de longa-metragem com desenhos animados, e um ótimo filme, pois **estava seguro** de que as empresas de distribuição de filmes pagariam bem por isso.

Assim, quando voltou, Walt Disney iniciou em 1934 não somente o mais longo, como também o mais profundo e rico desenho animado em longa-metragem (*Branca de Neve e os Sete Anões*), que representou um avanço tecnológico sem precedentes.

A história de como *Branca de Neve e os Sete Anões* foi realizado é o paradigma de um grande grupo criando algo maravilhosa e novo.

Branca de Neve e os Sete Anões (ver a Figura 8.13), que começou a ser exibido em 1937, é o primeiro desenho animado em longa-metragem que dura exatos 83 minutos, tendo exigido 250.000 desenhos com acabamento, sem mencionar o esforço de centenas de outros profissionais não-animadores, de músicos a técnicos de efeitos especiais.

Como seus diretores de animação recordariam anos depois, Walt Disney os avisou de como seria difícil criar não apenas um longo desenho animado, porém um novo formato repleto de drama e, acima de tudo, de emoções.

Eles teriam de chegar onde nenhum outro desenho animado havia chegado antes.

Walt Disney chamou-lhes a atenção para o fato de que esse não seria simplesmente um desenho animado e sim um drama, ou teatro, com personagens que ganhariam vida na tela como nunca antes fora feito em um desenho animado.

Figura 8.13 – Branca de Neve na floresta, um momento de encantamento.

Walt Disney sabia que o domínio da cor – além da sua capacidade de evocar emoções e tornar ainda maior a veracidade dos desenhos – seria um patrimônio inigualável no avanço de sua arte.

Na preparação de *Branca de Neve e os Sete Anões*, os estúdios deram mais um salto tecnológico com a invenção da câmera multiplana.

Bastante dispendiosa para a época (cerca de US$ 70 mil), a câmera era instalada a aproximadamente 4,5 metros do chão.

Assim, como as câmeras normais usadas em animação, a nova invenção filmava de cima uma pilha de desenhos. Mas fazia muito mais, permitindo que detalhes de fundo, desenhos de personagens e outros elementos individuais fossem colocados em diferentes planos, resultando em um efeito de profundidade bem mais real do que qualquer outro já alcançado.

Se a questão é de quem merece o crédito pela realização deste filme, ao menos todos concordam que Branca de Neve e os Sete Anões **primeiramente existiu**, quase que cena por cena, na mente de Walt Disney (Figura 8.14).

Ninguém precisou dar palpites em sua visão sobre o filme.

Certa noite, em 1934, ele reuniu seus artistas em um estúdio vazio de sonorização e, sob uma lâmpada, representou para eles toda a história.

Sentados em cadeiras dobráveis, seus empregados viram e ouviram tudo: o primeiro encontro de Branca de Neve com os anões, os detalhes de cada um dos sete pequeninos, a transformação da bela, e perversa rainha em uma velha e enrugada bruxa malvada, o arremesso da maçã envenenada, e até o beijo final que trouxe a heroína de volta de seu estado adormecido à vida.

Figura 8.14 - Walt Disney apresentando o projeto da Branca de Neve e os Sete Anões.

Branca de Neve e os Sete Anões era um sonho, que porém tinha um prazo de entrega.

E exigia os esforços coordenados de centenas de pessoas trabalhando tão bem e tão rápido quanto pudessem.

Os desenhistas principais, como Art Babbitt, que chefiou a equipe responsável pela bela e perversa rainha, ou Norm Ferguson, diretor do grupo que fez a animação da bruxa, foram capazes de realizar o que poucos artistas em qualquer meio semelhante poderiam.

Eles criaram desenhos que provocaram verdadeiras emoções, diferentes do riso.

Paralisaram a platéia e fizeram pessoas morrer de medo (lembre-se de como se sentiu uma criança pequena, sentada em um cinema escuro, quando viu pela primeira vez a rainha entrando em seu quarto sombrio e começando a fazer feitiço).

Para demonstrar o imenso agradecimento ao seu pessoal pelo heróico esforço em terminar *Branca de Neve e os Sete Anões* em tempo, W.Disney convidou todos os que trabalharam no projeto para passar um final de semana com as despesas pagas em um hotel próximo de Palm Springs...

Assim foi criada há mais de 69 anos a máquina de fazer filmes de longa-metragem, e está funcionando cada vez melhor até hoje, apesar do surgimento de uma competente concorrência.

A Disney é, em muitos pontos vitais, exatamente como era no início.

De importância fundamental é o fato de que o estúdio continua a atrair animadores talentosos.

A Disney criou o desenhista de longa-metragem, e agora o estúdio pode dar vazão a um mar de talentos que é com freqüência formado por pessoas que sonharam a vida inteira em trabalhar para a Disney.

Como sempre aconteceu nos outros filmes da Disney, o aparecimento de novas tecnologias ajudou a ampliar a magia dos seus desenhos animados.

Assim, por exemplo, um dos mais incríveis personagens em *Aladdin* é o tapete mágico, um tapete persa cheio de personalidade que foi a primeira presença em um filme de um personagem totalmente animado por computador.

Antes dos computadores, o tapete teria sido extremamente dispendioso para animar da forma convencional, pela complexidade do desenho em sua superfície.

O computador podia fazer o tapete mover-se, contudo o problema mais básico – o de convencer os espectadores do "impossível, porém plausível" – teve de ser resolvido de maneira tradicional – pela imaginação e perícia de um animador.

Apesar das notícias de primeira página no *The Wall Street Journal* e no *The New York Times* sobre uma suposta "febre" de desenhos animados, a maior parte das pessoas que trabalham na animação de longas-metragens ainda trabalha na Disney, e ainda o faz anonimamente.

É verdade que a concorrência surgiu, que os Estúdios Disney produziram também alguns filmes que não obtiveram sucesso, e nos anos 80 do século XX a situação da empresa não era nada boa, mas com a contratação de Michael D. Eisner para dirigir a organização ele conseguiu reerguê-la.

E não obstante haver muitos competidores hoje em dia, a Disney consegue ainda movimentar muito bem o mercado de artefatos infantis e de envolver os clientes adultos no seu lucrativo processo.

O *Rei Leão* foi, por exemplo, um dos filmes mais bem-sucedidos de todos os tempos, e praticamente ninguém sabe os nomes dos diretores (Roger Allers e Rob Minkoff dirigiram o *Rei Leão*), assim como o nome de quem fez a animação de *Pocahontas* (Glen Keane).

O motivo pelo qual pessoas extremamente talentosas escolheram permanecer como membros de um grupo que espera delas feitos heróicos (apesar de que as empresas fazem de tudo para que os seus nomes não brilhem muito...), por incrível que pareça não é o dinheiro (é verdade entretanto que esses heróis são bem-remunerados e recebem polpudas gratificações...).

As pessoas gostam e querem trabalhar na unidade de animação da Disney porque sentem que são parte de algo verdadeiramente importante, algo insanamente maravilhoso criado por Walt Disney (Figura 8.15).

Elas trabalham ali porque, assim como as pessoas que inventaram o primeiro computador ou conseguiram lançar o primeiro satélite artificial, estão cumprindo uma **missão divina!!!**

2º Exemplo – Lego, o "joguinho fenomenal"

Em 1916, Ole Kirk Christiansen montou uma oficina de carpintaria em Billund, na Dinamarca.

Nas suas horas livres ele criava e construía "joguinhos" de madeira para crianças.

Aí, percebeu que se divertia muito ao montar esses brinquedos, e isto se tornou para ele mais gratificante que "perder" tempo com a carpintaria propriamente dita...

Figura 8.15 – Walt Disney foi um desses líderes que soube trabalhar com pessoas talentosas para mudar o mundo do entretenimento.

CAP. 8 - A Empresa Criativa

Em 1934 fundou uma pequena empresa que denominou de Lego, uma contração de duas palavras dinamarquesas (*leg godt*) que quer dizer **"joga bem"**.

Depois da 2ª Guerra Mundial, Christiansen descobriu a "magia do plástico" para fabricar brinquedos, e então criou conjuntos que denominou "blocos de união automática".

Dez anos mais tarde estas peças seriam o principal produto da empresa e se tornariam os jogos favoritos em nível internacional principalmente, para desenvolver a imaginação das crianças.

Além do mais, há a eventual casualidade de que o *lego* em latim significa "agrupar", uma tradução que se encaixa perfeitamente, já que as crianças adoram montar os blocos inventados por Christiansen. Deve-se destacar que em média, por ano e no mundo todo, isso significa um "passatempo" ao qual as crianças dedicam aproximadamente 7,5 bilhões de horas por ano!!'.

Quanto sossego durante esse tempo de divertimento para as mães e as babás, não é?!?

Durante a evolução da sua empresa, é importante salientar que em 1954, O. K. Christiansen enviou seu filho Godtfred a uma feira de brinquedos da Dinamarca como representante da organização Lego, que naquela época já fabricava 200 produtos diferentes.

Godtfred Christiansen conheceu lá um comprador que lhe disse que não existia no mercado nenhum brinquedo de múltiplas características atendendo aos seguintes requisitos:

1- Possibilidades ilimitadas de jogo.

2- Servir para meninos e meninas.

3- Divertir todas as idades.

4- Poder ser jogado durante todo o ano.

5- Um jogo (divertimento) estimulante para manter a criança entretida continuamente.

6- Permitir horas intermináveis de divertimento.

7- Desenvolver a imaginação e a criatividade.

8- Quanto mais participantes se envolverem no jogo, maior valor se poderá esperar do mesmo.

9- Ser sempre atual.

10- Ser seguro e de qualidade.

Realmente, depois de terem recebido essa completa requisição no estilo que se pode chamar hoje de *quality function deployment* (desenvolvimento da função qualidade), ou seja, o que efetivamente o cliente quer, o jovem Godtfred e o seu pai procuraram verificar se os seus 200 brinquedos atendiam às 10 exigências da lista.

Após a verificação somente os blocos que se encaixavam automaticamente estavam de acordo com os dez critérios, e por isso em 1955 eles lançaram o produto com a nova denominação de *Sistema de Jogo Lego,* composto por 28 conjuntos e 8 veículos.

Três anos mais tarde, a empresa conseguiu aperfeiçoar o sistema de maneira que ele permitia chegar a **combinações ilimitadas!!!**

O sistema de construções *Lego* é fabricado com plástico de alta qualidade que não perde a cor, é duro e não é tóxico.

Todas as peças *Lego* são totalmente compatíveis entre si, e os desenhos que aparecem nas caixas e nos manuais de "sugestão" permitem que os adultos "auxiliem" as crianças a desenvolver em suas habilidades criativas...

No caso da Lego, o êxito da empresa começou com o desejo de Ole K. Christiansen de fabricar **brinquedos de qualidade.** Seu lema era: **"Só o melhor é suficientemente bom."**

Esses brinquedos de plástico duravam muito mais que os de madeira, custavam menos, e já em 1947 a Lego instalava a primeira máquina de injeção de plástico moldadora da Dinamarca!!!

Desde 1949 até hoje passaram-se 54 anos, e a Lego vendeu mais de 180 milhões dos seus jogos.

Já em 1958 a Lego começou a fabricar os seus blocos na Alemanha, ano em que morreu seu fundador, Ole K. Christiansen, porém seu filho Godtfred seguiu dirigindo a empresa com a mesma ética e a mesma visão empresarial que tinha seu pai.

No início da década de 1960, o sistema de blocos de construção Lego havia se convertido no **brinquedo mais popular** da Europa.

Em 1961 foi introduzido nos EUA, onde os pais e principalmente os psicólogos infantis ficaram encantados com o entusiasmo das crianças e passaram a recomendar o uso do sistema *Lego*!!!

Naturalmente, em vista disso nos EUA se criaram muitas empresas fabricando brinquedos bastante similares, seguindo estritamente os dez atributos das "construções" *Lego*.

A história da Lego poderia ter terminado com o sistema de combinação de peças cúbicas ou em forma de paralelepípedo, porém Godtfred Christiansen teve uma outra grande idéia: **construiu um parque para crianças, todo montado com blocos *Lego*.**

Em 1968, ele inaugurou o parque *Legoland* com 10 hectares (100 mil metros quadrados) em Billund (Figura 8.16).

Todos aqueles que o visitam, sobretudo as crianças ficam encantados com as réplicas em miniatura de lugares famosos de todo o mundo, incluindo-se aí o Capitólio dos EUA, o Partenon da Grécia, a estátua da Liberdade em frente à cidade de Nova York, etc.

Só para executar a figura do chefe Touro Sentado foi necessário usar 1,2 milhão de peças.

Nesse parque existem barcos, trens, guindastes, etc., controlados eletronicamente, e compostos por milhões de blocos *Lego*.

Figura 8.16 - Um divertimento inesquecível no parque *Legoland* para crianças e adultos...

Hoje o parque *Legoland* de Billund é a segunda mais popular atração turística da Dinamarca, recebendo em média **1,1 milhão de visitantes por ano!!!**

Em 1996 foi aberto o segundo parque *Legoland*, em Windsor, na Inglaterra.

Um terceiro parque já está funcionando em Carlsbad, a 48 quilômetros ao norte de San Diego, na Califórnia, EUA.

Enquanto as crianças continuarem "magnetizadas" a contemplar os históricos e futuristas parques magnificamente construídos com as peças *Lego*, o "desejo sonhador" de Ole K. Christiansen de que todos os "pequenos" se divirtam continuará se ampliando...

Além disso, não se pode deixar de citar que também toda a família Christiansen continuará muito feliz, pois com o seu brinquedo criativo acumulou uma fortuna estimada em mais de US$ 8 bilhões.

Uma respeitável soma para algo aparentemente tão simples como o sistema *Lego*, que é a base conceitual hoje em dia para a produção denominada **customização** (personalização) **maciça!!!**

3º Exemplo – No caso da Tupperware, pode-se dizer que atrás de cada homem existe sempre uma mulher...com uma idéia melhor.

Earl Tupper era um inventor autodidata que em 1939 convenceu a empresa DuPont a vender-lhe o material sintético que lhe sobrava da produção.

A partir desse produto que desprendia um cheiro ruim, derivado de resíduos de polietileno, E. Tupper desenvolveu um novo processo de transformação que purificava o resíduo convertendo-o em um plástico transparente, flexível, "praticamente irrompível", não-tóxico, de pouco peso e fácil de limpar.

Em 1947 ele começou a fabricar e a comercializar recipientes para guardar alimentos a partir desse plástico, vendendo-o diretamente às lojas.

Com isso, ele começou a mudar radicalmente o modo como os norte-americanos – e mais tarde todas as pessoas do mundo – passaram a guardar os seus alimentos.

Esses recipientes se chamam *Tupperware* e tornaram E. Tupper milionário.

Também, pudera, os seus recipientes hermeticamente fechados conservavam muito bem os alimentos, melhor até que os refrigerados da época, que faziam com que os produtos que não estivessem cobertos secassem após um certo tempo de conservação.

Entretanto, E. Tupper não teria ficado milionário se não tivesse conhecido casualmente Brownie Wise.

Ela apresentou para E. Tupper uma nova forma de comercializar os seus recipientes, ou seja, fazendo reuniões com as mulheres nas suas próprias casas e explicando-lhes como utilizar os vários recipientes *Tupperware* (Figura 8.17).

Em vista do sucesso imediato da idéia de Brownie Wise, ela foi nomeada vice-presidente da empresa, e pode-se dizer que foi a precursora do *marketing* direto, desenvolvendo na *Tupperware* um sistema de seleção e contratação de pessoal, de venda do produto e de formação, que se converteu em modelo para muitas empresas do mundo.

Naturalmente quando ela percebeu que algumas mulheres queriam fazer algo mais do que ter uma reunião de explicação de como usar os produtos *Tupperware*, imediatamente criou postos de gestão e de distribuição.

E já em 1951 tinha uma rede de vendas com quase 10.000 representantes independentes.

Em 1958, Earl Tupper vendeu a sua empresa à Rexal Drug Company por US$ 9 milhões, um valor significativo para a época, quando B. Wise também saiu da empresa.

Figura 8.17 – Os vários produtos da Tupperware

Na realidade, o que se pode concluir é que E. Tupper foi o grande inventor, porém sem a habilidade de *marketing* de B. Wise dificilmente teria conseguido um sucesso tão grande. Comprova-se dessa maneira que toda invenção deve ter um excelente *marketing*, e que um homem de imaginação precisa sempre do auxílio de uma mulher habilidosa e comunicativa...

CRIATIVIDADE, UM MEIO ESSENCIAL DE SE PROMOVER MUDANÇAS NAS EMPRESAS.

Houve época em que a vida dos negócios se assemelhava-se a uma viagem de trem movendo-se de estação a estação, de acordo com um horário preestabelecido.

Atualmente, tal vida mais se parece com uma montanha-russa que perdeu seus trilhos.

Nunca houve tanta pressão!!!

Pressões competitivas, à medida que cada vez mais idéias e mais competidores novos chegam ao mercado.

Pressões de custos, enquanto clientes exigem mais por menos.

Pressões de atendimento ao cliente, mormente quando essas pessoas "irritantes", além de todos os descontos, ainda esperam ser bem atendidas.

Pressões de tempo, constatando que novas tecnologias comprimem tudo, desde as comunicações ("a morte das distâncias") até o ciclo de produção, em tempos cada vez mais reduzidos.

Só existe uma saída para que uma empresa possa enfrentar tanta turbulência: **usar a criatividade!!!**

Não é capricho e muito menos pessimismo afirmar que: sem criatividade, poucas empresas conseguirão sobreviver daqui a alguns anos, isto porque o nome do jogo no mundo dos negócios é **mudança**.

E neste sentido é preciso saber inovar para manter a "cabeça fora da água enquanto ondas cada vez mais fortes batem na praia".

Sem criatividade a sua empresa e você mesmo continuarão a adotar as velhas soluções para os seus problemas.

Infelizmente isto não serve mais, até porque os problemas estão mudando diante do seu nariz e a oposição está cada vez mais afiada.

Não se pode mais continuar a bater na "mesma tecla", com os mesmos velhos produtos e serviços.

Eles já estão fora de moda e só com criatividade dá para ter novos produtos e novos serviços, sendo assim, **uma questão de sobrevivência das organizações**.

Muitas vezes, convenhamos é mais fácil cercear a criatividade das pessoas do que estimulá-las.

Os principais inimigos da criatividade são **visão limitada** e **falta de inspiração**.

Infelizmente, ou sabemos demais sobre o passado para fazer alguma coisa além de continuar nos arrastando pelo mesmo caminho, ou não temos visão para enxergar um novo destino.

Nesse sentido, é preciso conhecer técnicas para o desenvolvimento da criatividade em cada um, desviando as pessoas dos velhos caminhos que percorreu.

É necessário que as pessoas consigam chegar a um ponto de vista diferente, forçando-as a agir de maneira que normalmente não fariam.

Isto pode ser incômodo, mas é a única forma de fazer com que as coisas aconteçam.

Na realidade, as técnicas de criatividade não são criativas, **você é!!!**

Entretanto, elas são essenciais para impelir os seres humanos a um ponto de partida diferente, dando-lhes a oportunidade de fazer novas associações, ajudando-os a ver as coisas de um modo diferente e a criar algo totalmente original.

No século XXI, em que estamos começando a viver, os ciclos de vida das inovações reduzir-se-ão mais ainda (Figura 8.18)

Assim, a melhoria e a inovação contínuas se tornarão uma necessidade diária para todas as organizações.

Nunca antes a criatividade e a inovação foram tão essenciais a cada aspecto de uma empresa.

O poder do pensamento criativo está evidenciado no crescimento espantoso de empresas como a Microsoft, Intel, Dell, Oracle e centenas de novas companhias que surgiram na "onda da Internet".

Na próxima década serão vencedoras as empresas que melhor souberem aproveitar o potencial criativo dos seus funcionários, incluindo-se aí o surgimento das seguintes vantagens para as companhias:

- geração de novos produtos e/ou serviços;
- crescimento da participação no mercado;
- expansão de uma vantagem competitiva;
- manutenção e desenvolvimento do capital intelectual da empresa;
- economia de custos;
- sobrevivência organizacional.

Qualquer organização (principalmente uma instituição educacional como é o caso da FAAP, onde se instituiu a Criatividade como disciplina obrigatória em todas as suas faculdades, nos cursos de pós-graduação e no colégio) será bem-sucedida a médio prazo quando puder usar o potencial criativo total, ou seja, de todos os seus funcionários e colaboradores.

O espírito de inovação não é apenas um motivador para os que estão agora na empresa, mas é também uma estratégia crítica para atrair e reter pessoal para o futuro.

Figura 8.18 – É graças ao seu cérebro e usando as técnicas de criatividade que o ser humano atingiu esse elevado estágio de domínio do mundo em que vive.

As ferramentas de criatividade, não importa quanto sejam poderosas, não podem substituir o conhecimento nem o pensamento individual.

Elas expõem formas produtivas de pensamento e ajudam a processar o conhecimento através de operações específicas, com uma probabilidade mais alta de produzir resultados criativos e inovadores.

Porém, a empresa precisa construir um clima favorável para a criatividade e a inovação e as pessoas devem estar aptas para adotar novas formas de pensar e mudar seus comportamentos na resolução de problemas.

Apenas aqueles capazes de fazê-lo irão concretizar o benefício total dessas ferramentas de criatividade.

Um exemplo interessante para se criar um ambiente adequado à criatividade é dado por David Stuart, diretor de criação da The Partners, uma agência de marcas e *design* de Londres, firma adquirida pela Young&Rubicam, a gigante da publicidade norte-americana. Ele diz que é possível e necessário numa empresa que lida com publicidade casar a análise estratégica com a intuição, constituindo assim uma colaboração que se pode chamar de *third-brain thinking*.

Salienta David Stuart: "Essa abordagem cooperativa pode até ser estranha aos hábitos do setor, pois em muitas agências os **'criativos'** quase nunca falam com os **'engravatados'**, com o que ocorre uma terrível separação de competências.

Eu costumo circular pelos escritórios dos *designers* da The Partners, dando-lhes permissão para que se expressem da maneira mais criativa.

Aliás, no meu modo de ver, uma das principais tarefas de um diretor é cuidar para que o conhecimento se espalhe o mais depressa possível.

Assim, na nossa organização faz-se o que se pode chamar de **'cirurgias cerebrais'**, onde um diretor de projeto e um *designer* apresentam um trabalho para o resto da companhia e explicam como chegaram à solução."

É muito importante essa forma de agir de David Stuart, pois é imprescindível para se alcançar sucesso numa agência de marcas e *design* que os **criativos e os engravatados trabalhem juntos cooperativamente**. Ao realçar as habilidades de **pensamento criativo** de todos os seus funcionários, sem dúvida a empresa melhorará seus resultados e sua lucratividade.

Mais do que isso, o sucesso futuro da organização está intimamente atado à sua capacidade de utilizar completamente os seus talentos criativos, para assim encontrar novas soluções para os seus problemas e criar novos produtos e serviços.

8.8

A EMPRESA PRECISA EXPANDIR CRIATIVAMENTE SUA GAMA DE TALENTOS.

A competição por empregados de todos os tipos e níveis está ficando cada vez mais agressiva, e as empresas precisam ser mais inovadoras a fim de atrair os melhores para a organização.

Isto inicialmente significa que se deve estimular os seus gestores (principalmente os de recursos humanos) para expandir a sua forma de recrutamento visando a alcançar uma gama de candidatos potenciais de maneiras não exploradas trivialmente.

Aí está a explicação por que é necessário um pensamento inovador para atingir esse objetivo.

Assim, muitas empresas precisam utilizar algumas das técnicas já comprovadas, porquanto mostraram sua eficácia no sentido de ajudar de forma criativa as empresas a conquistar os seus novos funcionários talentosos.

Eis aí um conjunto de ações que permitem descobrir ou atrair talentos para uma companhia:

1. Usar funcionários de meio expediente em funções nas quais eles ainda não foram testados.
2. Entrevistar candidatos que talvez não tenham qualificações tradicionais, tais como diplomas ou anos de experiência, mas que tenham as capacidades certas, ou seja, que estejam motivados a fim de serem treinados para novas aptidões.
3. Montar seu próprio centro de treinamento (ou "universidade corporativa") e selecionar aí os melhores alunos.
4. Contratar um avião para sobrevoar multidões em eventos esportivos (ou nas praias), rebocando uma faixa anunciando vagas para certas funções (esta alternativa é freqüentemente mais barata que a divulgação em *outdoors*).
5. Perguntar aos atuais funcionários de bom desempenho o que eles fazem nas horas de folga.

    Se descobrir que muitos deles têm interesses comuns fora do trabalho, como por exemplo participar de feiras de carro ou exposições de arte ou de animais, deve-se montar um estande de recrutamento nesses eventos.
6. Contratar mais funcionários portadores de deficiências.
7. Oferecer um bônus em dinheiro aos funcionários talentosos que abandonam um concorrente.
8. Montar estandes em feiras de emprego comunitárias ou em quermesses de igreja, ou ainda em festas juninas em clubes esportivos.
9. Lembrar aos seus clientes continuamente que você têm vagas disponíveis para trabalho para aqueles que gostam dos produtos ou serviços da organização.
10. Oferecer remuneração em dinheiro a todos os candidatos que comparecerem à entrevista.
11. Deixar claro nos seus anúncios de emprego que a empresa valoriza os trabalhadores com mais idade.

Os empregados com mais de 50 anos têm grande probabilidade de serem uma fonte de talento confiável e experiente para o futuro.

12. Caso o seu negócio for uma loja de varejo ou um supermercado institua um "dia de descontos" (no estilo Magazine Luiza) especial exclusivamente para os funcionários de empresas concorrentes, possibilitando que eles adquiram seus produtos com significativo abatimento, trazendo assim um grupo de candidatos, dentre os quais alguns seguramente qualificados, diretamente à sua porta.

13. Divulgar as vagas disponíveis em *sites* da *Web* de empresas como *discoverme.com,* que possibilitam que os potenciais candidatos façam testes de personalidade, permitindo selecioná-los de acordo com os perfis compatíveis com os cargos existentes.

Por exemplo, a Microsoft faz uso de um intenso processo de recrutamento e treinamento atingindo os universitários.

O *site* na *Web* da empresa apresenta uma quantidade substancial de informações criadas para atrair talentos e possibilitam uma série de interações.

A empresa de materiais de construção Home Depot projetou um sistema automatizado de contratação e promoção chamado Programa de Preferência de Emprego (*Job Preference Program*).

A Home Depot instalou quiosques de computador em todas as suas lojas, convidando as pessoas a participar de uma entrevista eletrônica para concorrer a um emprego na empresa.

Com o novo sistema computadorizado de recrutamento o número de gerentes do sexo, feminino aumentou em 31% e o número de gerentes de grupos minoritários em 29%.

A Cisco Systems, líder em TI, no seu *site* publica centenas de descrições de cargos detalhadas, facilmente pesquisáveis por palavras-chave, campos de interesse e localização nos EUA e no mundo.

Na sua página especial hotjobs@cisco, a empresa relaciona cargos exclusivos que ela está especialmente interessada em preencher.

O *site* também fornece aos candidatos uma perspectiva sobre a vida na Cisco, estabelecendo vínculos com funcionários atuais que compartilham formação e habilidade semelhantes.

Em 2002, a Cisco recebeu aproximadamente 250.000 currículos, dos quais 90% eletronicamente, e automatizou 85% do seu processo de recrutamento.

Hoje em dia a empresa possui um banco de dados que permite prever com certa precisão as qualidades e características que gerarão um funcionário de alto desempenho.

14. Cultivar relacionamentos com organizações comunitárias, tais como igrejas e clubes, pedindo que as mesmas indiquem candidatos promissores.

15. Pedir aos seus melhores funcionários que forneçam nomes de três outras pessoas de "primeira classe", ou seja, de bom desempenho na companhia, que conheçam e que possam ser persuadidas a trabalhar na sua empresa.

16. Sensibilizar todos os gerentes para que obtenham os nomes e endereços de *e-mail* das pessoas que se destacam nas palestras e conferências de que eles participam.

    Dessa maneira, com o tempo estará criado um banco de dados de talentos, e se poderá enviar por *e-mail*, às pessoas que constam desse banco de dados, um boletim mensal da empresa fazendo um trabalho subliminar para se aproximar das mesmas.

17. Perguntar aos novos contratados que pessoas elas recrutariam de suas empresas anteriores e das universidades em que estudaram.

    Isto é eficaz, pois pessoas talentosas tendem a identificar outras pessoas talentosas.

18. Continuar mantendo contato com pessoas talentosas que saem da empresa, usando-as como fonte de contato com novos talentos.

19. Criar uma lista das pessoas talentosas que você gostaria de ter na sua empresa e enviar a elas um boletim mensal, procurando de alguma forma envolvê-las preliminarmente com a sua organização.

20. Perguntar aos indivíduos talentosos de outras empresas se eles poderiam trabalhar para a sua organização como consultores durante o fim de semana.

21. Estimular os alunos talentosos que estão concluindo o 2º grau e/ou uma faculdade a se candidatarem a cargos de meio-expediente para que possam fazer um estágio remunerado na sua empresa.

22. Não limitar-se a recrutamento nas "melhores" IESs ou "candidatos de peso".

    O que se constata na prática é que muitas das melhores contratações são "diamantes em estado bruto", que podem ser encontradas em faculdades privadas pequenas e/ou empresas de menor expressão.

23. Revogar as políticas da empresa que proíbem a contratação de parentes, e pedir aos seus bons funcionários que indiquem competentes membros da família para funções em outros departamentos.

Como se observa claramente, muitas das propostas para expandir criativamente a "caça de talentos" rompem paradigmas, e outras podem à primeira vista parecer antiéticas, mas uma coisa é indiscutível: ampliam enormemente o campo para se poder contratar gente talentosa, e inclusive permitem escapar do dito: **"Não é possível contratar bem se não há candidatos."**

Porém deve-se também ter idéias criativas para reter os bons funcionários na empresa.

Se você quer aumentar a retenção dos seus bons empregados ou mesmo daqueles que considera talentosos, eis aí uma lista de benefícios que oferecidos aos mesmos podem fazer subir o seu índice de retenção:

1. Oferecer no local de trabalho serviços gratuitos de lavagem a seco, conserto de sapatos, salão de beleza, etc.
2. Subsidiar estudo dos filhos dos empregados nas universidades.
3. Levar para casa os funcionários que trabalham até tarde por meio de um serviço gratuito de limusine.
4. Distribuir frutas frescas e rosquinhas em certos dias da semana, bem como sorvete de graça nos dias mais quentes de verão.
5. Possibilitar que todos os funcionários escolham seus próprios cargos!?!
6. Ceder aos funcionários equipamentos (*palmtops*, *laptops*, etc.) para que possam trabalhar em casa.
7. Distribuir alguns medicamentos gratuitamente, incluindo-se aí o Viagra, Levitra, Prozac, etc.
8. Oferecer algumas semanas de licença-paternidade com vencimentos, tanto para os pais naturais como para os adotivos.
9. Suprir o empregado alugando-lhe um automóvel enquanto o dele estiver na oficina.
10. Possibilitar que a maior parte dos funcionários tenha um horário de trabalho flexível.
11. Dar a todo funcionário um cartão de visitas.
12. Criar uma sala de repouso com colchonetes.
13. Permitir que o empregado possa incluir um membro de sua família (cunhado, companheira(o), irmão, etc.) no seu plano de cobertura de assistência médica subsidiado pela empresa.
14. Comprar a melhor cadeira ergonômica para os funcionários que trabalham muito tempo sentados.

15. Disponibilizar aos funcionários terreno próprio para jardinagem na área da empresa.

16. Oferecer um serviço de limusine no dia de seu casamento, uma quantia razoável em dinheiro e uma semana extra de férias.

17. Autorizar um adiantamento, sem cobrança de juros e dentro de um certo limite, para que o empregado possa adquirir uma moradia nas proximidades da empresa.

18. Dar 10 dias de folga a mais após o término do primeiro ano no emprego.

19. Fornecer serviços de mensageiro e mensagem gratuita no local de trabalho.

20. Patrocinar sessões de meditação diária de meia hora.

21. Criar uma "cidade esportiva dentro da empresa", ou seja, ter uma academia com serviço completo e um ginásio para jogar basquete, futebol de salão, voleibol, etc., incluindo aí os treinadores.

22. Dar uma festa toda sexta-feira à tarde. Esta *happy hour* se chamaria de "momento para reinicializar a mente".

23. Criar uma rede *e-doc* de médicos que responda aos empregados que fazem a consulta por *e-mail*.

24. Presentear os "pais novos" com cadeiras especiais para o transporte dos filhos em seus automóveis.

25. Agendar exames de saúde especiais, vacinas e mamografias gratuitas no local de trabalho.

26. Oferecer reembolso da academia de ginástica particular se o funcionário freqüentá-la religiosamente pelo menos três vezes por semana.

27. Não ter vagas certas na garagem, não afixar a função ou o cargo da pessoa nas portas das salas e não ter um código de vestuário.

28. Oferecer café da manhã gratuito todos os dias.

29. Fornecer assistência médica e dentária permanente para cada funcionário e seu cônjuge se o funcionário ficar na empresa até a aposentadoria.

30. Dar escritório com janela aos funcionários de nível mais baixo e médio, enquanto os gerentes usam as salas internas.

31. Disponibilizar estacionamento gratuito perto de seus escritórios às mães, em sua trigésima terceira semana de gravidez.

32. Reembolsar as despesas incorridas no cuidado com as crianças quando os pais viajam a trabalho.

33. Permitir que os funcionários tirem uma folga por mudança ou motivos pessoais (por exemplo, uma crise em família) sem ter reflexo nas férias de lei.

Como é, você gostou de algumas dessas idéias?

Pois bem, os "benefícios" há pouco citados estão entre aqueles fornecidos pelas empresas que aparecem na lista anual da revista *Fortune,* quando analisa as *Melhores Empresas para se Trabalhar nos EUA* e também pela revista *Exame* que faz um levantamento semelhante anualmente no Brasil.

Essas empresas, entretanto, não oferecem apenas benefícios que para algumas outras organizações podem parecer "excêntricos", mas também muito treinamento.

A média de treinamento nas 100 melhores empresas onde trabalhar nos EUA em 2002, foi de 56,7 horas por ano, um número que vem subindo ano a ano!!!

Observação importante – Em um momento em que encontrar pessoas valiosas é um desafio e uma prioridade, Leigh Branham, no seu livro *Motivando as Pessoas que Fazem a Diferença – 24 Maneiras de Manter os Talentos de sua Empresa,* além de propor idéias criativas como as 23 citadas para ampliar o campo de recrutamento, nos oferece um guia prático para vencer as "guerras dos talentos" e tornar-se um empregador procurado pelos pretendentes ao trabalho. Coloque esse livro na lista entre aqueles que vai ler brevemente...

POSFÁCIO: O BRASIL E A IMPORTÂNCIA DA CRIATIVIDADE PARA TODOS OS BRASILEIROS.

Vamos inicialmente meditar sobre algumas afirmações em relação a situação do Brasil feitas por algumas personalidades ilustres nos últimos anos.

"O governo brasileiro permite a existência de postos de gasolina de mais e não consegue criar postos de saúde em número adequado."

Roberto Campos

"Economistas no governo obrigam-se a modelar o futuro. Fora do governo, contentam-se em criticar o passado."

Antonio Delfim Neto

"Com a abertura não há mais tempo a perder: ou partirmos para o Primeiro Mundo ou remamos para o Quarto Mundo."

Antonio Ermírio de Moraes

"O Brasil nunca foi uma orquestra sinfônica. Mas agora não passa de uma bandinha de coreto desafinada."

Isaak Karabtchevsky

"O lema do Portugal salazarista era empobrecer em ordem. O lema do Brasil hoje é empobrecer em desordem."

Miguel Reale Júnior

"O Brasil de hoje tem dois perfis: se cercar, é hospício, se cobrir, é circo."

Fábio Ranieri

"Já me contaram que o governo brasileiro tem mais talento do que eu no sumiço mágico de dinheiro."

David Coperfield

E para finalizar, aí vai um provérbio italiano:

"Quem quer, não pode. Quem pode, não quer. Quem faz não sabe. Quem sabe, não faz!!!"

E agora aí vão algumas outras declarações porém feitas em 2003:

Marco Tronchetti Provera, presidente mundial do grupo Telecom Itália:

"Continuaremos a investir no Brasil porque este País vai continuar crescendo. Já enfrentou várias crises mas sempre se recuperou exemplarmente."

Roberto Nicolsky, diretor-geral da Sociedade Brasileira Pró-Inovação Tecnológica e professor da UFRJ:

"Uma das maiores inverdades aqui difundidas é que as industrias brasileiras não investem em tecnologia."

Richard Cann, diretor-superintendente das operações da Ford Motor Corp. na América do Sul:

"Precisamos de demanda doméstica sustentável em lugares como o Brasil, que possam oferecer uma boa plataforma para o crescimento."

Albert Fishlow, diretor do Centro de Estudos Brasileiros da Universidade Columbia, de Nova York:

"Todo mundo hoje critica o comportamento do ex-ministro da Fazenda Pedro Malan. Mas, no final do mandato dele, a taxa de crescimento do Brasil foi maior do que a do período anterior, a taxa de inflação foi bem menor, e se criou a base sobre a qual o governo do presidente Luiz Inácio Lula da Silva pode construir todas as novas políticas."

Thomas Skidmore, autor dos livros clássicos *De Getúlio a Castelo* e *De Castelo a Tancredo*, ex-diretor do Centro de Estudos Latino-Americanos da Universidade de Brown, um dos maiores especialistas na história recente do Brasil:

"O governo Luiz Inácio Lula da Silva precisa modernizar a economia. Melhorar o parque industrial. O Brasil está fora da corrida de exportações industriais.
A solução para a dívida externa é exportar mais.
Isso tem a ver com o sistema trabalhista e sindical.
Todo o sistema industrial no Brasil tem esse gargalo que é a legislação trabalhista e sindical.
É difícil contratar o trabalho. Por isso o mercado informal cresce tanto. ..
No geral, o desafio para Lula é maior do que foi para qualquer outro governo pós-84."

No século XXI, tendo à frente o presidente Luiz Inácio Lula da Silva, ao contrário de alguns desses comentários pessimistas, o País está se alinhando para ocupar um lugar de destaque no cenário mundial, reivindicando inclusive uma posição bem mais importante na ONU, e incluído no grupo dos países mais importantes em desenvolvimento.

Uma estratégia que sem dúvida auxiliará o Brasil e as empresas aqui instaladas é se elas investirem pesadamente no ensino da criatividade aos seus funcionários.

Se quisermos no século XXI dar ao Brasil uma cara de modernidade, temos de pensar em como duplicar, triplicar, ou mesmo quadruplicar o nosso PIB no mais curto espaço de tempo possível.

A equação a ser montada é de como gerar recursos, de como criar riqueza. E a riqueza de um país, além da dotada pela natureza (e a nossa é enorme...), fundamentalmente é constituída de frutos da capacidade criativa e da capacidade de trabalho dos seus homens.

Precisamos ser muito criativos para que, com metade das pessoas recebendo o dobro, alcancemos produtividade três vezes maior. Infelizmente até nossa riqueza (fruto tanto do solo como do subsolo) não forneceu a estrutura de 1º Mundo que só pode vir do trabalho criativo, o que enervou os brasileiros e despertou a cobiça dos estrangeiros.

A extração de produtos de uma forma agressiva, sem pensar no ambiente e na ecologia, concentrou a riqueza nas mãos de alguns, e a miséria generalizou-se...

É preciso procurar uma solução tupiniquim para as nossas empresas.

Pensando nisso, chegamos a algumas idéias para reflexão:

1 - É necessário que as empresas invistam em recrutamento e seleção, escolhendo melhor seus colaboradores, efetuando testes e pesquisando sua vida passada, criando o hábito de consultar os ex-empregados.

   Pagar o melhor salário e trabalhar com uma equipe de tamanho adequado concedendo benefícios, treinando, promovendo, recompensando.

2 - O produto (serviço) tem de ser muito bom e estar de acordo com o que o mercado quer.

   Tentar convencer o cliente a comprar algo que não corresponda exatamente aos seus mais íntimos anseios é uma tarefa ingrata e onerosa.

Reflita bem sobre o comportamento de seus clientes e depois decida.

Insista em um *marketing* criativo.

3 - Informatize o máximo possível a sua empresa, pois estamos na era da organização digital.

4 - Conheça melhor a legislação. Não caia no erro de pensar que legislação é assunto apenas para contadores e burocratas.

Caso você não conheça os tributos, como pretende calcular o custo, e as suas margens de lucro?

5 - Finalizando estas sugestões, sem dúvida nenhuma o fator mais importante para qualquer momento de crise (e crise é o que não nos falta) é a **criatividade.**

E voltamos a enfatizar o que já foi dito anteriormente: para sair da crise, o importante é tirar o "s" da palavra e partir para a ação.

É aqui que se torna fundamental a função social da criatividade: produzir, inovar, participar, progredir e projetar-se.

Um país é também uma empresa.

Lamentavelmente ainda somos importadores de tecnologia, e não reais detentores de conhecimento científico e tecnológico, o que aumenta ainda mais a nossa relação de dependência com países mais industrializados.

Como se não bastasse, nossos recursos são empregados ao sabor de interesses políticos de momento, e não segundo programas sólidos, duradouros e bem-direcionados.

Essa visão imediatista deve acabar.

Temos de nos modernizar mais e criar condições para competir por uma posição mais favorável no mundo moderno.

A História mostra que não existe outra maneira de modernizar-se senão pela geração nacional do conhecimento em ciência e tecnologia.

E isto só será possível valorizando os pesquisadores e cientistas, e criando condições para que eles possam contribuir para o conhecimento do nosso Brasil.

Claro que nem todos poderão ser pesquisadores ou cientistas, mas seguramente todas as pessoas poderão ser mais criativas principalmente aquelas que têm acesso a faculdades, como as mantidas pela FAAP.

E nestas, além de se ensinar Criatividade e Empreendedorismo, os estudantes aprendem as mais modernas técnicas de gestão, não esquecendo nunca um *know-how* brasileiro que é um verdadeiro *case* internacional: a administração e o trabalho numa escola de samba!

Aliás, você sabe quais são os oito mandamentos de uma escola de samba?

1. **Trabalho** - Cada um faz o que sabe e os líderes são eleitos pela competência.

2. **Valores** - Ninguém nega nada ao grupo, que adota seus valores, com os quais se identifica.

3. **Decisões** – Quando o conjunto propõe, todos sentem-se responsáveis pela decisão. A participação é fundamental.

4. **Objetivos** - Quando todos participam, o objetivo de todos é o objetivo de cada um. Cada um sabe que se não executar a sua parte compromete todo o conjunto.

5. **Chefias** - Não se pode ter gente que só manda, todos têm de pôr a mão na massa. Quem não trabalha nunca será respeitado pelos demais.

6. **Ordens** - Não é preciso dar ordens. Basta fazer com que as pessoas queiram fazer as coisas.

7. **Admissão/Demissão** - Não se deve admitir quem não pode ser demitido (parentes, por exemplo).

8. **Confiança** - Para ser chefe, é preciso ter a confiança da base, não apenas da diretoria. Confiança não é privilégio de alguns, porém prática generalizada entre todos.

A partir desses mandamentos da gerência de escolas de samba, podem-se concluir pelo menos duas coisas para os empregados brasileiros:

I) Ao contrário do norte-americano, do europeu e do japonês, o brasileiro não gosta de obedecer. Ele só trabalha contente se sentir que também participa das decisões.

II) É fundamental tornar a empresa a mais transparente possível para os seus colaboradores. Deve-se fazer com que os objetivos da empresa se constituam no objetivo de cada um.

Isto tem feito os trabalhadores sentirem cada vez mais confiança na empresa.

A escola de samba é o resultado de uma gestão criativa, na qual se delegam tarefas, onde as tarefas são executadas com muita motivação e as pessoas trabalham numa organização que, no final das contas, vai apresentar o seu "produto" oficialmente apenas uma vez...

O Carnaval brasileiro é de fato um evento inédito, apesar de que em outros países busca-se fazer algo similar.

Aí está uma clara demonstração da enorme criatividade brasileira.

Porém, existem muitas áreas e muitos segmentos da população que não têm oportunidade de incrementar a sua criatividade.

Quais são as áreas mais necessitadas de criatividade no Brasil?

A resposta começaria pela educação, cujos currículos têm de ser modificados, a carga horária aumentada, e principalmente deve-se introduzir a possibilidade de a criança aprender a ser polivalente e habilidosa.

Uma forma seria, até os 15 anos pelo menos, de dar ao indivíduo condição de praticar esportes como xadrez, atletismo, tênis, natação, etc., nos quais toda a responsabilidade é dele, e existindo o oponente a ser respeitado dentro das regras de cada jogo, mas que precisa ser vencido.

É claro que seria importante saber tocar algum instrumento musical, fazer parte do coral, desenvolver habilidades manuais mínimas, etc.

Ao mesmo tempo, de forma nenhuma pode-se deixar de ter espaço para esportes coletivos, como bola ao cesto, futebol, handebol, voleibol, etc., cada um com uma característica, mas todos exigindo cooperação, integração e disciplina para se chegar à vitória.

Com isto realmente estaríamos pensando em ensinar nossas crianças a trabalhar em equipe, e a criativa e eticamente sobrepujar os seus oponentes.

Além disso, submetida a todas essas atividades esportivas, seguramente a criança encontraria aquela na qual poderia almejar inclusive a ser um destaque nacional, ou até internacional.

Ser campeão numa Olimpíada ou nos Jogos Pan-Americanos exige de uma pessoa esforço semelhante àquele a que é submetido um inventor...

Um excelente exemplo nesse sentido está sendo dado pela prefeita Marta Suplicy em São Paulo, que já inaugurou vários CEUs, ou seja, Centros Educacionais Unificados, nos quais os alunos poderão praticar esportes, desenvolver aptidões musicais, utilizar os mais avançados recursos da era digital, além evidentemente de estudar disciplinas dentro de um currículo adequado para às exigências do século XXI.

Saindo da educação, sugerimos a modernização da nossa agricultura, até por semelhança com os EUA que são a mais poderosa nação do mundo, e em primeiro lugar têm a agricultura com a maior produtividade de mundial.

O Brasil possui a maior área agriculturável do mundo, tendo condições, portanto, de fornecer toda a alimentação necessária ao povo brasileiro.

É difícil esperar criatividade de quem não tem energia, de quem está subnutrido.

É verdade que em 2004 estaremos batendo nosso recorde de produção com mais de 120 milhões de toneladas de grãos, demonstrando que a nossa produtividade também está crescendo significativamente.

Sem dúvida, aí se seguiria uma série de outras sugestões como: melhoria da saúde pública; melhor tecnologia para o uso do solo e da água; melhor tecnologia de armazenamento, embalagem e transporte de produtos; construção de moradias mais adequadas para o povo; melhoria do ambiente, principalmente o urbano; melhoria da capacitação do pessoal no campo técnico e em todos os níveis; pesados investimentos em turismo, pois vivemos no País mais lindo do mundo, etc.

CAP. 8 - A Empresa Criativa

Tudo isto melhorou muito na última década, principalmente nos dois mandatos do presidente Fernando Henrique Cardoso, porém há muitas coisas a fazer!!!

Por isso, as perspectivas para o incremento da criatividade no Brasil neste momento são imensas. Necessita-se com urgência, em primeiro lugar, de uma clara conscientização do que vem a ser criatividade e de como tornar-se criativo (esperamos que esta coleção de livros ajude um pouco nesta direção...).

Em segundo lugar, é fundamental que se faça uma coordenação dos interesses, dos esforços, das inquietudes, das dificuldades, da informação, das oportunidades, dos desafios e dos novos métodos. Com este propósito, quem sabe seja o momento de se criar algo como a Associação Brasileira de Criatividade (ABRACRIA).

Associações de criatividade existem já há alguns anos nos EUA, no México, em países europeus, etc., e há neste sentido alguns incipientes movimentos no Brasil.

Os principais objetivos da ABRACRIA seriam:

1 - Despertar na consciência de todos os brasileiros o interesse pela criatividade, aspecto tão transcendental do desenvolvimento das pessoas e das instituições.

2 - Investigar as características do processo criativo, o que facilitaria esse processo, e quais os obstáculos que devem ser removidos.

3 - Treinar todos, e principalmente os executivos, no manejo e solução dos problemas dentro da sua organização, com a finalidade de alcançar uma maior produtividade e conseguir fazer **"mais com menos"**.

4 - Colaborar na solução dos imensos problemas sociais do Brasil como pessoas e como grupos.

5 - Constituir grupos interdisciplinares que possam atuar como **"bólidos (ou tanques) do pensamento"** para a produção de idéias, as quais permitam resolver problemas específicos de empresas e instituições como, por exemplo: redução de custos de produção, substituição de matérias-primas, conservação de energia, desenvolvimento de tecnologias e serviços que evitem importações, busca de novas aplicações de produtos e de processos existentes, solução de problemas de comunicação e organização, etc.

6 - Treinar e capacitar grupos de pessoas nas técnicas do desenvolvimento da Criatividade.

A função maior da ABRACRIA seria provavelmente a de alcançar um estágio no qual o homem possa chegar pelo livre e pacífico progresso a uma fórmula e modelo de eterna e universal justiça, segundo a qual todo ser humano possa desenvolver livremente as faculdades de que esteja dotado!!! O sistema que mais favorece a discussão aberta e protege de forma veemente a liberdade de informação, é a **democracia**.

Porém, numa democracia é muito difícil a implementação, principalmente das decisões políticas que exigem mudanças.

Dessa maneira, o sistema pode tomar boas decisões, mas a **divergência política legitima,** necessária às tomadas de decisões, transforma-se em um grande obstáculo à sua implementação.

Infelizmente, a verdade é que o melhor sistema que possibilite a implementação das decisões é aquele que não permite mais a divergência, o debate ou perguntas.

É o **sistema totalitário,** em que se tem uma convergência total.

Portanto, a boa gerência é aquela que é **democrática** (divergente) na tomada de decisões, e **ditatorial** (convergente) na implementação!!!

Para se tomar uma boa decisão é preciso ter a mente aberta, isto é, operar de forma democrática dentro da própria cabeça e nas mentes das outras pessoas.

Entretanto, uma vez tomada a decisão, aquele que a toma precisa ser ditatorial; aliás, no caso da vida particular, implica o compromisso com a decisão e um forte ímpeto para a sua realização.

Pois é, deve-se praticar a **"democradura"**, ou seja, democracia na tomada de decisões e ditadura na sua implementação!!!

Este é um processo difícil, fácil de falar e complicado de fazer, porém é o que conduz à efetividade (eficiência junto com eficácia).

Lamentavelmente muitas pessoas na sua vida pessoal e gerentes nas empresas adotam a democracia e a ditadura na seqüência errada, ou seja, aplicam a **"ditamocracia"**, sem resultados práticos.

É o caso de alguém que, de forma ditatorial, tomou a decisão que deve perder peso ,contudo de maneira democrática começa a buscar alternativas para comer um certo tipo de sanduíche, um bolo especial, um sorvete diferente, e assim por diante, não conseguindo sustentar nenhum tipo de dieta.

O estilo democrático é eficaz porém não é suficientemente eficiente.

Já o estilo totalitário é eficiente porém com freqüência não é eficaz.

Quem por sua vez tenta ser democrático nas tomadas de decisões e na implementação, tende para a ineficiência porque muda muito suas decisões.

Já as pessoas que são continuamente radicais e resolutas efetuam as implementações com eficiência, entretanto as suas mentes fechadas não lhes permitem chegar a boas decisões por que comumente não escutam e não argumentam, ficando com informações com freqüência ultrapassadas, inadequadas e tendenciosas.

Concluindo: deve-se buscar o comportamento da democracia ditatorial, ou melhor, a "democradura", *uma idéia criativa de Ichak Adizes, autor do livro Gerenciando as Mudanças.*

Para finalizar este livro, queremos mandar uma mensagem meio codificada sobre como deve ser o seu comportamento.

Nosso intuito nesta coleção de 4 volumes é a de salientar e fazer com que você que já leu pelo menos o 2º volume (e fez os exercícios *Neurofitness*)

não se esqueça do que já foi e que tem dentro de si uma porém que

vive hoje uma época em que ninguém mais pode ser como a

O seu mundo e certamente o dos seus filhos é o da era do

Caso você não concorde com isto, vá a uma cartomante moderna que

"lerá" o seu apoiando-se na informática.

Transforme-se em um  para que continuamente

em suas ações brote como resultado uma linda e um novo

produto/serviço para a melhoria da qualidade de vida dos outros.

É por isso que você tem bilhões de neurônios!!!

CAP. 8 - A Empresa Criativa

8.10
NEUROFITNESS Nº 8

1. Utilize números entre 0 e 9 (podem ser repetidos) de tal forma que se obtenham os totais indicados para a soma em cada linha, coluna, e nas diagonais na Figura 8.19.

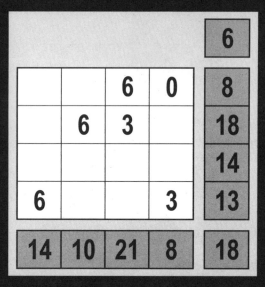

Figura 8.19

2. Das espirais da Figura 8.20, qual a única que não combina com o conjunto?

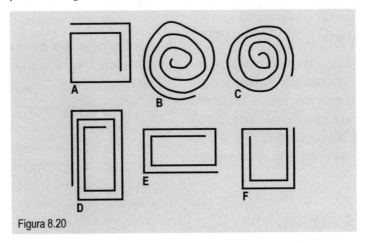

Figura 8.20

3. Que número do sistema decimal está representado pela notação binária abaixo?

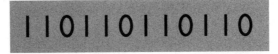

4. Qual das cinco opções mostradas na Figura 8.22 deve substituir o ponto de interrogação no topo do triângulo (Figura 8.21)?

Figura 8.21

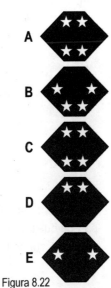

Figura 8.22

CAP. 8 - A Empresa Criativa

5. Você poderia apresentar umas 60 frases assassinas que não sejam exatamente iguais àquelas que foram analisadas no item 3 do Capítulo 5?

Claro que o importante não é conhecer as "afirmações matadoras" da Criática, mas sim ter um poderoso instrumental para saber defender as suas idéias com vitalidade e depois poder transformá-las em realidade, não é?

6. a) Um dos mais interessantes problemas para testar se uma pessoa é criativa é aquele no qual se dão a ela 9 pontos (Figura 8.23), e pede-se que a mesma utilize apenas quatro linhas que precisam ser consecutivas, ou seja, que no seu traçado a ponta do lápis ou da caneta não abandone o seu contato com o papel.

Figura 8.23

Numa primeira tentativa, o problema parece que não tem solução, e a dificuldade está no fato de você, por ser muito obediente ou "quadrado(a)", não querer sair dos "limites clássicos" definidos pelos pontos...

b) Você seria capaz de resolver este problema traçando somente 3 retas?

c) Será que existem outras respostas, porém para tanto é preciso ser bem mais criativo, ou talvez desrespeitar um pouco o desenho inicial, ou os paradigmas, aumentando quem sabe um pouco mais os pontos, ou o tamanho da sua linha, ou ainda a maneira de se passar pelos pontos?

Claro que existem outras respostas. São várias, inclusive. Encontre algumas delas.

7. Você consegue, sem tirar o lápis ou a caneta do papel, com seis linhas retas passar por todos os 16 pontos da Figura 8.24?

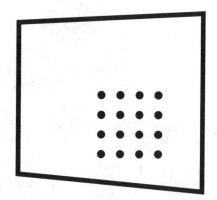

Figura 8.24

Baseando-se no que ocorreu no problema anterior (Nº 6), é possível achar outros tipos de solução, obedecendo a outros paradigmas?

8. a) Doze palitos foram dispostos de modo a formar cinco quadrados, conforme se mostra na Figura 8.25. Movendo apenas quatro palitos, forme dez quadrados.

Figura 8.25

b) Faça uma taça de coquetel com três palitos, como indicado na Figura 8.26, e coloque uma cereja na taça. Movendo dois palitos, faça com que a cereja não esteja mais dentro da taça, mas que esta continue inteira. Como se faz isto?

Figura 8.26

c) Faça a "cabeça do cachorro" ficar no sentido oposto, movendo apenas dois palitos no desenho que se mostra na Figura 8.27.

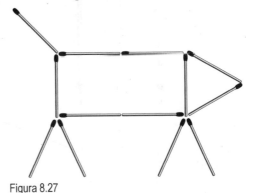

Figura 8.27

d) Nove palitos estão arranjados de modo a formar três triângulos, conforme está na Figura 8.28. Mova três palitos para criar cinco triângulos.

Figura 8.28

e) Mova apenas um palito para fazer com que a equação mostrada na Figura 8.29 se torne "aproximadamente" correta.

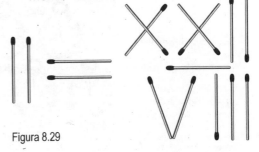

Figura 8.29

CAP. 8 - A Empresa Criativa

f) Arranje os seis palitos mostrados na Figura 8.30 de forma a construir quatro triângulos

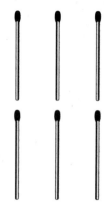

Figura 8.30

9. Como estamos no último capítulo desse livro (volume 2), você, meu (minha) caro(a) leitor(a), já deve ter progredido muito na sua criatividade, e por isto deverá poder executar uma tarefa mais difícil, ou seja, incrementar um vaso sanitário!

Elabore, pois, ao menos 8 projetos criativos numa sessão particular ou em grupo, isto é, desenvolva um *braindrawing* (desenhos imaginativos cerebrais).

10. Na Figura 8.31 temos um triângulo (ou uma pirâmide) de relógios clássicos, com a maioria deles acertada perto do meio-dia.

Sabendo que cada relógio que está acima precisa indicar um horário que represente a soma dos tempos indicados abaixo, você consegue acertar todos eles adequadamente usando obrigatoriamente aqueles que já estão acertados como se mostra na Figura 8.31?

Figura 8.31

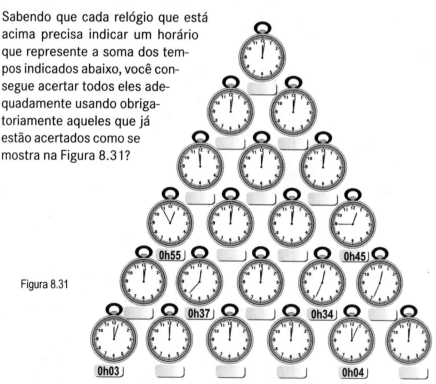

NEUROFITNESS Nº 5

1)
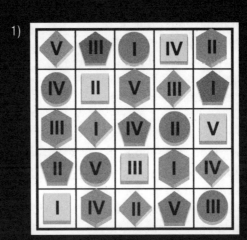

2)
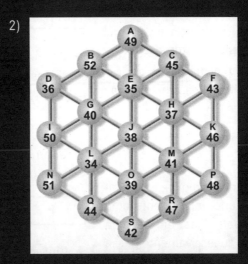

3) É a **B**.

4) É a **B**.

O cubo gira no sentido horário, o prisma hexagonal gira no sentido anti-horário e o cilindro gira no sentido horário.

5) A lógica no primeiro par de desenhos é a seguinte: se no primeiro deles o naipe de ouro é o de menor tamanho, no segundo desenho é o de maior tamanho. Da mesma forma o naipe de paus, que é o segundo menor no primeiro desenho, se transforma no segundo maior no segundo desenho; e assim sucessivamente. Ou seja, espadas é o segundo maior no primeiro desenho, vira o segundo menor no segundo desenho. E finalmente copas, que é o maior no primeiro desenho, vira o menor no segundo. A mesma lei de formação deve ser usada para se encontrar a resposta desejada que é **B**.

6) A que não abre é a **E**. Note-se que os "dentes" que permitem abrir a porta são diferentes em todas as outras chaves e iguais entre si.

7) É a **D**.

O quadrado negro move-se no sentido anti-horário, inicialmente uma posição depois duas, em seguida três e assim sucessivamente nessa progressão aritmética para cada novo desenho.

Os outros quadrados seguem o mesmo padrão de deslocamento.

8) É a **A**. Depois de uma análise dos quadrados (ou partes) "pintados" em cada um dos "braços" emergem os seguintes fatos:

✦ Gira no sentido anti-horário uma posição por vez.

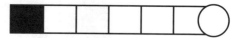

✦ Gira no sentido horário uma posição por vez.

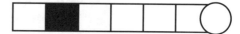

✦ Gira no sentido anti-horário uma posição por vez.

✦ Gira no sentido anti-horário duas posições por vez.

✦ Gira no sentido horário duas posições por vez.

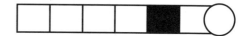

✦ Gira no sentido anti-horário duas posições por vez.

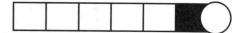

9) **1ª solução**

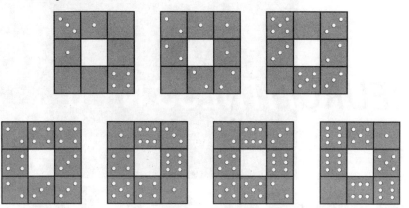

2ª solução

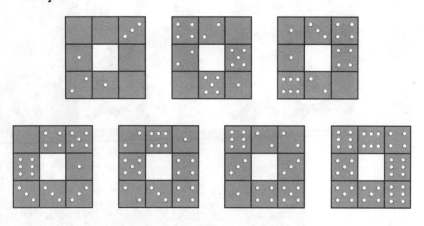

10) b) Pode ser Jesus Cristo ou então um tapete manchado!?!?

Qualidade da Criatividade
338<<

NEUROFITNESS Nº 6

1) Ai estão algumas das soluções possíveis:

2) Ai está um modelo de quadrado mágico, com 18 pontos em cada fila (linha ou coluna), e nas diagonais.

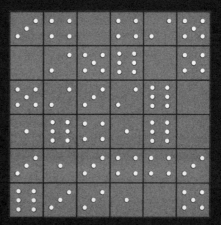

3) A fim de simplificar o problema, deixemos por enquanto de lado as 7 pedras 0-0, 1-1, 2-2, 3-3, 4-4, 5-5, 6-6, ou seja, os "duplos". Restam assim 21 pedras, nas quais cada número de pontos se repete 6 vezes. Por exemplo, todas as pedras que têm um quatro são:

4-0, 4-1, 4-2, 4-3, 4-5 e 4-6.

Cada número de pontos se repete, um número par de vezes. É claro que as pedras que formam cada grupo podem "casar-se" uma com outra até que esgote o grupo. Enquanto isso é feito, ou seja, as 21 pedras estão sendo colocadas em fila ininterrupta deve-se ir introduzindo as 7 "duplos": 0-0, 1-1, 2-2, etc., obtendo-se assim as 28 pedras em uma única linha seguindo as regras do jogo.

4) Eis a resposta:

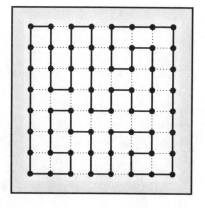

5)
a) $2 + 2 - 2 - 2/2 = 1$

$2 + 2 + 2 - 2 - 2 = 2$

$2 + 2 - 2 + 2/2 = 3$

$2 \times 2 \times 2 - 2 - 2 = 4$

$2 + 2 + 2 - 2/2 = 5$

$2 + 2 + 2 + 2 - 2 = 6$

$22/2 - 2 - 2 = 7$

$2 \times 2 \times 2 + 2 - 2 = 8$

$2 \times 2 \times 2 + 2/2 = 9$

$2 - 2/2 - 2/2 = 0$

b) $\dfrac{8+8}{8}(8 \times 8 \times 8 - 8) - 8 = 1000$

$\dfrac{8.888 - 888}{8} = 1000$

c) $\dfrac{148}{296} + \dfrac{35}{70} = 1000$

6) **Eureka** é a palavra.

7) Eis algumas soluções:

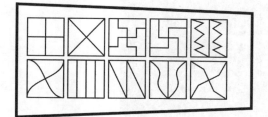

8) a) Um falcoeiro montado a cavalo, com um falcão pousado no braço

Mas você pode ter outra resposta.
b) A letra R
c) É a letra M, pois a palavra "aluno" escrevia-se antigamente "alumno".

9) No "triângulo trilegal" pode-se distinguir 24 triângulos diferentes formados pelas seguintes regiões: 1, 2, 3, 6, 7, 8, 9, 10, 1+4, 2+5, 3+4, 5+6, 7+8, 8+9, 9+10, 1+4+8, 2+5+9, 7+8+9, 8+9+10, 1+2+4+5, 3+4+5+6, 7+8+9+10, 3+4+7+8 e 5+6+9+10

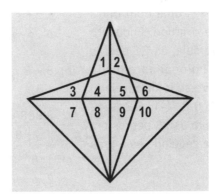

10) Esta é a configuração procurada:

NEUROFITNESS Nº 7

1)

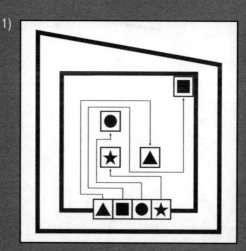

2) A quadratura do círculo. Primeiro deve-se cortar a figura como indicado abaixo e a seguir reordenar os pedaços para obter um quadrado.

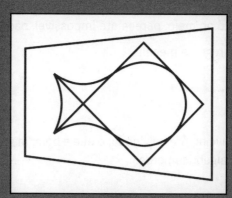

3) É esta a figura que pode ser esticada até chegar na sugerida. Esta forma contém a mesma quantidade de conexões que a forma circular.

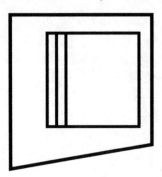

4) Eis a saída do labirinto:

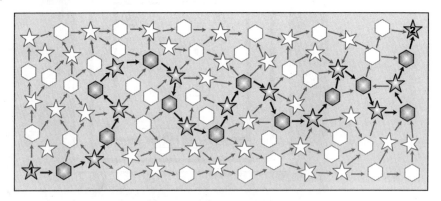

5) A manivela A deve ser girada no sentido anti-horário e a manivela B, no sentido horário para que a bandeja desça.

6) O ponto está no meio, parece até impossível, não é?
   Pegue uma régua e meça!!!

7) a) 1, 2 e 3
   b) 21
   Você provavelmente adivinhou, o que é bom, mas você também pode chegar a solução algebricamente.

Um número de dois algarismos (ab) é representado por 10a+b, uma vez que o primeiro algarismo representa as dezenas e o segundo as unidades.

Se 10 a+ b = 7(a + b) então,10a + b = 7a + 7b e daí vem a = 2b.

Portanto, o segundo algarismo é o dobro do primeiro. E o menor número procurado é 21.

c) 18

Novamente usando o esquema do item b) tem-se:

10a + b = 2 (a + b) e daí vem 8a = b

d) 4/3

Seja x o número misterioso.

De enunciado, temos que 2x = x + 2 e daí x = 4/3 ou 1,3333...

e) Do enunciado vem: $\frac{3}{2}$ x = x + $\frac{3}{2}$ ou x = 3

f) Muito cuidado pois a questão não diz que o peixe pesa duas toneladas.

Ela diz que o peso é maior que duas toneladas, ou seja, duas toneladas mais uma quantidade desconhecida

$2 + \frac{1}{2}$ x = x e daí x = 4 toneladas.

8) É necessário tabular os possíveis acertos para que cada um some 142:

Só existem três maneiras de fazer isso:

$$\begin{cases} I \to 50 + 40 + 40 + 6 + 4 + 2 = 142 \\ II \to 50 + 40 + 20 + 20 + 10 + 2 = 142 \\ III \to 100 + 20 + 10 + 6 + 4 + 2 = 142 \end{cases}$$

O primeiro escore deve ser o de Rubens, porque é o único conjunto no qual é possível obter 44 pontos em dois disparos.

O terceiro escore é o de Marina, porque inclui um 6, e já sabemos que o primeiro conjunto de pontos é o de Rubens. Dessa forma foi Marina que acertou uma vez na mosca.

9) a) O truque aqui consiste em encontrar que tipo de relação vigora entre os números de cada coluna vertical.
Na primeira coluna só números pares.
Na segunda coluna só números ímpares.
Na terceira coluna só números primos.
Na quarta coluna só quadrados perfeitos.
Portanto o próximo número na série de números primos é 31.

b) Em todos os casos, o número no alto é subtraído do número à direita em cada círculo e o resultado é dividido por 4, dando o número da esquerda.
Segundo essa lei de formação, o número procurado é 68, pois
$$\frac{68 - 24}{4} = 11$$

10) O número sete representa muita coisa no catolicismo. Citemos as que nos parecem mais conhecidas:

✦ 7, as palavras de Cristo;

✦ 7, as glórias da Virgem;

✦ 7, as petições do Padre – Nosso;

✦ 7, os pecados mortais;

✦ 7, os sacramentos;

✦ 7, as ordens eclesiáticas.

Entre os vários conjuntos importantes que totalizam sete, podemos destacar:

✦ **sete**, os dias da semana;

✦ **sete**, as maravilhas do mundo;

✦ **sete**, as cores do arco-íris;

✦ **sete**, os sábios da Grécia;

✦ **sete**, as notas musicais;

✦ **sete**, as colinas de Roma;

✦ **sete**, os príncipes do inferno;

✦ **sete**, as artes na antigüidade.

As muitas ferramentas e os métodos que podem ser usados para diminuir a diferença entre as necessidades do cliente e o desempenho do processo – "falta de qualidade"- podem ser classificados em dois grupos: as sete ferramentas básicas para a qualidade e as sete ferramentas avançadas para o gerenciamento da qualidade.

Sete, é considerado um número de sorte no Japão pois representa o número mínimo de peças de equipamento que um guerreiro samurai (Figura 1) devia ter para ir para a batalha adequadamente armado.

Aliás, o samurai devia ter sempre à mão as ferramentas da Figura 2 para dar qualidade e segurança à sua vida.

Foi o guru Noriaki Kano, que em 1988, numa palestra nos EUA, pela primeira, apresentou uma analogia entre os sete equipamentos de um guerreiro samurai com as seguintes sete ferramentas básicas para resolver problemas de qualidade:

1- fluxograma integrado.
2- *brainstorming* e o diagrama de causa-efeito.
3- folha de verificação.
4- histograma e diagrama de Pareto.
5- carta de controle e carta de "corrida".
6- diagrama de dispersão.
7- estratificação.

E as 7 ferramentas gerenciais, são:

1- diagrama de afinidade;
2- diagrama de inter-relacionamento ou diagrama de relações;
3- diagrama de matriz;
4- diagrama sistemático ou diagrama de árvore;
5- análise dos dados de matriz, mapa perceptual ou glifo;
6- *process decision program chart* (PDPC) ou carta-programa de decisão sobre o processo;
7- diagrama de setas.

Figura 1 – Samurai com as sete ferramentas.

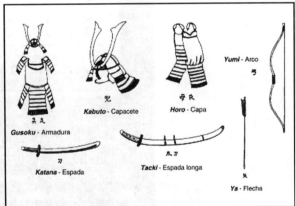

Figura 2 – *Nanatsu dohgu* (sete ferramentas).

NEUROFITNESS Nº 8

1)

				6
2	0	6	0	8
4	6	3	5	18
6	1	7	0	14
6	3	5	3	13
14	10	21	8	18

2) É a **C**, pois essa espiral está no sentido contrário aos ponteiros do relógio, diferentemente de todas as demais ao se "fechar" de fora para dentro.

3) É o número 3.510.
   Comece pelo último dígito à direita e duplique o valor a cada casa que avançar para a esquerda depois some o valor dos números que são representados por um "1".

2048	1024	512	256	128	64	32	16	8	4	2	1
↑	↑	↑	↑	↑	↑	↑	↑	↑	↑	↑	↑
1	1	0	1	1	0	1	1	0	1	1	0

   Daí: 2048 + 1024 + 256 + 128 + 32 + 16 + 4 + 2 = 3510

4) É o hexágono **B**.
   O conteúdo de cada hexágono é definido pelo conteúdo de dois hexágonos diretamente abaixo dele.
   As estrelas só são repetidas no hexágono de cima quando aparecem, em dada posição, em apenas um dos hexágonos de baixo; quando aparecem no mesmo local em ambos, não se repetem.

5) Aí vão 99 frases assassinas, inclusive algumas já citadas no texto.
   As suas 60 coincidem com algumas delas?
   Que bom!

   1- Isso não me entusiasma nem um pouco.
   2- Ninguém vai comprar isso!
   3- A gente já tentou isso antes e não funciona.
   4- Isso não se adapta ao nosso sistema.
   5- E quem é que vai fazer?
   6- Essa desgraça vai custar uma grana!
   7- O diretor não vai gostar...
   8- Não está de acordo com os nossos padrões.
   9- Nós estamos preparados para fazer isso?
   10- Pelo amor de Deus!
   11- No duro mesmo, você não quer dizer isso!
   12- Não se mexe em time que está ganhando.
   13- Ah, mas o *software* do computador é caro demais!
   14- Isso não faz parte da nossa imagem.
   15- Não é do nosso jeito.
   16- É simples demais!

17- É complicado demais!

18- Mas até que ponto isso é válido?

19- Não vai dar tempo de fazer.

20- O que é que o pessoal vai dizer lá em casa?

21- Não é a nossa...

22- A gente está encompridando demais.

23- O último que apareceu com essa idéia não está mais aqui.

24- Boa idéia, mas implica em altos custos...

25- Isso é uma bobagem!

26- O que é que isso tem de novo? – E daí?

27- Espere só até a gente ver quanto custa.

28- A gente nunca fez nada igual à isso.

29- Alguém já fez alguma coisa igual, ou não?

30- Você sabe que a gente está numa bruta recessão, ou não?

31- De cara, eu não gosto.

32- Você deve estar brincando!

33- Eu ligo para você depois, está bem?

34- Ninguém vai dar "bola" para isso.

35- Fica melhor você esquecer isso.

36- Desculpe, mas isso é uma droga.

37- Argh!

38- O isso soluciona, cria de problemas.

39- Risos sarcásticos...

40- Silêncio funebre...

41- Essa não é a sua função.

42- Isso não é trabalho seu.

43- Isso não está de acordo com o jeito que a gente faz as coisas aqui.

44- Eu já ouvi essa história antes!

45- Vamos formar um grupo de trabalho para estudar esse assunto.

46- Vamos fazer uma pesquisa...

47- Semana quem vem a gente fala disso, está legal?

48- Isso só vai trazer "pepinos".

49- De onde é que você tirou isso?

50- Os "homens" não vão deixar.

51- Por mim tudo bem... Mas...

52- Humm...

53- Humm?

54- Ah, realmente, você é um gênio!?!?

55- Ah, eu pensei que você fosse dizer outra coisa.

56- Deixe comigo, eu vou estudar isso.

57- Lembre-se de que nosso cliente é muito conservador...

58- Isso vai "acabar" com a nossa imagem...

59- Não é factível e pronto!!!

60- Vamos ser realistas...

61- Isso não é do meu departamento.

62- Não vem que não tem...

63- Tá fora de questão e ponto final.

64- Não bagunce o coreto...

65- Vamos lá, fale sério.

66- Você está realmente propondo isto?

67- Grande idéia – mas não para nós.

68- Eu tenho uma idéia melhor.

69- Todo mundo vai dizer que somos uns idiotas.

70- Todo mundo vai dizer que somos uns apressadinhos.

71- O que o público vai dizer?

72- Vamos ver isto no próximo mês.

73- Estão falando nisso há anos.

74- Não vai vender...

75- Não vai funcionar...

76- Não vai emplacar...

77- Vai passar em branco...

78- Vai pisar no calo de muita gente.

79- O que é que os "homens" vão dizer?

80- Deixe-me brincar de advogado do diabo.

81- As feministas vão cair matando...

82- Obviamente, você interpretou mal o pedido.

83- Você pensou nisto seriamente?

84- Nós precisamos de alguma coisa mais excitante.

85- Você realmente acha que funciona?

86- Ninguém vai apoiar a sua idéia...

87- Ninguém vai saber de onde você tirou essa.

88- Este é uma assunto para outra reunião.

89- Papo furado...

90- Pô, outra vez!

91- Isso resolve apenas uma parte do problema.

92- Desse jeito, nós vamos atolar na lama.

93- Porque "esquentar" com isso?

94- Tente outra vez. O caminho é esse, mas...

95- É, mas esse é o outro lado da história.

96- Isso é muito tentador, mas...

97- Isso é muito interessante, mas...

98- Isso é realmente fantástico, mas...

99- Tá, mas...

Neurofitness
respostas

6) A resposta clássica correta é a da Figura 3:
a)

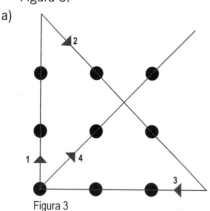

Figura 3

b) Porém, pode servir num outro contexto a solução com 3 retas da Figura 4:

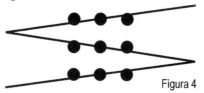

Figura 4

E aí vão algumas outras soluções: dobrando o papel onde estão os pontos (Figura 5) até que se consiga alinhar os pontos; pensar que o papel é um pedaço da superfície da Terra (Figura 6), amassar o papel e "furar" com um lápis (Figura 7), passar uma linha larga e outra fina (Figura 8), etc.

Na verdade esse problema já permitiu algumas dezenas de soluções, que vão de esdrúxulas a tremendamente engenhosas, demonstrando o enorme potencial criativo dos seres humanos. Você seria capaz de achar outras soluções?

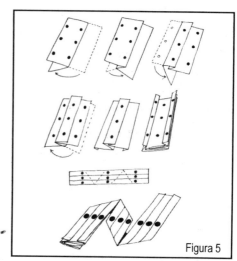

Figura 5

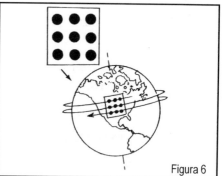

Figura 6

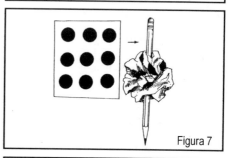

Figura 7

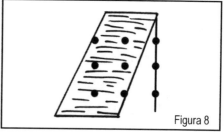

Figura 8

7)

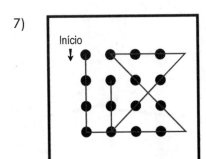

Evidentemente, seguindo o raciocínio desenvolvido no exercício 6 essa é uma de dezenas de outras respostas que podemos ter...

8)
a)

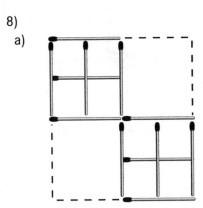

b)

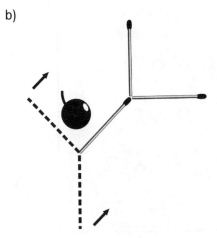

c)

d)

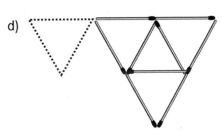

Quatro triângulos pequenos e um triângulo grande.

e)

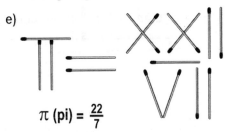

$\pi \text{ (pi)} = \dfrac{22}{7}$

Na realidade, o número irracional π (pi) é aproximadamente igual a $\dfrac{22}{7} = 3,14...$

f) Construa uma pirâmide. Os quatro triângulos são os três lados mais a base.

Neurofitness
respostas

9) Aí vão as 8 idéias pedidas, porém naturalmente podem não coincidir com as suas!?! No nosso trabalho como instrutores chegamos a catalogar mais de 100 esboços diferentes...

10) Eis o "triângulo" de relógios correto:

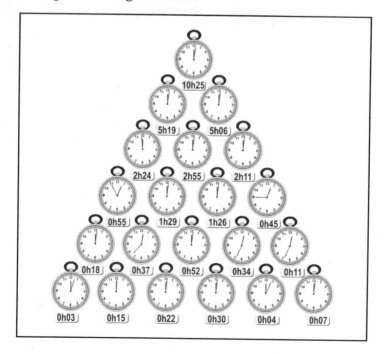

siglas

UTILIZADAS NOS DOIS PRIMEIROS VOLUMES

ABRACRIA – Associção Brasileira de Criatividade.

ASL – Lingua americana de sinais (*american signal language*).

B – *Brainstorming* (tormenta ou tempestade de idéias).

CD – Coleta de dados.

CEU – Centro Educacional Unificado.

CPS – *Creative problem solving* (solução criativa do problema).

DA – Definiçào (ou descoberta) da aceitação.

DO – Definição do objetivo.

DP – Definição de problema.

DS – Definição da solução.

EMBRAPA – Empresa Brasileira de Pesquisa Agropecuária.

GI – Geração de Idéias.

GSCP – Grupo de solução criativa de problemas.

HQ – História em quadrinhos.

IES – Instituição de Ensino Superior.

IP – Incerteza positiva.

MM – Mapa da mente (*mind map*).

MMS – *Multimedia message service* (serviço de mensagens multimídia).

ONU – Organização das Nações Unidas.

PIB – Produto Interno Bruto.

PSCP – Processo de solução criativa do problema.

QFD – *Quality function deployment* (desdobramento da função qualidade).

QI – Quociente de inteligência.

RESCOMAR – **R**everter, **e**liminar, **s**ubstituir, **c**ombinar, **o**utros usos, **m**odificar, **a**daptar, **r**earranjar.

SC – Solucionador (ou solução) criativa.

SCP – Solução criativa de um problema.

SOC – Sistema operacional do cérebro.

TI – Tecnologia de informação.

TT – Trabalho em times.

BIBLIOgrafia

Ackoff, R. L. – *The Art of Problem Solving - Accompanied by Ackoff's Fables* – John Wiley & Sons – New York – 1978.

Adams, J. L. – *Conceptual Blockbusting – A Guide to Better Ideas* – Addison-Wesley Publishing Company Reading – 1986.

Albrecht, K. – *Brain Power – Learn to Improve your Thinking Skills* – Prentice Hall Press – New York – 1987.

Alder, H. – *O Gerente que Pensa com o Lado Direito do Cérebro* – LTC Editora – Rio de Janeiro – 1993.

Alencar, E. S. de – *A Gerência da Criatividade – Abrindo as Janelas para a Criatividade Pessoal e na Organizações* – Makron Books do Brasil Editora – São Paulo – 1997.

Allen, R. – Fulton, J. – *Mighty Minds Boosters* – Editora Barnes & Noble Books.

Arnault, B. – *A Paixão Criativa* – Editora Futura – São Paulo – 2001.

Axelrod, A. – Holtje, J. – *201 Maneiras de Dizer Não com Elegância e Eficiência.* – Editora Manole Ltda – São Paulo – 1998.

Ayan, J. – *Aha! – 10 Maneiras de Libertar seu Espírito Criativo e Encontrar Grandes Idéias* – Negócio Editora – São Paulo – 1998.

Baifang, L. – *Chinese Brain Twisters* – Barnes & Noble Books – New York – 2001.

Barbour, G. P. – Barnett, C. C. – *The Creative Manager – Leader's Guide* – International City / County Management Association – Washington – 1987.

Barker, A. – *30 Minutos... Para Gerar Grandes Idéias* – Editora Clio –São Paulo – 1997.

Barreto, R. M.

+ *Criatividade em Propaganda* – Summus Editorial – São Paulo – 1982.
+ *Criatividade no Trabalho e na Vida* – Summus Editorial – São Paulo – 1986.

Bennis, W. – Biederman, P. W. – *Os Gênios da Organização – As Forças que Impulsionam a Criatividade das Equipes de Sucesso* – Editora Campus – Rio de Janeiro – 2000.

Birch, P. – Clegg, G. – *Criatividade nos Negócios* – Editora Clio – São Paulo – 1995.

Boden, M. A. – *Dimensões da Criatividade* – Editora Artmed – Porto Alegre – 1999.

Bono, E. de

+ *Criatividade Levada a Sério – Como Gerar Idéias Produtivas através do Pensamento Lateral* – Livraria Pioneira Editora – São Paulo – 1994.
+ *Parallel Thinking from Socratic Thinking to the Bono Thinking* – Penguin Books – London – 1995.
+ *Teach Yourself to Think* – Penguin Books – London – 1995.
+ *O Pensamento Lateral na Administração* – Editora Saraiva – São Paulo – 1994.
+ *La Revolución Positiva – 5 Princípios Básicos* – Ediciones Paidós – Barcelona – 1994,.
+ *Oportunidades* – Editora Revista dos Tribunais – São Paulo – 1989.
+ *Seis Chapéus* – Editora Revista dos Tribunais – São Paulo – 1989.
+ *Lateral Thinking – Creativity Step by Step* – Harper & Row Publishers – New York – 1973.

✦ *The 5 Day Course in Thinking* – Penguin Books – London – 1969.

✦ *I am Right – You are Wrong* – Penguin Books – London – 1990.

✦ *Lógica Fluida – La Alternativa a la Lógica Tradicional* – Paidós – Barcelona – 1996.

Boorstin, D. J. B. – *The Creators* – Vintage Books – New York – 1992.

Branham, L. – *Motivando as Pessoas que Fazem a Diferença – 24 Maneiras de Manter os Talentos de sua Empresa.* – Editora Campus – Rio de Janeiro – 2001.

Buzan, T. – Buzan, B. – *The Mind Map Book – How to Use Radiant Thinking to Maximize your Brain's Unstopped Potential* – A Plume Book – New York – 1996.

Cameron, J. – *Criatividade – A Mina de Ouro* – Ediouro Publicações S. A. – Rio de Janeiro – 1998.

Carmello, E. – *O Poder da Informação Intuitivo – Como Assimilar Informações com Rapidez e Criatividade* – Editora Gente – São Paulo – 2000.

Carper, J. – *Seu Cérebro Milagroso* – Editora Campus – Rio de Janeiro – 2000.

Carr, C. - *O Poder Competitivo da Criatividade* – Makron Books do Brasil Editora Ltda – São Paulo – 1998.

Christensen, C. M. - *O Dilema da Inovação – Quando Novas Tecnologias Levam Empresas ao Fracasso* – Makron Books Ltda – São Paulo – 2001.

Christensen, C. M. - Raynor, M. – *The Innovator's Solution - O Crescimento pela Inovação* – Elsevier Editora Ltda – Rio de Janeiro – 2003.

Clark, C. - *Brainstorming – How to Create Successful Ideas* – Doubleday & Company – 1958.

Clegg, B. - Birch, P. – *Imagination* Engineering – Prentice Hall - Pearson Education Limited – London – 1996.

Dacey, J. S. – *Fundamentals of Creative Thinking* – Lexington Books – New York – 1989.

Dauer, F. W. – *Critical Thinking – An Introduction to Reasoning* – Barnes & Noble Books – New York – 1989.

Davenport, T.H. - Prusak, L. – *Vencendo com as Melhores Idéias - Como Fazer as Grandes Idéias Acontecerem na sua Empresa* – Editora Campus - Elsevier – Rio de Janeiro – 2003.

Dowling, J. E. – *Creative Mind – How the Brain Works* – W. W. Norton & Company – New York – 1998.

Domingos, C. – *Criação sem Pistolão* – Negócio Editora – São Paulo – 2002.

Dualibi, R. – Simonsen Jr., H. – *Criatividade & Marketing* – Makron Books Ltda – Pearson Education do Brasil – São Paulo – 2000.

Duarte, M. – *O Livro das Invenções* – Editora Schwarcz Ltda – São Paulo – 1998.

Edwards, B. – *Exercícios para Desenhar com o Lado Direito do Cérebro* – Ediouro – Rio de Janeiro – 2002.

Escher, M. C.

+ *O Espelho Mágico* – Evergreen – Colônia – 1991.
+ *Visions of Symmetry Notebooks, Periodic Drawings and Related Work of M. C. Escher* – W. H. Freeman and Company – New York – 1998.
+ *The Graphic Work* – Evergreen – Colônia – 1991

Fezler, W. – *Creative Imagery – How to Visualize in All Five Senses* – Fireside Book – New York – 1989.

Firestien – R. L. – *Leading on the Creative Edge* – Piñon Press – Colorado Springs – 1996.

Fisher, M. – *Intuição – Estratégias e Exercícios para Auxiliar na Tomada de Decisões* – Livraria Nobel S.A. – São Paulo – 1990.

Freeman, A. – Golden, R. – *Como Tener Ideas Geniales* – Gestión 2000.

Foster, J. - *Como Ter Novas Idéias Usando a Criatividade para o Êxito de seu Negócio* – Editora Futura – São Paulo – 1996.

Gamache, R. D. – Kuhn, R. L. – *The Creativity Infusion – How Managers Can Start and Sustain Creativity and Innovation* – Harper Business – New York – 1989.

Gasalla, J. M. – *Fábrica de Talentos – Técnicas para Dirigir e Desenvolver Pessoas* – Editora Gente – São Paulo – 1996.

Gelb, M. J.

✦ *How to Think Like Leonardo da Vinci – Seven Steps to Genius Every Day* – Delacorte Press – New York – 1998.

✦ *Como Descobrir sua Genialidade – Aprenda a Pensar com as Dez Mentes mais Revolucionárias da História* – Ediouro Publicações S.A. – 2002.

Glanz, B. – *The Creative Communicator* - The McGraw-Hill – New York – 1993.

Goldberg, M. C. – *Times – Ferramenta Eficaz para a Qualidade Total* – Makron Books – São Paulo – 1999.

Gramigna, M. R. M. – *Jogos de Empresa e Técnicas Vivenciais* – Makron Books do Brasil Editora Ltda – São Paulo – 1997.

Greenfield, S. – *Brain Power – Working out the Human Mind* – Element Books Limited – Shaftesbury – 1999.

Grossman, S. R. – Rodgers, B. E. – Moore, B. R. – *Innovation, Inc. – Unlocking Creativity in the Workplace* – Wordware Publishing, Inc. – Plano – 1988.

Gryskiewickz, S. S. – Hills, D. A. – *Readings in Innovation* – Center for Creative Leadership – Greensbore – 1992.

Gubman, E. L.– *Talento - Desenvolvendo Pessoas e Estratégias para Obter Resultados* – Editora Campus – Rio de Janeiro – 1998.

Guilford, J. P. – *Way Beyond the IQ* – The Creative Education Foundation, Inc – Buffalo – 1977.

Gundling, E. – *The 3M Way to Innovation – Balancing People and Profit* – Kodansha International – Tokyo – 2000.

Hall, D. – Wecker, D. – *Jump Start your Brain* – Warner Books – New York – 1995.

Hamel, G. – *Liderando a Revolução* – Editora Campus – Rio de Janeiro – 2000.

Hargrove, R. – *Colaboração Criativa* – Editora Cultrix – Amana-Key – São Paulo – 1998.

Herrmann, N. – *The Whole Brain Business Book* – McGraw-Hill – New York – 1996.

Ijiri, Y. – Kuhn, R. L. – *New Directions in Creative and Innovative Management – Bridging Theory and Practice* – Ballinger Publishing Company – Cambridge – 1988.

Isaksen, S. G. – Murdock, M. C. – Firestien, R. L. – Treffinger, D. J. – *Nurturing and Developing Creativity – The Emergence of a Discipline* – Ablex Publishing Corporation – Norwood – 1993.

Jacobsen, M. – Elaine – *Liberating Everyday Genius - A Revolutionary Guide for Identifying and Mastering your Exceptional Gifts* – Ballantine Books – New York – 1999.

Jones, L. – McBride, R. – *An Introduction to Team Approach Problem Solving* – Quality Press – Milwaukee – 1990.

Kao, J. – *Jamming – A Arte e a Disciplina da Criatividade na Empresa* – Editora Campus – Rio de Janeiro – 1997.

Kawakami, K.

+ *99 More Unuseless Japanese Inventions – The Art of Chindogu* – Harper Collins Publishers – London – 1997.

+ *101 Inventions Japonaises Inutiles et Farfelues* – Editions Vents d'Ouest – Paris – 1998.

Kastika, E. – *Desorganizacion Criativa – Organizacion Inovadora* – Ediciones Macchi – Buenos Aires – 1994.

Katz, L. C. – Manning, R. – *Mantenha o seu Cérebro Vivo* – Editora Sextante – São Paulo – 2000.

Kelly, T. – *A Arte da Inovação* – Editora Futura – São Paulo – 2001.

Khalsa, D. S. – Stauth, C. – *Longevidade do Cérebro* – Editora Objetiva – Rio de Janeiro – 1997.

Koren, L. – *283 Useful Ideas from Japan* - Chronicle Books – San Francisco – 1988.

Langdon, K. – *As 100 Melhores Idéias de Negócios de Todos os Tempos* – Editora Best Seller – São Paulo – 2000.

Law, A. – *Empresa Criativa – Como a St. Luke's pode Transformar o seu Trabalho* – Editora Negócio – São Paulo – 2001.

Loehr, J. E. – Mc Laughlin, P. J. – *Mentally Tough – The Principles of Winning at Sports Applied to Winning in Business* – M. Evans and Company, Inc – New York – 1986.

López, B. S. – Recio, H. – *Creatividad y Pensamiento Critico* – Editorial Trillas – México – 1998.

Machado, L. – *The Brain of the Brain* – Cidade do Cérebro – 1992.

Mañas, A. V. – *Gestão de Tecnologia e Inovação* – Editora Érica – São Paulo – 2001.

Mattimore, B. W. – *99% Inspiration – Tips, Tales & Techniques for Liberating your Business Creativity* – AMACOM – New York -1994.

Michaels, E. - Jones H. H. - Axelrod, B. – *A Guerra pelo Talento* – Editora Campus – Rio de Janeiro - 2002.

Miller, W. C. – *The Creative Edge – Fostering Innovation Where you Work* – Addison – Wesley Publishing Company, Inc – Reading – 1990.

Miranda, R. L. – *Dominando os Poderes da Mente – Além da Neurolinguistica* – Makron Books do Brasil Editora Ltda – São Paulo – 1995.

Mirshawka, V. – Mirshawka Jr., V. – *Qualidade da Criatividade* – Makron Books – São Paulo - 1992.

Mitroff, I. – *Tempos Difíceis – Soluções Inovadoras – A Arte de Fazer as Perguntas Certas e Resolver* - Editora Campus – Rio de Janeiro – 1998.

Ninio, J. – *La Science dês Illusions* – Editions Odile Jacob – 1998.

Nordström, K. A. – Ridderstråle, J. – *Funky Business – Talento Movimento Capitais* – Makron Books Ltda. – São Paulo – 2001.

Norman, D. A. – *The Design of Everyday Things Currency Book* – Doubleday – New York – 1988.

O'Reilly III, C. A. – Pfeffer, J. – *Talentos Ocultos – Como as Melhores Empresas Obtém Resultados Extraordinários com Pessoas Comuns* – Editora Campus – Rio de Janeiro – 2001.

Osborn, A. F.

+ *Your Creative Power* – Motorola University Press – 1991.

+ *Applied Imagination – Principles and Procedures of Creative Problem – Solving* – Creative Education Foundation – Buffalo – 1953.

Ornestein, R. – *A Mente Certa* – Editora Campus – Rio de Janeiro – 1998.

Parikh, J. – *Intuição – A Nova Fronteira da Administração* – Editora Cultrix – São Paulo – 1997.

Peters, T. e outros – *Inovação e Mudança* – Publifolha – São Paulo – 2001.

Pinker, S. – *Como a Mente Funciona* – Editora Schwarcz – São Paulo – 1998.

Predebon, J. – *Criatividade Hoje: Como se Pratica, Aprende e Ensina* – Editora Atlas S.A. – São Paulo – 1999.

Prince, F. A.

+ *C-gets Reorganized* – Involvement Systems, Inc – Frisco – 1994.

+ *C and the Box – A Paradigm Parable* – Pfeiffer & Company – Amsterdam – 1993.

Razzi, T. – Looney, J. – *The Ghostbusters II – Joke, Puzzle and Game Book* – Newmarket Press – New York – 1959.

Rivkin, S. – Seitel, F. – *Usina de Idéias* – Editora Campus – Rio de Janeiro – 2002.

Roberts, M. R. – *Serendipity* – Wiley Science Editions – New York – 1989.

Rohmann, C. – *O Livro das Idéias* – Editora Campus – Rio de Janeiro – 2000.

Rubinstein, M. F. – Firstenberg, I. R. – *A Empresa Pensante – Traga o Futuro para o Presente e Transforme Idéias Criativas em Soluções* – Editora Futura – São Paulo – 2000.

Russel, K. – Carter, P. – *Classic Conundrums – Fiendish Puzzles from the 19th Century* – Barnes & Noble – New York – 1998.

Sánchez, C. – *La Máquina de Imaginar* – Editorial de Belgrano – Buenos Aires – 1997.

Scannell, E.E. – Newstrom, J. W. – *Still More Games Trainers Play-Experiential Learning Exercises.* – McGraw-Hill, Inc – New York, 1991.

Silber, L. – *Time Management for the Creative Person* – Three Rivers Press – New York – 1998.

Siler, T. – *Pense como um Gênio* – Ediouro Publicações S. A. – Rio de Janeiro – 1998.

Silva, A. C. T. da – *O Ataque às Idéias* – Madras Editora Ltda – São Paulo – 2000.

Spritzer, N. – *O Novo Cérebro – Como Criar Resultados Inteligentes* – L&PM Editores – Porto Alegre – 1995.

Straker, D. – *Solução Rápida de Problemas com Post-it Recados Adesivos* – Editora Nobel – São Paulo – 1998.

Sullivan, N. – *How Smart Are You? Test Your Own IQ* – Black Dog & Leventhal Publishers – New York – 1990.

Sutton, R.I. – *Weird Ideas That Work* – The Free Press – New York – 2002.

Teixeira, E. A.

✦ *Aprendizagem & Criatividade Emocional – Como Liberar a Criatividade que Há em Você* – Makron Books do Brasil Editora Ltda – São Paulo – 1998.

✦ *Criatividade, Ousadia & Competência* – Makron Books Ltda – São Paulo – 2002.

Thiagarajan, S. – Parker, G. – *Trabalhando em Equipe – Jogando em Equipe* – Qualitymark Editora – Rio de Janeiro – 2003.

Thompson, C. C. – *Grande Idéia – Como Desenvolver e Aplicar sua Criatividade* – Editora Saraiva – São Paulo – 1993.

Thompson, C. – Lyons, L. – *Yes, But... The Tops 40 Killer Phrases and How You Can Fight Them* – Harper Business – New York – 1991.

Torrance, E. P. – Saffer, H. T. – *The Incubation – Model of Teaching – Getting Beyond the Aha!* – Bearly Limited – Buffalo – 1990.

Utterback, J. M. – *Dominando a Dinâmica da Inovação* – Qualitymark Editora – Rio de Janeiro – 1996.

VanDemark, N. L. – *Breaking the Barriers to Everyday Creativity* – Nurture Creativity – The Creative Education Foundation – Buffalo – 1991.

Van Gundy Jr., A. B.

✦ *Stalking the Wild Solution – A Problem Finding Approach to Creative Problem Solving* – Bearly Limited – Buffalo – 1988.

✦ *Techniques of Structured Problems Solving* – Van Nostrand Reinhold – New York – 1988.

Vaz, M. C. – *Behind the Mask of Spider-Man – The Secrets of the Movie* – The Ballantine Publishing Group – New York – 2002.

Victor, B. – Boynton, A. C. – *Invented Here – Maximizing Your Organization's Internal Growth and Profitability* – Harvard Business School Press – Boston – 1998.

Vila, M. – Santander, M. – *Jogos Cooperativos no Processo de Aprendizagem Acelerada* – Qualitymark Editora – Rio de Janeiro – 2003.

Von Oech, R.

✦ *Um Chute na Rotina* – Cultura Editores Associados – São Paulo – 1994.

✦ *Um Toc na Cuca* - Livraria Cultura Editora – São Paulo – 1988.

Wellman, A. M. – *Cinco Faces de um Gênio* – Editora Alegro – São Paulo – 1998.

Wheatley, M. J. – *A Liderança e a Nova Ciência* – Editora Cultrix – São Paulo – 1999.

Wheeler, J. – *Como Ter Idéias Inovadoras – Deixe as Novas Idéias Levarem Você ao Sucesso* – Market Books – São Paulo – 2002.

Wujec, T. – *Mentalmanía* – Editorial Atlântida – Buenos Aires – 1995.

Yenne, B. – *100 Invenções que Mudaram a História do Mundo* – Editorial Prestígio – Rio de Janeiro – 2002.

REVISTAS E JORNAIS QUE SERVIRAM PARA
CONSTITUIR O TEXTO DESSE LIVRO.

Business Week – The McGraw - Hill Companies, Inc.

Enterpreneur – Enterpreneur, Inc.

Época – Editora Globo.

Exame (www.uol.com.br/exame) – Editora Abril

Folha de S. Paulo

Forbes Global – Forbes Global, Inc.

Fortune – Time Warner Publishing B.V.

Gazeta Mercantil

Inc. – G + J USA Publishing

Isto É Dinheiro – Editora Três

Newsweek – Newsweek, Inc.

O Estado de S. Paulo

Pequenas Empresas & Grandes Negócios – Editora Globo

Superinteressante – Editora Abril

Valor Econômico

Veja – Editora Abril

Vencer – Intermundi Editora Ltda.

Você S.A. – Editora Abril

The Atlantic (www.theatlantic.com/teach) – The Atlantic Monthly

The Economist (www.economist.com/research) – The Economist Newspaper Limited

Qualidade & CRiAtiViDADE

www.dvseditora.com.br